Alex Hochuli/ George Hoare/ Philip Cunliffe

Das Ende des Endes der Geschichte

aus dem Englischen von Stefan Kraft

Bibliografische Information der Deutschen Bibliothek:
Die Deutsche Bibliothek verzeichnet diese Publikation
in der Deutschen Nationalbibliografie.
Detaillierte bibliografische Daten sind im Internet
über http://dnb.ddb.de abrufbar

Titel der englischen Originalausgabe: *The End of the End of History. Politics in the Twenty-First Century*

Originally published in the UK by John Hunt Publishing Ltd.

Druck: CPI – Clausen & Bosse, Leck
Printed in Germany
ISBN: 978-3-85371-498-0

Fordern Sie die Kataloge unseres Verlags an:
E-Mail: promedia@mediashop.at
Web: www.mediashop.at
www.verlag-promedia.de

Alex Hochuli/
George Hoare/
Philip Cunliffe

DAS ENDE DES ENDES

Post-Politik, Anti-Politik und der Zerfall der liberalen Demokratie

DER GESCHICHTE

PROMEDIA

Über die Autoren

Alex Hochuli, geboren 1985 in São Paulo (Brasilien), hat internationale Beziehungen und Soziologie an den Universitäten von London und Kent studiert. Er arbeitet als Publizist und wissenschaftlicher Berater in São Paulo. Gemeinsam mit seinen Co-Autoren betreibt er den (englischsprachigen) Podcast »Aufhebunga Bunga«.

George Hoare, geboren 1984 in Reading (England), hat an der Universität Oxford studiert und lehrte an Universitäten von Oxford, Leiden und Shanghai. Er lebt als Forscher und Autor in London.

Philip Cunliffe, geboren 1980 in Bournemouth (England), ist Dozent für Politik und internationale Beziehungen an der Universität von Kent.

INHALT

KAPITEL I

Einleitung

Fledermaussuppe. Fremdenfeindliche Anspielungen. Gestürzte Denkmäler. Chemikalienschutzanzüge. Bizarre Wetterereignisse. Flächendeckende Waldbrände. Improvisierte Polizeistaaten. Massenquarantäne.

Die seltsame Endzeit, in der wir uns befinden, gleicht eher einer Apokalypse in einem B-Movie als einer geordneten Abfolge von »Ereignissen«, wie sie in Geschichtsbüchern zu finden sind. Aber das Eigenartige am heutigen Leben ist nicht nur ein Resultat der Covid-19-Krise. Wenn wir uns die düsteren Internet-Memes über das Jahr 2021 ansehen, erkennen wir, dass sie funktional identisch sind mit jenen aus den Jahren 2020, 2019 – oder 2016, um genau zu sein. Erinnern Sie sich noch daran, wie all diese Prominenten der Boomer-Generation im selben Jahr starben,[1] als auch der gescheiterte türkische Putsch stattfand, der willkürliche dschihadistische Terror in Europa, der Ausbruch des Zika-Virus, der Sieg Donald Trumps und die Brexit-Abstimmung? An die Tage, an denen jeder das Lenin-Zitat über Jahrzehnte, in denen nichts passiert, und Wochen, in denen Jahrzehnte passieren, ausgrub?

Dies war das Ende des Endes der Geschichte. Angekündigt wurde es im Jahr 2016. 2020 ist es endgültig eingetreten.

Wir befinden uns in einem entscheidenden Moment. Inmitten von Chaos, Ausnahmezuständen und außergewöhnlichen staatlichen Reaktionen erleben wir einen epochalen politischen Wandel. Die reichsten und mächtigsten Staaten des Westens tasten sich aus dem Neoliberalismus heraus. Die Möglichkeit eines solchen Regimewechsels war schon fast vergessen – es sei denn, er wurde in fernen Ländern mit Waffengewalt durchgeführt.

Zumindest dachten wir, ein Regimewechsel würde anders verlaufen, wenn es denn dazu käme. Der Ausbruch des Coronavirus fiel mit dem Scheitern einer Reihe von Versuchen der Linken zusammen, die Staatsmacht zu übernehmen. Die Niederlage der Labour-Partei von Jeremy Corbyn und der Zusammenbruch der Präsidentschaftskampagne von Bernie Sanders erfolgten innerhalb von vier Monaten nach den ersten Lockdowns. Diese Versuche, die als »Linkspopulismus« bezeichnet werden, zielten darauf ab, den Neoliberalismus zu überwinden, um das Sozialwesen zu verteidigen und eine neue, kollektive und egalitäre Politik zu schaffen. Sie fühlten sich vielversprechend an; sie vermittelten das Gefühl, dass die Politik nach langer Abwesenheit vielleicht wieder zurückkehren würde.

Das Scheitern des Linkspopulismus geschah merkwürdigerweise zur gleichen Zeit, als rechte Regierungen eine Politik verfolgten, die stark von der neoliberalen Orthodoxie abwich. Donald Trump verabschiedete ein 3-Milliarden-Dollar-Konjunkturpaket, während die Regierung von Boris Johnson zusätzliche Ausgaben in Höhe von 100 Milliarden Pfund ankündigte, um 80 Prozent der Löhne zu zahlen und Selbstständige zu unterstützen. Politische Maßnahmen, die die Linke vorgeschlagen hatte, wurden von der Rechten übernommen, und zwar genau zu dem Zeitpunkt, als die größte Volksdemobilisierung der Geschichte stattfand: die Lockdowns. Diesem Moment wohnt eine tiefe Ironie inne, denn eines der Hauptprobleme des Linkspopulismus bestand darin, dass er versucht hatte, den Sozialismus ohne die Massen zu bewerkstelligen.

Die Gesellschaften haben sich seit geraumer Zeit aus der Politik zurückgezogen; in den letzten Jahrzehnten sind Gewerkschaften, politische Parteien und zivilgesellschaftliche Organisationen zu leeren Hüllen geworden.[2] Die unvermeidliche Folge war, dass sich die Lage immer weiter verschlechterte. Doch eine Zeit lang schien sich nichts Wesentliches zu ändern. Globalisierung bedeutete Harmonie und Wachstum – zumindest auf den ersten Blick.

Dann geriet die Welt plötzlich aus den Fugen. Die Krise war wieder da. Aber da die Massen nur eine kleine Rolle spielten, geriet alles außer Kontrolle; die Politik schwankte hin und her und war nicht mehr an die große Ansammlung von Menschen in politischen Organisationen gebunden, die einen Großteil des 20. Jahrhunderts geprägt hatte. Aber zumindest brachte dieser Wahnsinn die Menschen dazu, wieder über Politik nachzudenken.

Um den Gedanken zu begreifen, dass die *Politik wieder zurückgekehrt* ist, und um das grundlegende Gefühl der Unordnung zu verstehen, das unsere Zeit kennzeichnet, müssen wir zum Ende der Geschichte zurückgehen. Zur Zeit nach dem Fall der Berliner Mauer im November 1989, die das symbolische Ende einer zwischen Kommunismus und Kapitalismus geteilten Welt und den totalen Sieg des letzteren markierte. Nur wenn wir uns an die Langeweile des Zeitalters erinnern, das als das Ende der Geschichte bekannt ist – das Gefühl, dass es nur die nüchterne neoliberale Demokratie gibt – können wir verstehen, welche Erschütterungen die Rückkehr der Politik seit 2016 ausgelöst hat.

1.1 Ich hasse mich und möchte kaufen

Der Historiker Eric Hobsbawm stellte Anfang der 1990er-Jahre fest, das »kurze 20. Jahrhundert« »endete mit weltweiten Unruhen, deren Beschaffenheit unklar war, und verfügte über keinerlei Mechanismen, um sie zu beenden oder unter Kontrolle halten zu können«.[3] Diese Ohnmacht ließ sich jedoch nicht nur mit der Komplexität der Probleme selbst erklären. Schließlich ist das Hochreden der Komplexität jener Trick, den die Technokraten seit drei Jahrzehnten anwenden, um die Erwartungen zu senken. Die Ohnmacht lag vielmehr darin, dass »offensichtlich alle alten oder neuen Programme, mit denen die Angelegenheiten der menschlichen Rasse bewältigt oder verbessert werden konnten, fehlgeschlagen waren.«[4]

Außerdem gab es keine Kraft, von der man dies erwarten hätte können. Hobsbawm beobachtete eine Welt, die geteilt war zwischen »stabilen, starken und begünstigten Staaten, die sich für immun gegen die Unsicherheit und das Blutvergießen halten könnten«, und jenen, die sich außerhalb der westlichen Blase befanden. Es zeichneten sich jedoch verschiedene neue Bedrohungen ab – Terrorismus, islamischer Fundamentalismus, Massenmigration, Umweltzerstörung usw. –, die diese Blase zum Platzen bringen könnten.

Draußen, in der damals noch anachronistisch als »Dritte Welt« bezeichneten Region, gab es verschiedene Bewegungen, die sich nicht an die universalisierenden Ideale hielten, die den Konflikt des Kalten Krieges strukturiert hatten (liberaler Kapitalismus oder Kommunismus). Stattdessen suchten diese Bewegungen lediglich nach einer sicheren Identität und sozialen Ordnung in einer zerfallenden Welt; es erstarkten jene Organisationen, die sich ethnisch oder religiös orientierten. Diese könnten sogar erfolgreich Regime stürzen, so Hobsbawm, aber wie der Faschismus der Zwischenkriegszeit, der sich ebenfalls gegen die moderne Auflösung auflehnte, hätten sie keine wirklichen Lösungen für Probleme. Schlimmer noch – da dies weltweit auf alle politischen Organisationen zutraf, war nicht einmal klar, dass politische Ideen in der Lage waren, organisierte nationale Massenbewegungen hervorzubringen.

Die BürgerInnen ihrerseits schienen sich weitgehend damit abgefunden zu haben, die Angelegenheiten des Staates der »politischen Klasse« zu überlassen. Was sich nach diesem Rückzug entwickelte, war ein »Amalgam aus Slogans und Emotionen«, das kaum als Ideologie bezeichnet werden kann: Identitätspolitik und Fremdenfeindlichkeit.

Was hat sich also seit 1994 geändert, als Hobsbawms Werk erstmals veröffentlicht wurde? Die Unordnung scheint heutzutage nur allzu offensichtlich, und Bewegungen für »sichere Identität und soziale Ordnung« scheinen eine angemessene Beschreibung für die politischen Kräfte zu sein, die viele westliche Nationen beherrschen, wie etwa der Nationalpopulismus. Aber nur ununterbrochene Unordnung zu sehen, hieße, die geregelte Ordnung zu ignorieren, die in der Ära des Endes der Geschichte herrschte. Natürlich gab es »neue Bedrohungen«, aber keine, die die liberale Demokratie infrage stellen würden, eben weil die neuen Bedrohungen kein ernsthaftes Programm für eine alternative und bessere Gesellschaftsordnung enthielten. Die von Präsident George H. W. Bush im Jahre 1991 verkündete Neue Weltordnung versprach Frieden und Zusammenarbeit unter der Ägide der amerikanischen Führung – ja, ihre totale Hegemonie. Aber nicht nur in geopolitischer Hinsicht sollte Stabilität erreicht werden. Die gesamte Funktionsweise der nationalen Politik basierte auf dem Rückzug der Bürger aus dem aktiven Geschehen. An ihre Stelle trat die »Post-Politik«, eine Regierungsform, die versucht, die politische Auseinandersetzung auszugrenzen, indem sie den Konsens betont, die Ideologie »ausrottet« und auf der Grundlage von »Beweisen« und »Fachwissen« und nicht auf der Grundlage von Interessen oder Idealen regiert. Hinter all dem steht ein Wirtschaftssystem – der Neoliberalismus –, das den privaten Wettbewerb über alles andere stellt. Die Rolle des Staates bestand lediglich darin, den Austausch am Markt zu regeln und sein ordnungsgemäßes Funktionieren zu gewährleisten. Der sich immer weiter ausbreitende und ungehemmte internationale Handel – die Globalisierung – würde die GewinnerInnen belohnen. Und tatsächlich wäre jeder ein Gewinner: Eine steigende Flut hebt alle Boote.

Dieses Konzept erwies sich als so erfolgreich, dass es die wirtschaftlichen Beziehungen einebnete. Die großen Fragen, was produziert wird und wer und wie viel, waren geklärt. Die Politik hatte also wenig zu tun, und entsprechend verkümmerten die Verwaltungskapazitäten des Staates. Da man um nichts mehr streiten musste, zogen sich die BürgerInnen aus dem öffentlichen Raum zurück, um sich auf ihre privaten Angelegenheiten zu konzentrieren. Es schien, als sei Hobsbawms Zeitalter der Extreme einem anderen Zeitalter gewichen, dem Zeitalter des Selbst.[5] Die eigenen individuellen Wünsche auf dem Markt zu verwirklichen, galt als Endziel der menschlichen Erfahrung. Der Sieger des ideologischen Kampfes zwischen Kommunismus und Kapitalismus im 20. Jahrhundert war in der Tat der Konsumismus – »der ›Ismus‹, der gewonnen hat«.[6]

Natürlich war es der Kapitalismus, der gewonnen hat. Aber ohne eine systemische Alternative geriet sogar die Vorstellung, dass wir in einem System namens »Kapitalismus« leben, in den Hintergrund. Die heutige Gesellschaft wurde als natürliche Ordnung und nicht als Produkt einer konfliktreichen historischen Entwicklung betrachtet. Bis zur globalen Finanzkrise (GFK) in den Jahren 2007–08. Plötzlich wurde dieses autonome Ding, das wir als »die Wirtschaft« bezeichneten, infrage gestellt. Dieses Ereignis markierte die erste große Unterbrechung des »Endes der Geschichte«, das Francis Fukuyama 1989 nach dem Zusammenbruch des »real existierenden Sozialismus« verkündet hatte. Die Ereignisse schienen sich zu beschleunigen. Dennoch dauerte es eine Weile, bis sich die Verwerfungen der GFK bewusst politisch manifestierten.

In den frühen 2010er-Jahren konnte man Proteste, neue Bewegungen und sogar (gescheiterte) Revolutionen miterleben. Doch die eigentliche Wende für die Zentren des globalen Kapitalismus kam im Jahr 2016. Die Wahl von Donald Trump und der Sieg von »Leave« beim EU-Referendum in Großbritannien bedeuteten das Ende jeglicher Selbstzufriedenheit über die Dauerhaftigkeit der vorherrschenden Modelle der liberalen Demokratie, der Globalisierung und des Neoliberalismus. Diese Ereignisse waren die prominentesten Beispiele für die wichtigste neue Kraft, die den postpolitischen Konsens herausforderte: die *Anti-Politik*.

Überall auf der Welt, auch in den Nervenzentren des globalen Kapitalismus, riefen die Menschen aus: »Sie vertreten uns nicht!« Die neoliberalen Institutionen, die in den meisten Teilen der Welt das Sagen hatten, wurden erschüttert. Auch so unterschiedliche Autoritäten wie der Journalismus, die Wirtschaft und das Recht wurden durch die abnehmende Glaubwürdigkeit angegriffen. Das Vertrauensdefizit, das so viele gesellschaftliche und politische Diskurse kennzeichnete, war ein Produkt der Instrumentalisierung des Expertentums während des Endes der Geschichte. Die Technokratie der Manager gab vor, alle Antworten zu besitzen, aber sie wurde auf fatale Weise beschädigt, zuerst durch die GFK und dann durch Trump und den Brexit im Jahr 2016.

Die folgenden vier Jahre waren von genau dem Gefühl der Unordnung geprägt, das Hobsbawm in den ersten Tagen nach dem Zusammenbruch der Sowjetunion beschrieb. Eine weltweite Revolte gegen das politische Establishment war im Gange, und diejenigen, die sich mit der zerfallenden Ordnung identifizierten, verloren den Verstand und griffen zu ausgefallenen Verschwörungstheorien, um das Geschehen zu erklären. Wie konnte unsere schimmernde, bruchlose und hell erleuchtete Landschaft überschattet werden, wie war es zur Sonnenfinsternis gekommen? Sollte das Ende der Geschichte dem Dunkel anheimfallen?

Mag es noch irgendeinen Zweifel gegeben haben, so hat die Covid-19-Krise in den Jahren 2020 und 2021 endgültig bewiesen, dass das Ende des Endes der Geschichte vor uns lag. Die Geschichte endete 1989. Im Jahr 2008 wurde die wirtschaftliche Ordnung erschüttert. Die politische Abrechnung kam im Jahr 2016. Im Jahr 2020 war das Ende der Geschichte vorbei.

1.2 Eine Milliarde Balkone in der Sonne

Der epochale Charakter dieser Umwälzungen lässt sich nur dann vollständig erfassen, wenn man sich die Gefühlslandschaft am Ende der Geschichte vergegenwärtigt. Wie hat sich diese Kultur *angefühlt*? Als die alternativen politischen Visionen verblassten, schien die Kultur – insbesondere die »Alternativkultur« – frei zu schweben, losgelöst von einer bestimmten gesellschaftlichen Perspektive. Stattdessen dominierte der Konsumismus, und die Angriffe der Alternativkultur auf ihn bewiesen nur dessen tatsächliche Vorherrschaft. Und wenn die Angriffe fehlschlugen, konnte man einfach aufhören, sich darum zu kümmern. Das Ende der Geschichte war das Zeitalter des Konsumismus, ja, aber es war auch ein Zeitalter des Nihilismus.

Zu Anfang dieser Epoche wurden die Techno-Musik und die Rave-Kultur populär. Die Welt schien offen und voller Möglichkeiten, zumindest für das Individuum. Es war fast so, als würden die alten öffentlichen Pflichten und Zwänge abgeschüttelt. Die Wiederholbarkeit der Tanzmusik schien etwas von dieser Zeit zu verdeutlichen: House und Techno hatten keinen Anfang, keine Mitte und kein Ende; es ging um Textur und Gefühl, nicht um eine narrative Struktur. Diese Musikstile schienen das »Ende der großen Erzählungen«, das bestimmende Merkmal der Postmoderne, zu rekapitulieren.[7] Auch der »alternative« Rock schien ins Leere zu laufen. Kurt Cobain von Nirvana war sich auf fatale Weise seiner eigenen Formung durch die Konzerne bewusst – der Erkenntnis, ein Klischee des Widerstands in der Kultur des Spektakels zu sein.[8] Der altgediente Musikkritiker Greil Marcus hörte in der Musik der Band »das Gefühl der Erniedrigung, des Zerfalls und der Niederlage, beigebracht durch ein nicht greifbares Böses«. »Die gegenkulturelle Haltung in den 1990er-Jahren nannte sich »attitude«, aber in Wirklichkeit bestand ihre Funktion darin, »die eigenen Grenzen laut zu verkünden und die Möglichkeit, über sie hinauszugehen, abzulehnen«.[9] Selbst der Hip-Hop gab seinen Impuls für sozialen Wandel schnell zugunsten von »bling«, »bitches« und Knarren auf; Public Enemy wich Jay-Z und dann Kanye West und 6ix9ine. Im Vereinigten Königreich schien Britpop das Land wieder cool zu machen, und der Union Jack – der zuvor als Symbol für Rassismus und Imperialismus galt – konnte mit Leichtigkeit geschwenkt werden, was von den Ikonen der Popkultur begrüßt wurde (die ohnehin bald in die Downing Street eingeladen werden sollten).

In der Zwischenzeit zeigte das Mainstream-Kino in Filmen wie »Fight Club«, »Natural Born Killers« oder »Falling Down« Ausbrüche sinnloser und zumeist entpolitisierter Gewalt als Reaktion auf den Überdruss am Konsum (selbst wenn sie vorgaben, Kritik daran zu üben). Das »Böse«, das Marcus im Grunge wahrnahm, spiegelte sich in Filmen wider, die paranoide Themen der totalen Simulation oder Gedankenkontrolle vermittelten, wie z. B. »Matrix«, aber auch »Die Truman Show« und »eXistenZ«.

Das Fernsehen, *das* Medium der 1990er-Jahre, konnte immer noch gelegentlich als Vehikel für Überschreitungen dienen, auch wenn es von dem, was von der Gegenkultur übrig geblieben war, als »Verblödungskasten« beschimpft wurde. Die »Simpsons« und »Beavis & Butthead«, beide mit der »Alt«-Kultur verbunden, führten bald zu »Family Guy« und »South Park«, die beide versuchten, die Beleidigungen des Mainstreams auf die Spitze zu treiben, auch wenn die Verbindung zu den jugendlichen Subkulturen immer schwächer wurde. Sinnbildlich für das Fernsehen der frühen 2000er-Jahre war »Jackass«, das eine Welt der Selfmade-Promis und YouTube-Stars vorwegnahm. Oberflächlich betrachtet war Jackass subversiv, aber definitiv unpolitisch, und die Verbindung zur jugendlichen Subkultur war, abgesehen vom Skateboarding, ebenfalls gering. Die masochistischen Eskapaden der Jackass-Crew schienen ein nihilistischer Versuch zu sein, die Langeweile zu beseitigen. Und wenn man sich nicht selbst bestrafen wollte, konnte man sich an der Demütigung anderer ergötzen: »Big Brother«, »Jerry Springer«, »I'm a Celebrity« und eine Reihe anderer »Reality«-Fernsehsendungen ermöglichten die Steigerung des eigenen Selbst durch die sadistische Verunglimpfung des Fremden.

Stilistisch begannen sich die »Retro«-Wellen und die Aneignung und Aufbereitung der Mode früherer Mikro-Epochen zu beschleunigen. Die Rave-Kultur der frühen 1990er-Jahre und ihr »Second Summer of Love« ließen sich von den späten 1960er-Jahren inspirieren, und in rascher Folge folgte die Faszination für die 1970er-Jahre. Das beliebte Schlagwort der Zeit, »Es sind die 90er« (was so viel hieß wie: »mach mit«), sollte Modernität demonstrieren, obwohl die Epoche offensichtlich auf die hippere Vergangenheit fixiert war.

Für diejenigen, die eine Vorstellung davon hatten, was Politik einmal gewesen war oder wieder sein könnte – oder für diejenigen, die einfach nur die Hoffnung hegten, dass Politik interessant, wütend, rebellisch und romantisch sein könnte – halfen der Rap-Metal von Rage Against the Machine und die Dokumentarfilme von Michael Moore, die Leere zu füllen. Aber als die Gesellschaft insgesamt entpolitisiert wurde, traten diese »politischen« Artefakte als hyperpolitische Versuche hervor, die Massen durch schiere Willenskraft zu bewegen. Sie sind natürlich gescheitert. Schlimmer noch, sie waren nur eine weitere Identität oder – um es wirklich bösartig auszudrücken – eine Marke.

Das Fehlen eines Gefühls für die Zukunft, die ewige Gegenwart jener Jahrzehnte, bedeutete, dass sich die Vorstellungen von Geschichte veränderten. Mark Fisher nannte die vorherrschende Stimmung treffend »depressiver Hedonismus«.[10] Es ging nicht so sehr darum, dass die Menschen kein Vergnügen empfinden konnten, sondern vielmehr darum, dass sie unfähig waren, etwas anderes zu tun, als dem Vergnügen nachzugehen. Konsumismus und Nihilismus, irgendwas fehlte. Die Gesellschaft hatte sich zurückgezogen; wir waren nach Hause gegangen, um lustlos auf unseren Balkonen zu sitzen. Wir hatten uns von Kriegen und Ideologien endgültig verabschiedet. »Aber, so fragte der Schriftsteller J. G. Ballard in *Weißes Feuer*, »wie rüttelt man die Leute auf, gibt ihnen ein Gefühl von Gemeinschaft? Eine Welt, die auf dem Rücken liegt, ist leichte Beute für jedes listige Raubtier.«[11]

Ein Gefühl der Gemeinschaft wurde in eskapistischen und hedonistischen Abenteuern wie der Rave-Kultur gesucht, die vorgab, für »Widerstand« zu stehen, aber nur in einem höchst vorübergehenden Sinne. Die politische Entsprechung fand sich in der Bewegung für globale Gerechtigkeit (auch bekannt als Antiglobalisierungsbewegung) und später in Occupy. Der Protest ähnelte dem Karneval: Er stürzte Hierarchien um oder zerstörte sie, aber am nächsten Tag kehrten die Dinge zur konsumistischen Normalität zurück. Sowohl der Protest als auch der Tanz boten kaum mehr als ein Ventil.

Die Vor-Internet-Kultur (eigentlich die Vor-Social-Media-Kultur) der 1990er- und frühen 2000er-Jahre repräsentierte ein letztes Aufglimmen der Gegenkultur,[12] eine antagonistische Haltung gegenüber dem Mainstream und der Bourgeoisie. Sie war eine Facette der sogenannten »künstlerischen« Kapitalismuskritik, die nach Befreiung strebte und Inauthentizität ablehnte.[13]

Natürlich gab es immer noch Bruchstücke einer oppositionellen Kultur. Die Musiktauschbörsen-Software Napster zum Beispiel war ein Brennpunkt für Debatten über Eigentum, Urheberrecht und Zugang. Rückblickend erscheinen diese Bezüge jedoch wie Überreste eines vergangenen kulturellen Moments und – in einer unglücklichen Ironie – wie ein Opfer dessen, was Simon Reynolds als »Retromanie« bezeichnete.[14] Zeitgenössische Wiederbelebungen früherer popkultureller Momente beleben die Mode von neuem, jedoch ohne den begrenzten sozialen Inhalt der 1990er-Jahre. Die »Kunstkritik« wurde vollständig vom Kapitalismus übernommen.

1.3 Das Wellenbad

Wie sah oppositionelle Politik damals aus, während des Endes der Geschichte? Bis zu den Anschlägen vom 11. September 2021, die die Aufmerksamkeit auf Krieg und Geopolitik lenkten, nahm der linke Aktivismus eine neo-anarchistische Ausrichtung an. Veranstaltungen und Bewegungen wie der »Karneval gegen den Kapitalismus«, »Reclaim the Streets« und »Tute Bianche« ersetzten Organisation, Programme und Führung durch punktuelle Konfrontationen mit der Polizei. Eine Quasi-Wiederbelebung des Situationismus zeichnete sich durch Taktiken wie das »Adbusting« aus, bei dem versucht wurde, den Konsumismus zu kritisieren, indem man Werbungen verunstaltete. Anstatt sich auf die Produktion und Distribution zu konzentrieren, kämpften die Neo-Situationisten gegen kapitalistische Windmühlen und konzentrierten sich auf das medialisierte »Spektakel«. Die Idee, dass die Verunstaltung von Marken das kapitalistische System schädigen könnte, basierte auf der Vorstellung, dass die alte, aufrechte bürgerliche Autorität noch existierte und beleidigt sein würde. Aber der althergebrachte Kapitalismus war schon lange vorbei. Tatsächlich nutzten die Werbetreibenden bereits die gleichen Techniken, um Bilder an »alternative« Verbraucher zu verkaufen. Lange bevor die Pepsi-Werbung von Kendall Jenner die Proteste von Black Lives Matter wiederkäute, warb der Beat-Autor William S. Burroughs 1994 in einem Nike-Werbespot für Sportbekleidung.

Die vermeintlich seriösere alternative Politik dieser Zeit, inspiriert von Naomi Kleins »No Logo« (1999) und Hardt und Negris Empire (2000), versuchte eine verwirrende Vielzahl unterschiedlicher Kämpfe zu vereinen. Mit der Formulierung »Teamsters and Turtles« wurde die Gemeinsamkeit von Arbeitern und Umweltschützern beschworen. Doch die organisatorische Inkohärenz spiegelte sich in den schizophrenen politischen Botschaften wider.

Die archetypische Verkörperung des postgeschichtlichen Nihilismus – die Anschläge vom 11. September 2001 – beendete dann diese Welle des oppositionellen Protests. Die Antikriegsbewegung, die sich gegen die von den USA angeführte Invasion im Irak formierte, schien eine neue Ernsthaftigkeit zu signalisieren. Der Schwerpunkt verlagerte sich von amerikanischen Marken auf amerikanische Außenpolitik. Und doch tauschte der Protest nur das Karnevaleske gegen das Moralische. Trotz Millionen von Menschen auf der Straße hatte man nie das Gefühl, dass der Krieg gestoppt werden könnte. In der Tat dauert der permanente Krieg bis zum heutigen Tag an.

Mit dem Abflauen der Antikriegsproteste nahm die Umweltbewegung an Fahrt auf. Im Gegensatz zu dem Versuch der Bildung einer breiten Koalition Ende der 1990er-Jahre waren die Arbeiter Mitte der 2000er-Jahre von der Bildfläche verschwunden. Ohne auch nur den Anschein zu erwecken, in der industriellen Produktion verwurzelt zu sein, orientierte sich die Umweltbewegung vollständig am Konsum. Anstelle von politischer Aktivität im Interesse eines kollektiven Selbst waren der Umweltschutz und der Humanismus der 2000er-Jahre völlig anders ausgerichtet. Welches Bild von der Welt zeichneten sie? Reiche, gierige Verbraucher im globalen Norden und arme, eingebürgerte und bedürftige Produzenten im globalen Süden. Wenn es bei der Lobbyarbeit überhaupt um Menschen ging. Im schlimmsten Fall positionierte sich der Umweltschützer gegen den Menschen und vereinte Nihilismus und (negativen) Konsumismus.[15]

Die Moralisierung der VerbraucherInnen schien der einzige Ansatzpunkt für den »Widerstand« gegen den Kapitalismus zu sein. Während die Alternativkultur in den 1990er-Jahren noch den Anschein erweckte, außerhalb und gegen den Markt zu stehen, war der Markt in den 2000er-Jahren das Mittel, mit dem Politik gemacht werden sollte. So beschloss etwa die konsumfeindliche Zeitschrift *Adbusters* 2004, ihre eigenen »markenlosen« Blackspot-Schuhe zu verkaufen. Der ethische oder politische Konsum florierte, und Fairtrade behauptete, »in und gegen« den Markt zu sein.[16] Die »Make Poverty History«-Kampagne zur Mitte des Jahrzehnts mit ihren konsumierbaren weißen Armbändern war der Höhepunkt des politischen Engagements für die Menschen »dort drüben«. Wenig später deutete das Wachstum der sozialen Medien darauf hin, dass die neuen Technologien als Handlanger für politisch-verbraucherorientierte Kampagnen dienen könnten. Der stark moralisierende Ton und die Bilder des fernen Leids wurden allmählich zugunsten einer luftigen Aufforderung zum »Klicken« zurückgedrängt: Schauen Sie, wie einfach es ist, positive Veränderungen zu bewirken. Der »Klickaktivismus« war aufgetaucht – und wir dachten noch, dass die sozialen Medien die Welt zum Besseren verändern würden.

Doch die globale Finanzkrise brachte die Politik wieder zurück. Der Einsatz der Mittelschicht für weit entfernte Opfer konnte im Zeitalter von Zwangsversteigerungen und Sparmaßnahmen nicht mehr die Aufmerksamkeit der Medien erregen. Die Farce von »Kony 2012«[17] bestätigte nur den Niedergang dieser Art von Aktivismus. Nun kam ein neuer Diskurs über Ungleichheit auf, der die Kluft zwischen Arm und Reich im eigenen Land aufgriff. Hier lag vielleicht der Keim einer neuen Klassenpolitik. Eine Politik *von und für* die Massen – und nicht mehr *von* Gutmenschen aus der Mittelschicht *für* würdige Opfer da drüben – kam wieder auf.

Aber dann, nach Occupy, erlebte der aktivistische Diskurs die absurdeste Wiederbelebung von allen. Campuskriege im Stil der 1980er-Jahre erlebten ein Comeback als Feminismus der vierten Welle. Dieser oberflächliche gutbürgerliche Radikalismus griff bald auf die Intersektionalität über. Die gesamte Energie der neuen Politik der Ungleichheit schien plötzlich in erbitterte Online-Kulturkämpfe zu fließen. Die jungen Universitätsstudenten und -absolventen, die Mitte der 2000er-Jahre Urlauber wegen unnötigen Fliegens anschrien, wurden Mitte der 2010er-Jahre als

Twitter-Avatare wiedergeboren, die den Normalos mitteilten, dass Halloween-Kostüme »nicht in Ordnung« seien.

Kurz gesagt, die aufeinanderfolgenden Wellen des Aktivismus seit dem Ende des Kalten Krieges waren immer individualistischer und konsumorientierter geworden; sie hatten sich dem Markt unterworfen. Eine Welle nach der anderen schlug gegen das Ufer, aber eine Veränderung fand nicht statt. Es hätte genauso gut alles nur Spaß sein können. Keiner wollte ernsthaft die Staatsmacht an sich reißen.

1.4 Die Zukunft öffnet sich und wird verkeilt

Doch dann griff eine andere (wenn auch nicht völlig unabhängige) Entwicklung Platz, und eine ganze Generation kehrte in die offizielle Politik zurück. Die Bewegungen auf den Plätzen in Spanien und Griechenland brachten mit Podemos und Syriza neue Parteien hervor. Dieselben unterirdischen Kräfte führten dazu, dass die maroden Parteien in Großbritannien und in den USA mit neuer, linker Energie gefüllt wurden. Dieser Enthusiasmus war es auch, der uns dazu veranlasste, unseren Podcast »Aufhebunga Bunga« zu starten, aus dem viele der Ideen in diesem Buch hervorgingen. Nachdem wir uns jahrelang über die Abwesenheit von Politik beklagt hatten, schien plötzlich etwas zu passieren. Der alte Wahn, »die Welt zu verändern, ohne die Macht zu übernehmen«, wurde überwunden; es wurden Organisationen aufgebaut; jeder war plötzlich ein Sozialist. Aber nur weil das Ende der Geschichte zu Ende ging, hieß das nicht, dass sich etwas Neues abzeichnete. Vielmehr musste der Keim des Neuen erst noch gesucht werden.

Leider war der Gewinner der späten 2010er-Jahre nicht die Linke. Stattdessen regierten weiterhin die Eliten, auch wenn eine Wachablösung im Gange war. Im Ton hatte der »Populismus« die Oberhand und löste hysterische Reaktionen des liberalen Flügels des Establishments aus. Die Verbindungen zwischen Liberalismus und Demokratie wurden erheblich belastet. Das aufstrebende Modell war das chinesische – ein autoritärer, staatlich gelenkter Kapitalismus. Er stellt eine ganz andere Welt dar. Obwohl das Ende des Endes der Geschichte eine plötzliche politische Öffnung bietet, hat sich die Linke bisher als unfähig erwiesen, diese zu nutzen. Stattdessen mutiert die Mainstream-Politik, um – wie unzureichend auch immer – den alten, ungelösten Widersprüchen der GFK und den neuen, die durch die Covid-19-Krise ausgelöst wurden, zu begegnen. Das neue Zeitalter wird eine neue Linke erfordern.

Tabelle 1.1: Mainstream- und Oppositionspolitik vom Kalten Krieg bis heute

	Hegemoniale politische Kraft	**Vorherrschende Formen linker Politik**	**Medien**	**Oppositionelle Kultur**	**Politische Stimmungslage**
Kalter Krieg (1945–1989)	Liberale Demokratie	Sozialdemokratie, Anti-Imperialismus, Kommunismus	Zeitungen und Fernsehen	Gegenkultur	Engagement, Opposition
Ende der Geschichte (1989–2015)	Post-Politik	Antiglobalisierung, Soziale Gerechtigkeit	Fernsehen	Kommerzialisierung der Gegenkultur, depressiver Hedonismus	Apathie
Das Ende des Endes der Geschichte (2016–?)	Anti-Politik	Linkspopulismus	Internet, Soziale Medien	Memes	Wut

Wir wollen hier untersuchen, wie das Ende der Geschichte endete – und was das für die heutige Politik bedeutet. Durch die Analyse dieser historischen Entwicklungen hoffen wir, einen Rahmen zu entwickeln, der uns herausfinden lässt, was neu ist und was als nächstes kommt. In der obigen Tabelle bieten wir eine schematische Darstellung der politischen Veränderungen vom Kalten Krieg über das Ende der Geschichte bis hin zur heutigen Zeit des Endes des Endes der Geschichte, die den argumentativen roten Faden des Buches darstellt.

Viele der Fälle und Beispiele, die wir heranziehen, stammen aus der anglophonen Welt, weil die globalen Entwicklungen, die wir nachzeichnen, dort deutlicher zum Ausdruck kommen. Das Ende der Geschichte wurde ursprünglich aus nordamerikanischer und europäischer Perspektive theoretisiert, und der Kern der kapitalistischen Welt rund um den Nordatlantik bleibt der Trendsetter (bis jetzt jedenfalls – die Covid-19-Krise könnte sich als Chinas »Sputnik-Moment« erweisen).[18]

Wann immer es möglich ist, ziehen wir jedoch Beispiele aus anderen Teilen der Welt heran, um zu veranschaulichen, wie das Schema »Ende der Geschichte« und »Ende des Endes der Geschichte« global anwendbar ist. Wenn wir beispielsweise die Politik der Korruptionsbekämpfung erörtern, untersuchen wir den Fall Osteuropas, da sich dort nach dem Zusammenbruch des real existierenden Sozialismus eine postideologische Politik herausgebildet hat; auf gewisse Weise war dies der Ort, an dem das Modell der liberalen Demokratie am frühesten und heftigsten am Ende der Geschichte eingeführt wurde und an dem jetzt die Revolte gegen dieses Modell an Fahrt gewinnt.[19]

Dies ist keine erschöpfende Darstellung der heutigen Weltpolitik, nicht zuletzt, weil verschiedene Nationen und Regionen spezifische Ausprägungen der allgemeinen, globalen Tendenzen aufweisen, auf die wir uns konzentrieren. Zum Beispiel steigt China während des Endes der Geschichte auf, aber in einer Weise, die den neoliberalen Vorgaben zuwiderläuft; in Brasilien entstand die letzte große sozialdemokratische Massenpartei in den späten 1980er-Jahren und regierte bis in die 2000er-Jahre; Deutschlands hegemoniale Position in der EU führte dazu, dass es nicht die Volksbewegungen erlebte, die Südeuropa ergriffen haben. Und natürlich scheint die Politik außerhalb der westlichen Blase viel lebendiger gewesen zu sein als in unseren obigen, von der Anglosphäre geprägten Beschreibungen. Es gab Proteste, Unruhen und Putsche und eine größere Vielfalt an Regimen. Aber im Wesentlichen war es einfach nur Kapitalismus, röter in den Zähnen und Klauen als im Kern, so wie er immer war.

Nur sehr wenige Ereignisse weisen auf eine radikal andere Form der gesellschaftlichen Organisation hin, wie es der Sozialismus, die radikale Revolte und der Kommunismus während des gesamten zwanzigsten Jahrhunderts taten. In der Tat bestätigen die Ausnahmen die Regel. Das zeigt die Fixierung der westlichen Linken auf Palästina, Venezuela oder jüngst Rojava (zusammengenommen 40 Millionen Einwohner). Die düstere Gesellschaft im Westen hat uns dazu gebracht, in allen Ecken der Welt nach grünen Trieben zu suchen. Aber Politik beginnt immer zu Hause.

1.5 Zur Gliederung des Buches

Wesentlich für den theoretischen Rahmen dieses Buches ist die Einsicht, dass verschiedene Experimente des 21. Jahrhunderts bisher nicht auf Geschichte als Historie hinausgelaufen sind. Francis Fukuyama wurde wiederholt für seine berüchtigte Vorhersage verspottet, doch offenbar haben ihn nur wenige wirklich gelesen. Die These lautete nicht, dass nichts mehr passieren oder dass jede Gesellschaft der westlichen liberalen Demokratie entsprechen würde. Er erkannte einen tieferen Sinn der Geschichte, eine Dialektik universeller menschlicher Freiheitskämpfe – und genau *das* würde fehlen. Deshalb verkündet Fukuyama das neue Zeitalter nicht mit einer Geste des Triumphs, sondern als düstere Vorhersage. Wie das Ende der Geschichte zu Ende geht, aber nicht zu einem Neubeginn der eigentlichen Geschichte geführt hat, ist das Thema von Kapitel 2.

Wenn die Geschichte nicht ganz zurück ist, was ist dann mit der Politik? Kapitel 3 konzentriert sich auf die Frage nach ihrer Rückkehr. Die Politik wurde während des Endes der Geschichte durch eine Strategie der Entpolitisierung, bekannt unter dem Namen »Post-Politik«, negiert. Wie hat diese funktioniert und was hat sie beendet? Wenn in den 1990er- und

2000er-Jahren *Apathie* herrschte, bedeutet dann das Vorherrschen von *Wut* in der heutigen Zeit etwas Neues? Wir argumentieren, dass die Herausforderung der Post-Politik die *Anti-Politik* ist – eine Ablehnung des politischen Establishments und seines verwaltungstechnischen Ansatzes zur Steuerung der Gesellschaft. Die Anti-Politik bringt die Politik zurück ins Spiel, indem sie den Konsens durch den Dissens (oder die Spaltung) herausfordert.

In Kapitel 4 befassen wir uns mit einer Reihe von psychopolitischen Reaktionen auf das Ende des Endes der Geschichte, die wir als »Neoliberal Order Breakdown Syndrome« (Syndrom des Zusammenbruchs der neoliberalen Ordnung) bezeichnen. Die Rückkehr der politischen Spaltung in »wir« und »sie« bzw. »das Volk« und »die Elite« erschütterte ein Arrangement, das sich für viele in den Medien, den NGOs, den Universitäten oder im öffentlichen Dienst als sehr bequem erwiesen hatte. Insbesondere die Ablehnung der Autorität der »Politikkenner« durch die Bevölkerung führte zu einer Reihe von symptomatischen Verhaltensweisen, die von der Verleugnung des sozialen Wandels bis zum Wiederholungszwang reichen und die wir katalogisieren und diskutieren.

In Kapitel 5 untersuchen wir die vorherrschende politische Kraft in der heutigen Welt, die das politische Establishment erschüttert: die Anti-Politik. Anhand verschiedener Fälle aus der ganzen Welt, von der Korruptionsbekämpfung über den Populismus bis hin zum »Horizontalismus«, zeigen wir, wie die Anti-Politik vorgibt, volksnah und demokratisierend zu agieren, in Wirklichkeit aber eine sich selbst zerstörende Logik enthält: Indem sie die politische Autorität angreift und die Repräsentation ablehnt, hindert die Anti-Politik die Volksbewegungen daran, die Macht selbst zu ergreifen. Schlimmer noch, Anti-Politik kann entpolitisierend wirken und entweder zu einer postpolitischen Verwaltung zurückführen oder den Weg für eine autoritäre Herrschaft ebnen. Die Erfahrungen Brasiliens mit der Anti-Korruptionspolitik werden als anschauliches Beispiel für diese Tendenzen eingehend untersucht.

Doch das brasilianische Drama war lediglich eine farcenhafte Wiederholung der bahnbrechenden Tragödie Italiens, die in Kapitel 6 behandelt wird. Die Erfahrungen Italiens in den 1990er- und 2000er-Jahren sind lehrreich: Sie waren eine Vorahnung des globalen Endes der Geschichte und ihres Endes. Mit Silvio Berlusconi kennen wir den archetypischen Politiker dieser Zeit: einen Medienmogul, einen neoliberalen Manager, einen populistischen Jedermann und einen hyper-erfolgreichen Übermenschen, einen Nutznießer der Antikorruptionspolitik und eine Verkörperung der politischen Korruption. Darüber hinaus ist Italien selbst der Inbegriff vieler zeitgenössischer Trends: regionale Ungleichheit, wirtschaftliche Stagnation, Auswanderung und Feindseligkeit gegenüber Einwanderung, technokratische Regierungen und EU-Austeritätspolitik. Italien ist auch Vorreiter für eine neue Form der politischen Organisation: den Techno-Populismus, eine Verschmelzung der beiden Hauptströmungen des Endes der Geschichte. Die politischen Formationen sind Gegenstand von Kapitel 7, in dem die in den vorangegangenen Kapiteln vorgenommene Analyse zunächst auf die Parteien angewandt wird. Dabei wird untersucht, wie sie ausgehöhlt und umgestaltet wurden. Zweitens befassen wir uns mit dem Protest, der entgegen der landläufigen Meinung nie wirklich verschwunden ist. Stattdessen traten verschiedene Formen des Protests stärker in den Vordergrund, selbst als die Politik die Leidenschaften der Bevölkerung nicht mehr bediente. Entscheidend sind hier die veränderte Klassendynamik und die Art und Weise, wie die Hochschulbildung zu einer neuen sozialen Kluft wurde. Die jüngeren Jahrgänge der Fach- und Führungskräfte sind politisiert geblieben – und in jüngster Zeit sogar noch stärker geworden. Dies erklärt nicht nur den Enthusiasmus für Proteste, sondern auch das Vorherrschen der heutigen Kulturkämpfe. Leider ist vieles von dem, was in unserem neuen Zeitalter als populäre Politik durchgeht, lediglich ein Antagonismus zwischen zwei Fraktionen der Mittelschicht.

Ist die Politik also zurückgekehrt? Vielleicht … aber auf seltsame Art und Weise. Die Veränderungen in den politischen Ideologien – und die Klassenzusammenhänge, die sie voraussetzen – werden in Kapitel 8 analysiert. In diesem spekulativen Teil des Buches geben wir Prognosen darüber ab, wie sich die Post-Covid-19-Welt politisch polarisieren wird. Wenn die traditionellen Manager des Kapitalismus die strengen Vorgaben des Neoliberalismus nicht mehr beachten, entsteht ein neu gestaltetes korporatistisches Bündnis. Ironischerweise sind es die Kräfte der linksliberalen Mitte, die zu den letzten Trägern des neoliberalen Pakets werden – insbesondere seiner politischen und kulturellen Aspekte: Technokratie, Managertum, Intersektionalität und Individualismus. In der post-neoliberalen Welt wird sich auch eine defensive und fremdenfeindliche Vision der Gesellschaft auf der Rechten durchsetzen. Diese organische Vorstellung von der Nation wird malthusianisch sein, fixiert auf Überbevölkerung und begrenzte Ressourcen.

Abschließend erörtern wir, welche neuen Formen die Politik des Volkes und der Arbeiterklasse annehmen kann. Es steht immer mehr auf dem Spiel. Das langweilige Ende der Geschichte verblasst immer schneller. Jenes Zeitalter, in dem das Volk zu Hause bleibt, die Politik auf Autopilot läuft und die Elite sich Bunga-Bunga-Partys[20] hingibt, muss so rasch wie möglich überwunden werden.

KAPITEL 2

Die Enden der Geschichte

Wie endete das Ende der Geschichte, und warum begann die Geschichte nicht von neuem? Was bedeutet das überhaupt: Die Geschichte endet? Da die Zeit unumkehrbar ist, wie kann die Geschichte enden?

In unserer heutigen Zeit geht die Ausformung der politischen und sozialen Geschichte in eine kohärente Erzählstruktur – die einen Anfang, eine Mitte und vor allem ein Ende haben könnte – auf das Ende des Kalten Krieges zurück. 1989 behauptete Francis Fukuyama, ein beamteter Akademiker und Politikwissenschaftler des US-Sicherheitsstaates, dass der Sieg des Westens im Kalten Krieg nicht nur den Endpunkt einer bestimmten Periode der internationalen Geschichte darstellen würde, sondern auch das Ende der Erzählung selbst. Fukuyamas seltsame und verblüffende These – wiederum von der Philosophie des deutschen Idealismus inspiriert, wie sie von G. W. F. Hegel entwickelt wurde, der sie im Anschluss an die Napoleonischen Kriege im frühen 19. Jahrhundert verfasste – wurde sofort von allen Seiten in Frage gestellt, kritisiert und zurückgewiesen. Fukuyama selbst sträubte sich zuerst gegen die Kritik, verlor dann die Nerven und zog sich schließlich als Reaktion auf die zahlreichen intellektuellen Angriffe, denen er ausgesetzt war, von bestimmten Aspekten seiner Argumentation zurück.

Fukuyama relativierte seine These im Gefolge der katastrophalen Invasion im Irak zu Beginn des 21. Jahrhunderts und modifizierte sie dann weiter als Reaktion auf das britische Votum für den Austritt aus der Europäischen Union (EU) im Jahr 2016 und die Wahl von Donald Trump zum

US-Präsidenten im selben Jahr. Selbst als die Geschichte eine dramatische neue Wendung zu nehmen schien, war niemand – nicht einmal Fukuyama selbst – bereit, die Behauptung aufrechtzuerhalten, dass die Geschichte erkennbare und sinnvolle Muster aufwies, die dem Fluss der Ereignisse eine zugrunde liegende Form geben – trotz der eindeutigen Beweise, durch die Fukuyamas These immer wieder bestätigt wurde.

Was bedeutete es also, dass die Geschichte mit dem Fall der Berliner Mauer 1989 und der Auflösung der UdSSR 1991 endete? Als Fukuyama 1989 in seinem Artikel in der Zeitschrift *The National Interest* erklärte, die Geschichte sei zu Ende, war dies mehr als eine Verherrlichung des gottgewollten amerikanischen Sieges über die UdSSR in einem jahrzehntelangen Kampf.[21] Vielmehr wollte Fukuyama damit zum Ausdruck bringen, dass es im Kalten Krieg um weit mehr ging als um ein Gleichgewicht der Kräfte, diplomatische Strategien, konkurrierende Bündnissysteme oder wer die meisten Atomraketen und Panzer besaß. Indem er das Ende der Geschichte ausrief, meinte Fukuyama, der Kalte Krieg sei letztlich das, was er zu sein schien: ein Kampf zwischen konkurrierenden ideologischen Systemen darüber, welche Mittel zur Organisation der menschlichen Gesellschaft in der Zukunft angewendet werden sollten. Mit anderen Worten: Die konkurrierenden Ideologien des Kalten Krieges waren nicht nur eine Tarnung für die Interessen der Staatsmacht, sondern standen im Mittelpunkt des Konflikts selbst. Wenn wir Fukuyamas These ernst nehmen, würde das bedeuten, dass hinter der Heuchelei, der Bösartigkeit und den gebrochenen Versprechen der »freien Welt« und den noch mehr gescheiterten Hoffnungen, die der Sowjetkommunismus verkörperte, ein echter Kampf um die beste Art und Weise zur Organisation der Gesellschaft stand.

Wie bereits angedeutet, war Fukuyamas Idee nicht seine eigene – er übernahm sie von dem europäischen Planer und französisch-russischen emigrierten Philosophen Alexandre Kojève, der sie wiederum von Hegels postnapoleonischer politischer Philosophie abgekupfert hatte. Wie übertrug nun Fukuyama eine These aus dem Deutschland des frühen 19. Jahrhunderts auf das Europa der Nachkriegszeit und anschließend auf die

Welt nach dem Kalten Krieg? Fukuyamas hegelianische Schnörkel wurden weithin als Besiegelung des amerikanischen Sieges, als Rechtfertigung der amerikanischen Regierung und des amerikanischen Systems und letztlich als Rechtfertigung des amerikanischen Imperiums selbst angesehen – und verliehen den amerikanischen Demokratisierungsbemühungen eine historische Unvermeidlichkeit und Endgültigkeit. Diese These stellte eindeutig und unerschütterlich fest, der Sieg der USA im Kalten Krieg habe die grundlegenden Fragen der menschlichen Regierung gelöst.

Der Kalte Krieg war immer ein globaler Konflikt gewesen. Das bedeutete, dass praktisch jedes Land, jede politische Partei, jede Regierung und jede Rebellengruppe – egal wie unbedeutend und welcher ideologischen Richtung sie angehörte – sich entscheiden musste, wie sie sich zu dem amerikanisch-sowjetischen Konflikt verhielt, und sei es auch nur, um sich aus ihm herauszuhalten. Auf diese Weise trugen sie alle dazu bei, den Kalten Krieg zu verfestigen und zu globalisieren.[22] Wer waren deine Verbündeten und Feinde? Wer sollte dich mit Waffen versorgen – Washington, Moskau oder Peking? Wie würde dein soziales und wirtschaftliches Programm aussehen, sobald du an der Macht kamst? Wer würde dich bei den Vereinten Nationen und in der Weltdiplomatie unterstützen? Wer würde deine wirtschaftliche Entwicklung finanzieren? Mit wem würdest du Handel treiben? Dies waren grundlegende politische Fragen, die in einer von starkem Wettbewerb geprägten Welt entschieden werden mussten.

In dem von Fukuyama entwickelten Geschichtsverständnis ging es also nicht nur um geopolitischen oder gar parteipolitischen Wettbewerb, sondern um einen Wettbewerb um grundlegende Prinzipien der Organisation des gesellschaftlichen Lebens. Was etwa das nukleare Wettrüsten weltgeschichtlich machte, war nicht nur die ungeheure Zerstörungskraft oder die damit verbundene geopolitische Rivalität, sondern dass es der bewaffnete Ausdruck eines Wettstreits um die beste Idee zur Organisation des menschlichen Lebens war.

Um diesen Begriff der Geschichte geht es in diesen Debatten, um Geschichte als einen Prozess der Institutionalisierung verschiedener Arten kollektiven Lebens, die auf unterschiedliche Weise und mit unterschiedlichen Mitteln organisiert werden, um die menschliche Teilhabe in die Gesellschaften einzubetten. Damit verbunden war die Vorstellung, dass universelle Muster der Herausbildung einer Ordnung im historischen Prozess erkennbar und sinnvoll sind, auch wenn sie unabhängig vom Willen eines bestimmten Akteurs entstehen. Für Fukuyama erschöpften sich diese partizipatorischen Strukturen und die Anerkennung der individuellen Bedürfnisse in der westlichen liberalen Demokratie. Und wenn er behauptete, die USA hätten letztlich gewonnen, bedeutete das nicht einfach, einen Pol im bipolaren Wettbewerb der Ära des Kalten Krieges zu rechtfertigen, sondern darauf hinzuweisen, dass der amerikanische Sieg von globaler Tragweite und in historischer Hinsicht episch war – seine Auswirkungen würden überall zu spüren sein, und er würde rückwirkend das Verständnis der Abfolge der Ereignisse, die zur Auflösung der UdSSR 1991 führten, verändern. Wenn man davon ausgeht, dass diese Fragen geklärt sind und dass die Formel für die menschliche Regierung im Kern des internationalen Systems gelöst ist, dann hat dies zwangsläufig überall Konsequenzen für die Regierungsstrukturen und die kollektive Entscheidungsfindung.

Fukuyamas grandiose und kühne Thesen zogen eine Menge Zorn auf sich, der größtenteils auf Missverständnissen beruhte. Die Leute interpretierten Fukuyama falsch, als ob er behauptet hätte, die Uhren seien stehen geblieben oder es würde nie wieder etwas passieren, oder sogar, er würde die USA gegenüber anderen westlichen Ländern bevorzugen. Fukuyamas Behauptung war grundlegender: nicht, dass es keine Neuerungen mehr geben würde – künstliche Intelligenz, neue Städte, Genmanipulation –, sondern vielmehr, dass es keine grundlegenden Verbesserungen oder Änderungen an den großen Entwürfen der Politik und der sozialen Struktur geben werde. Fukuyamas eigene Sympathien gelten eher der Sozialdemokratie als der freien Marktwirtschaft – der dänische Wohlfahrtskapitalismus fasziniert ihn mehr als der US-amerikanische[23] –, aber das ändert nichts an der Gültigkeit seiner grundlegenden Behauptung. Es mag zwar Unterschiede bei den Steuersätzen und der Höhe der öffentlichen Ausgaben zwischen Dänemark und den USA geben, ganz zu schweigen von allen möglichen unterschiedlichen Institutionen und Praktiken, aber die grundlegenden Strukturen sind im Wesentlichen dieselben: liberale Demokratie und liberaler Marktkapitalismus.

Fukuyama ging in einem Buch, das er einige Jahre später zum selben Thema veröffentlichte, über die große und überhebliche Geste seiner ursprünglichen These hinaus.[24] In einer gemäßigteren Art und Weise machte er deutlich, dass das Ende der Geschichte entnervend und nicht belebend ausfallen würde. Ohne den großen Wettbewerb um politische Prinzipien, so Fukuyama, würden sich privatisierter Konsum, Hedonismus und sogar Nihilismus als vorherrschende Stimmungen durchsetzen. Alle vermeintlichen Anfechtungen der These vom Ende der Geschichte – z. B. die neuen Ideologien in einer Welt nach dem Kalten Krieg wie der islamistische Dschihadismus und der Ökologismus – bestätigten Fukuyamas zentrale Behauptung. Die Ausbreitung dieser Ideologien nach dem Ende des amerikanisch-sowjetischen Konflikts war nur Beispiel für verschiedene Aspekte – konsumorientiert oder nihilistisch – der von Fukuyama identifizierten post-historischen Bedingung. Wie mörderisch und ostentativ blutig er auch sein mochte, der Dschihadismus zum Beispiel war nie in der Lage, einen stabilen Oppositionspol oder ein dauerhaftes Modell politischer Ordnung und Stabilität zu etablieren. Die Anziehungskraft, die Dschihadismus und Islamismus auf die Massen ausübten, beruhte auf ihrer Fähigkeit, dem amerikanischen Imperium Schläge zu versetzen, nicht aber, es zu ersetzen, wozu sie offenkundig nicht in der Lage waren.

Wie widerstandsfähig autokratische Staaten auch sein mögen, Fukuyama wies darauf hin, dass jene autoritären Regierungen, die die Demokratisierungswellen nach dem Kalten Krieg überlebten, dennoch der liberalen Demokratie huldigten, was sich in der ständigen Inszenierung gefälschter Wahlen zeigte. In ähnlicher Weise waren die neuen Probleme, die von den Entwicklungsländern auszugehen schienen, nicht mehr antiimperiale Revolutionen – also die Schaffung neuer politischer

Ordnungen – sondern vielmehr Staatszerfall und -versagen. Dies bestätigte Fukuyamas Grundaussage: Es mag Probleme geben, die bewältigt werden müssen, aber es gab keine Alternative zum Status quo, kein legitimes oder praktikables Mittel zur Umstrukturierung des sozialen und politischen Lebens zum Besseren – das Bessere war bereits erreicht worden.

Wenn die Grundformel des menschlichen Regierens feststand, dann war die Bandbreite politischer Variationen von vornherein klar begrenzt. Dies zeigte sich in den nationalen politischen Systemen auf der ganzen Welt ganz deutlich: Das ideologische Spektrum des parteipolitischen Wettbewerbs wurde verdichtet. In dem Maße, in dem das linke Ende des Spektrums abgeschnitten wurde, wurde der rechte Bereich des Spektrums ebenso überflüssig. Die politischen Optionen der Mitte weiteten sich dementsprechend aus und nahmen das gesamte politische Spektrum ein. Gleichzeitig schrumpfte das Spektrum der möglichen politischen Optionen, da die politische Vielfalt abnahm. Die politischen Parteien begannen, intensiver um die Mitte zu konkurrieren, in der Gewissheit, dass sie ihre alten, loyalen Wählerblöcke halten konnten. Denn diese waren in Bereichen des politischen Spektrums verankert, die nicht mehr existierten – der »rote Gürtel« von Paris mit seinen Arbeitervierteln, die einst für die Kommunistische Partei gestimmt hatten oder die ehemaligen industriellen Kerngebiete der Labour Party in Nordengland und den walisischen Tälern. »Sie können nirgendwo anders hin«, bemerkte Peter Mandelson, ein Politstratege von New Labour, einer archetypischen Partei der post-historischen Ära.[25]

Nur wenige Politikwissenschaftler oder -strategen interessieren sich für die ätherischen Hegel'schen Theorien oder kennen diese, noch messen sie ihnen Relevanz zu für den parteipolitischen Wettbewerb in der Zeit nach dem Kalten Krieg. Doch der gesamte Prozess der Politik und der Politikwissenschaft folgte diesem Hegelschen Gedankengang. Der schrumpfende ideologische Raum, der wiederum den Wahlkampf um die Mitte verschärfte, verlieh dem politischen Leben in den meisten Industrieländern eine Stabilität, die sich für Meinungsumfragen, kühne

Verallgemeinerungen und mit Hilfe ökonometrischer Techniken entwickelte Vorhersagen eignete. Diese Tendenzen verstärkten wiederum den Drang zur Technokratie und zur Herrschaft von Experten, die in einer post-historischen Landschaft bereits implizit vorhanden war. Denn wenn die Politik weniger umkämpft wäre, wozu bräuchten die Politiker dann noch konkurrierende Visionen der Gesellschaft anzubieten und zu versuchen, die Wähler für sich zu gewinnen? Wenn es im Wesentlichen nur ein einziges Muster und eine begrenzte Auswahl an Optionen für dessen Anwendung gibt, dann geht es weniger um Kreativität oder darum, die Hoffnungen und Bestrebungen der Menschen zu verwirklichen, sondern um die effektive Anwendung dieses einzigen Musters – in diesem Fall: der liberale Marktkapitalismus. Um dieses einheitliche Modell zu regieren, ist lediglich Fachwissen erforderlich, und so griffen die politischen Eliten immer häufiger darauf zurück. Damit wurde der Grundstein dafür gelegt, dass die technokratische Herrschaft im Gegensatz zur Autorität demokratischer Wahlen und der Vertretung des Wählerwillens immer mehr an Legitimität gewann. Die zentristische[26] neoliberale Technokratie wurde, kurz gesagt, das Modell der Stunde.

Wenn es weniger Optionen gibt, aus denen man wählen kann, weil die Politik nicht grundsätzlich oder prinzipiell infrage gestellt wird, muss man immer seltener um Zustimmung werben oder gar Zustimmung erlangen – insgesamt benötigt man immer weniger politische Unterstützung, um eine bestimmte Option gegenüber einer anderen zu rechtfertigen. Denn wozu um Unterstützung werben, wenn unsere Entscheidungen selbstverständlich und unbestreitbar sind? Den Markt ausbauen, die Menschenrechte schützen. Darüber hinaus bedürfen Institutionen, die auf vermeintlich selbstverständlichen Regierungsprinzipien aufbauen, keiner politischen Legitimation, da sie keinen politischen Kontroversen ausgesetzt sind. Der Internationale Währungsfonds, die EU, die Weltbank oder der UN-Sicherheitsrat – oder sogar in letzter Instanz die Globalisierung selbst – sagen uns einfach, was wir zu tun haben.

2.1 Der Anfang vom Ende des Endes …

Die Ära der neoliberalen Technokratie schien 2008 mit dem Anfang der globalen Finanzkrise zusammenzubrechen, als der weltweite Finanzkreislauf als Reaktion auf den Zusammenbruch des US-amerikanischen Subprime-Hypothekenmarktes kollabierte.[27] Es wurden riesige Summen ausgegeben, um die globale Liquidität aufrechtzuerhalten und so die Weltwirtschaft zu stabilisieren, obwohl es letztlich die enormen fiskalischen Anstrengungen des chinesischen Staates waren, die dazu beitrugen, die Weltwirtschaft aus dem Abgrund zu ziehen. Das lag vor allem daran, dass der chinesische Staat in einer Weise handlungsfähig war, wie es andere Staaten nicht waren: Industriepolitik, Geldpolitik und Steuerpolitik lagen in den Händen der Regierung in Peking. Dies ermöglichte einen koordinierten Aufschwung. Während Peking seine Effektivität unter Beweis stellte und Washington keine gleichwertige Industriepolitik und keinen politischen Willen vorwies, seine Finanzpolitik zu instrumentalisieren – es zog die Rettung der Wall Street jener der kleine Leute vor –, befand sich die Europäische Union am anderen Ende des Spektrums. Die EU hatte nicht nur mit einer starren und brüchigen Währungsunion ohne Fiskalunion zu kämpfen, auch die Industriepolitik war der EU bei ihrem kontinentalen Versuch, einen integrierten, abgestimmten Markt mit reibungslosem Wettbewerb aufzubauen, ein Dorn im Auge. Die industrielle Macht konzentrierte sich überwiegend in Deutschland, auf Kosten anderer Länder, insbesondere Italiens. Die Finanzpolitik wurde durch die Regeln behindert, die für die Koordinierung einer einheitlichen Währung mit so vielen unterschiedlichen Volkswirtschaften erforderlich sind. Während sich die USA und China recht schnell erholten, zumindest beim nominalen Wirtschaftswachstum, blieb Europa in der Krise stecken. Da die Schulden der insolventen Banken von den Staaten übernommen wurden, mutierte die Krise zu einer Staatsschuldenkrise.

Sparmaßnahmen wurden auf der Ebene der Bundesstaaten in den USA und auf nationaler Ebene in der EU zur Norm. All dies verschärfte die zugrunde liegenden sozialen Missstände, die schon seit geraumer Zeit schwelten: rückläufige öffentliche Investitionen, bröckelnde Infrastruktur, große regionale Unterschiede zwischen den Vororten und den stadtnahen Gürteln um die urbanen Kerne der globalen Finanzzentren, die sich zunehmend zu Zitadellen des Reichtums und der Privilegien entwickelten. Die Lohnstagnation, die durch Importe billiger Weißware und Elektronik aus Ostasien und eine Politik der lockeren Kredite kaschiert worden war, trat immer deutlicher zutage. Die Immobilienpreise, die sozial aufstrebende Millennials aus der Mittel- und unteren Mittelschicht aus den Hipster-Vierteln der Stadtzentren ausgesperrt hatten, stiegen unter dem Einfluss der quantitativen Lockerungsmaßnahmen der Zentralbanken weiter an, deren Auswirkungen die Preise für Vermögenswerte in die Höhe trieben und diejenigen stärkten, die bereits Immobilien und Investitionen besaßen. All diese Faktoren bildeten die Ströme, die durch den Damm der neoliberalen Technokratie flossen, der schließlich brechen würde.

Es überrascht daher nicht, dass die dramatischsten politischen Auswirkungen der Krise in Europa auftraten – siehe die besetzten Plätze in Spanien und Griechenland, als die Schuldenkrise ihren Tribut von den stärker verschuldeten Volkswirtschaften im Süden der Eurozone forderte. Es wurden aufständische linke Parteien gegründet, die versuchten, die Energie des Volkes auf den Plätzen zu nutzen und schließlich 2015 in Griechenland an die Regierung kamen, während sich in Spanien die Podemos-Partei links von den Sozialdemokraten bildete. In Großbritannien durchbrach Jeremy Corbyn, ein traditioneller Hinterbänkler, unerwartet die Vorherrschaft der Zentristen in der Labour-Partei und wurde Parteivorsitzender.

Auf der anderen Seite des Atlantiks und am anderen Ende des politischen Spektrums würde Donald Trump einen weiteren Aufstand innerhalb seiner eigenen Republikanischen Partei anführen und die neoliberale Vorherrschaft der Amtsinhaber durch seinen eigenen Populismus ersetzen – eine Vision, der einer von Trumps Rivalen in der Republikanischen Partei, Ted Cruz, sogar den Beinamen »sozialistisch« verlieh. Kurzum, es dauerte fast ein ganzes Jahrzehnt, bis die Strukturen der zentristischen

Hegemonie zerbröckelten, als die politischen Folgen des Crashs von 2008 im folgenden Jahrzehnt sichtbar wurden. Obwohl sie sich offensichtlich stark voneinander unterscheiden, von ihren politischen Ansichten bis hin zu ihrem persönlichen Auftreten, sind sowohl Trump als auch Corbyn Ausdruck unterschiedlicher Erscheinungsformen des Zerfalls der neoliberalen Ära – unterschiedliche Manifestationen des Endes des Endes der Geschichte. Corbyns bescheidenes Auftreten und seine lange persönliche Geschichte der Rebellion auf der linken Seite der Partei verliehen ihm Authentizität und Prinzipien, im Gegensatz zu dem gleichgültigen, faden, elitären Managergehabe, das Tony Blair und seine Nachfolger in Downing Street 10, Gordon Brown und David Cameron, ausstrahlten. Trumps Grobheit und Gefühllosigkeit waren kalkuliert und sollten trotz seines persönlichen Reichtums seinen Außenseiterstatus signalisieren. Dies ermöglichte seine volkstümlichen und nationalistischen Appelle an die von Präsident Obamas leeren Versprechungen des »Wandels« desillusionierten Wähler aus dem »Rust-Belt«, dem Industriegebiet des »Rostgürtels«. Das Ende des Endes der Geschichte war über das gesamte politische Spektrum hinweg sichtbar.

Wenn das Regime, das sich in der Zeit nach dem Kalten Krieg und in der post-historischen Ära entwickelt hatte, durch technokratischen Zentrismus, Markthegemonie und liberale Globalisierung gekennzeichnet war, bedeutete dies dann, dass sein Zerfall eine neue Phase des historischen Kampfes einleitete? Konnten wir einen echten politischen Wettkampf erwarten, der dazu beitragen würde, die grundlegenden Schemata der kollektiven Regierung zu verbessern? Nach der Logik von Fukuyamas eigenem Argument würde eine »Rückkehr« zur Geschichte einen Kampf um die grundlegenden Prinzipien der sozialen Organisation erfordern. So dies eintreten sollte, hätte die Geschichte wieder begonnen. Dies erfordert eine Bewertung des Charakters der sozialen und politischen Kämpfe, die aus dem Zusammenbruch dieser Ära hervorgegangen sind. Vieles davon wird in den folgenden Kapiteln besprochen. Davor jedoch sollten wir darüber nachdenken, ob und welche weiteren Erkenntnisse wir aus der

Hegel'schen Dialektik gewinnen können, um (post-)historische Prozesse zu verstehen.

Während die vorangegangene neoliberale Ordnung eindeutig zusammenbrach, gab es immer noch keinen entschiedenen Widerspruch der zugrunde liegenden Prinzipien des gesellschaftlichen Lebens, weder von links noch von rechts. Trump wurde weithin als kriegslüsterner Faschist angeprangert, von dem viele führende Persönlichkeiten – Journalisten, politische Kommentatoren und führende Historiker – erwarteten, dass er die Einrichtungen der US-Republik in seine eigene persönliche Diktatur umwandeln und sich einem expansionistischen, rassistischen weißen Nationalismus zuwenden würde. Am auffälligsten an Trumps Amtszeit ist jedoch das Fehlen jeglicher bedeutenden politischen Errungenschaften, die sich von der Mainstream-Politik der Republikanischen Partei unterscheiden. Die einzige fragwürdige Ausnahme besteht darin, dass Trump keinen neuen Krieg begann – ein Merkmal, das ihn positiv von seinen Vorgängern unterscheidet. Trotz der Vorliebe der Alt-Right für Trump, die 2016 in den sozialen Medien weithin sichtbar war, löste sich auch dies im Miasma der konventionellen republikanischen Politik und Trumps Kultivierung einer viel größeren Wählerbasis auf. Mit der teilweisen Ausnahme der Wechselwähler im »Rust-Belt« haben sich das Wahlverhalten und die Muster politischer Konflikte in den USA größtenteils entlang der Spaltung zwischen Republikanern und Demokraten fortgesetzt.

In Frankreich besetzt der Yuppie-Populismus von Präsident Emmanuel Macron die liberale Mitte, in der die Sozialistische Partei vor ihrem Zerfall beheimatet war. In Großbritannien konnte Corbyn trotz seines vermeintlichen Radikalismus nicht so weit gehen, dass er einen Bruch mit Brüssel oder eine eindeutige Unterstützung für den Austritt Großbritanniens aus der EU befürwortet hätte – und das trotz seiner eigenen euroskeptischen Vergangenheit. Corbyns Bereitschaft, das Ergebnis des Referendums von 2016 in Frage zu stellen, hat die Wahlkoalition der Labour-Partei aus Arbeitern und Wählern der Mittelschicht zerrüttet, wobei erstere eher für einen Austritt aus der EU und letztere für einen Verbleib in der EU votierten.

Auch in Griechenland setzte die Syriza-Regierung, die anfangs überall als die erste radikale Regierung gefeiert wurde, die jemals in Europa ins Amt gewählt wurde, die Sparpolitik fort und weigerte sich, Griechenland aus der Eurozone austreten zu lassen – und das, nachdem sie mit einem Referendum gegen die Bedingungen eines weiteren EU-Rettungspakets protestiert hatte.

Mit diesen Beispielen – es gibt viele andere, die genauso gut verwendet werden könnten – soll verdeutlicht werden, dass sich zwar die Parteisysteme, Ideologien und Persönlichkeiten zu ändern schienen, die zugrunde liegenden Institutionen, Grundsätze oder Strukturen jedoch kaum in Frage gestellt wurden. Die Implosion der französischen Sozialisten – einer Partei, deren Erbe bis zu Jean Jaurès[28] und der Zweiten Internationale zurückgeht – war die Vollendung eines langen Prozesses der Neoliberalisierung dieser Partei; sie machte sich selbst überflüssig, bevor sie von Macron ausgelöscht wurde.[29] Die vielleicht dramatischste und dauerhafteste politische Veränderung, die mit vormaligen Mustern brach, war der Verlust der nordenglischen Arbeiterbasis der britischen Labour Party. Die Tatsache, dass ein Teil dieser Wählerschaft von den Tories erobert wurde, stellt sicher, dass selbst diese bedeutsamste aller Wahlverwerfungen im Großen und Ganzen in ein vertrautes Muster der britischen Politik fallen wird, nämlich in einen verjüngten vor-thatcheristischen Eine-Nation-Toryismus, der die Unterstützung der Torys durch die Mittelschicht und das Kapital mit jener der Arbeiterklasse verbindet.

Mit anderen Worten: Trotz des Zerfalls einer ganzen politischen Ordnung ändert das, was an ihre Stelle tritt, die grundsätzlichen politischen Muster nicht wesentlich. Soweit es signifikante und sichtbare Veränderungen gibt – zum Beispiel die regionale Fragmentierung der Weltwirtschaft, die Entkopplung der wirtschaftlichen Verflechtung zwischen China und den USA, die Auflösung der viel gepriesenen grenzüberschreitenden Just-in-time-Lieferketten –, handelt es sich dabei um spontane Prozesse, die durch die Überdehnung und Fragilität des globalen Kapitalismus vorangetrieben werden. Es handelt sich um Veränderungen, die sich zwar durch die Reaktion auf eine Viruspandemie beschleungen, aber nicht das Ergebnis einer neuen Ideologie oder eines neuen politischen Programms sind. Das neue Coronavirus hat keine Agenda, kein Manifest, keinen Plan – die Entropie, die es hervorgebracht hat, zeigt die zugrunde liegende Schwäche des neoliberalen Kapitalismus. Das auffällige Ausmaß an Staatsversagen, das in den Reaktionen so vieler Regierungen auf die Pandemie sichtbar ist, deutet darauf hin, dass sie den historischen Prozess nicht beherrschen, sondern von ihm getrieben werden. Die weitreichende Unfähigkeit der großen Industrienationen, wirksam auf Covid-19 zu reagieren – mit ausgehöhlten Industriesektoren, fehlenden industriepolitischen Maßnahmen, großen Ungleichheiten, flexiblen Arbeitsmärkten, die wie Dominosteine zusammenbrachen – ist ein Beispiel für die Tatsache, dass die überstürzten Veränderungen, die durch die Reaktionen auf das Virus ausgelöst wurden, nicht auf den Versuch politischer Akteure hinweisen, die Richtung der Ereignisse zu gestalten oder zu kontrollieren.

Wenn also feststeht, dass das Ende der Geschichte vorbei ist, so ist es ebenso klar, dass die Geschichte nicht wieder begonnen hat; was wir erleben, ist eine weitere Fragmentierung, ein Zerfall und ein Abdriften. Fukuyamas eigenes Bild berücksichtigte nicht die Tatsache, dass die von ihm beschriebene Ordnung zerbröckeln könnte. In der Zwischenzeit hat keiner seiner verschiedenen Versuche, seine These zu modifizieren oder umzustrukturieren – um neue Populismen und neue Formen der Identitätspolitik einzubeziehen – vollständig zu überzeugen gewusst. Wir waren schon einmal an diesem Punkt. Dies ist nicht das erste Ende des Endes der Geschichte.

2.2 Vorhergesagte Todesfälle

Bereits nach den Al-Qaida-Terroranschlägen auf das Pentagon und New York im Jahr 2001 verkündete der US-amerikanische Neokonservative Fareed Zakaria das Ende des Endes der Geschichte, womit er das Ende der vermeintlichen Leichtigkeit und Bequemlichkeit der Ära nach dem

Kalten Krieg meinte, die durch den Wohlstand des globalen Wachstums gesichert war.[30] Zakaria ging davon aus, diese Epoche würde zwangsläufig der Beschneidung demokratischer Freiheiten und einem neuen ungewissen Kampf weichen, der sich wie der Kalte Krieg selbst auf verdeckte Operationen und Stellvertreterkräfte stützen müsste. Der Neokonservative Robert Kagan und der Strategietheoretiker Azar Gat sahen in der zunehmenden geopolitischen Rivalität zwischen dem Westen auf der einen und Russland und China auf der anderen Seite die Rückkehr der Geschichte.[31]

Sogar inmitten des Kalten Krieges gab es einige, die dem Glauben anhingen, die Geschichte sei überwunden. Die Jahre nach dem Zweiten Weltkrieg und vor den Turbulenzen der 1960er-Jahre wurden von Leuten wie Daniel Bell und anderen melancholisch als das »Ende der Ideologie« verkündet – mit steigendem Lebensstandard, stabilen sozialen Marktwirtschaften und einer Annäherung der Industrienationen um große Staaten mit mächtigen Bürokratien, die unabhängig von nominellen ideologischen Verpflichtungen waren.[32] Die Geheimrede des sowjetischen Premierministers Nikita Chruschtschow im Jahr 1956, in der er seinen Vorgänger Stalin anprangerte, schien nicht nur den westlichen liberalen Kapitalismus zu rechtfertigen, sondern auch die Aussicht auf Liberalisierung, Reform und Demokratisierung im Sowjetblock sowie auf Entspannung im Kalten Krieg zu bieten. Wie wir gesehen haben, wurde Fukuyama von Kojève inspiriert, der das globale Kondominium der Supermächte und die europäische Nachkriegsintegration selbst als das Ende der Geschichte ansah.

Vielleicht ist aber das Ende unseres Ende-der-Geschichte-Regimes im frühen 21. Jahrhundert gründlicher als das Ende von Kojèves »Ende der Geschichte« aus den 1950er-Jahren oder die Version aus dem Jahr 2001, nicht zuletzt deshalb, weil das alte Regime des globalistischen Liberalismus in der westlichen Welt selbst erodiert (und nicht durch die Konfrontation mit zerlumpten islamistischen Milizen in abgelegenen und peripheren Regionen der Welt). In Anbetracht der Vielfalt der Geschichten und der Enden der Geschichten, die in diesen widersprüchlichen Ansichten enthalten sind, lohnt es sich, kurz auf die ursprüngliche Idee der Geschichte zurückzukommen, wie sie von Hegel selbst entwickelt wurde.

Wenn wir Hegels eigenes Bild etwas genauer betrachten, erscheinen die Dinge komplizierter.[33] Hegel selbst, der Urheber der ursprünglichen These, hat natürlich nie behauptet, dass die Geschichte im Jahr 1815 oder die Uhren stehen geblieben wären, ebenso wenig wie Fukuyama 1989. Die Vorstellung vom Ende der Geschichte war in die Struktur von Hegels ganzem philosophischen System eingebaut, das ausdrücklich historisiert war – das heißt, seine Begriffe und Konzepte wurden in historische Begriffe der Entwicklung und des Wandels gegossen, mit der Konsequenz, dass seine eigenen Einsichten notwendigerweise den Höhepunkt eines langen vorangegangenen historischen Prozesses markierten. Wir sollten uns ein wenig über den Kontext und die Beweggründe von Hegels Denken auslassen. Im Gegensatz zu dem amerikanischen Politikwissenschaftler Fukuyama wurden Hegels Ansichten durch eine Niederlage und nicht durch einen Sieg inspiriert – und zwar durch eine doppelte Niederlage: die erste war die Auflösung des Heiligen Römischen Reiches durch Napoleon im Jahr 1806, gefolgt von Napoleons eigener endgültiger Niederlage und seinem Untergang im Jahr 1815. Die Annexion und Beherrschung der deutschen Staaten, die zuvor das Reich gebildet hatten, durch Napoleon, sah Hegel jedoch gelassen – obwohl er Deutscher war. Er zeigte sich sogar sehr beeindruckt, als er Napoleon auf dessen Pferd in einer Aufklärungsmission reiten sah, als Jena, die Stadt in der Hegel lehrte, von französischen Truppen besetzt wurde, ein Faktum, das Hegels eigenes Leben und seine Karriere dramatisch beeinflusste.

Hegel unterstützte Napoleon, weil er in ihm eine Universalisierung der Vorteile einer verfassungsmäßig geordneten, säkularen Nationalität und politischen Unabhängigkeit in ganz Europa sah. Hegel begrüßte diese Entwicklungen, auch wenn sie die französische Vorherrschaft in Deutschland bedeuteten. Hegel ging es um ein höheres Prinzip als die relative Stellung der germanischen Welt im Verhältnis zu Frankreich. Auf einer tieferen Ebene, jenseits der vorübergehenden Demütigung und Unterordnung der deutschen Staaten durch Napoleon, bestand Hegels Projekt darin, die historischen Errungenschaften der Französischen Revolution zu retten – nicht nur in der von Napoleon vorgenommenen Neuordnung der deutschen Staaten, sondern auch jenseits der postnapoleonischen Regelung selbst, die auf dem Wiener Kongress 1815 nach Napoleons endgültiger Niederlage und seinem Sturz getroffen wurde. Das Ergebnis dieser Bemühungen war das philosophische Schema des Verfassungsstaates, das in Hegels »Grundlinien der Philosophie des Rechts« vorgestellt wurde und in dem die Errungenschaften der individuellen Freiheit in soziale und politische Institutionen eingebettet waren. Vielleicht gab es sogar noch eine dritte und wichtigere Niederlage für Hegels historische Vision, die für Hegel selbst von größerer Bedeutung war. Am Vorabend seines Todes im Seuchenjahr 1831 beunruhigte ihn die Nachricht aus Paris von einer weiteren Revolution, die den legitimistischen bourbonischen Monarchen Karl X. stürzte – eine Entwicklung, die vermuten ließ, dass tiefere Turbulenzen in der postnapoleonischen Welt schlummerten, als Hegel vorausgesehen hatte.

Es ist bezeichnend, wie Hegel die Folgen der Niederlage und des Scheiterns der Französischen Revolution durchdachte und nicht, wie Fukuyama, einen imperialen Sieg. Hegels Auffassung vom Ende der Geschichte war nämlich nicht an eine bestimmte Form der postnapoleonischen Regelung in Europa gebunden – in der Tat war sie gar nicht mit der Gestaltung oder dem Funktionieren einer bestimmten politischen Struktur oder Ordnung verknüpft. Wir wissen dies, weil Hegel optimistisch über den Ozean nach Amerika blickte, wo sich der Menschheit neue Perspektiven eröffneten, die Europa im Vergleich dazu wie eine »alte Rumpelkammer« erscheinen ließen. Hegels Behauptung vom Ende der Geschichte beruhte nicht auf der Dauerhaftigkeit und Stagnation der nachnapoleonischen Ordnung, sondern auf dem unumkehrbaren Charakter bestimmter historischer Entwicklungen im Hinblick auf unser kollektives Selbstverständnis. Die wichtigste dieser Entwicklungen war die Universalität der *Freiheit* in der modernen Welt, die durch die Französische Revolution entfesselt worden war. Für Hegel bestand der besondere historische Gewinn der Französischen

Revolution darin, dass sie den universellen Charakter der menschlichen Freiheit offenbarte, d. h. die Behauptung, dass die Freiheit tatsächlich Teil des Menschseins ist. Die Freiheit war somit nicht nur eine abstrakte philosophische, sondern eine politische Aussage, die in konkreten Institutionen verwirklicht werden konnte. Dies war Hegels ursprüngliche Idee des Endes der Geschichte – dass alles, was auf die Französische Revolution folgte, auf dem universellen Anspruch der menschlichen Freiheit beruhen musste. Dies wiederum bedeutete, keine soziale oder politische Ordnung könne jemals völlig stabil sein. Das Fundamentale dieser Einsicht liegt darin, dass die Freiheit nicht auf ein bestimmtes Regime oder eine bestimmte Ordnung beschränkt werden kann, da es gerade die Ausdehnung und Ruhelosigkeit der menschlichen Freiheit ist, die über ein bestimmtes System von politischen und sozialen Institutionen hinausgeht.

Dies erklärt, warum es für manchen eine Endgültigkeit des historischen Prozesses geben kann, denn nach der Französischen Revolution dient der unumkehrbare und gleichzeitig widersprüchliche Charakter der menschlichen Freiheit als Stütze der Geschichte. Die französisch-amerikanischen Revolutionen des 18. und 19. Jahrhunderts haben dazu geführt, dass erfolgreiche politische Ordnungen in der Folgezeit notwendigerweise auf universellen Ansprüchen beruhen müssen, die die Forderungen der menschlichen Freiheit einbeziehen. Gleichzeitig wird es auch immer wieder zu einem Ende der Geschichte kommen. Wir wissen, dass jedes Regime der Neuzeit, das die menschliche Freiheit nicht in sein kollektives Leben integriert, begrenzt und partiell sein wird; ebenso wissen wir, dass die menschliche Freiheit nicht durch eine bestimmte Reihe von Institutionen und Strukturen erschöpft werden kann. Dass das Ende der Geschichte sich wiederholen würde – und dass das Ende des Endes der Geschichte sich ebenfalls wiederholen würde – steht völlig im Einklang mit Hegels eigener Vorstellung, dass die Freiheit notwendigerweise die Grenzen jeder konkreten politischen Ordnung überschreitet. Inwieweit diese Unzufriedenheit mit einem bestimmten Regime in ein bewusstes Erfassen und Manipulieren des historischen Prozesses umgewandelt werden kann, ist eine andere Frage. Hegels eigentliche Einsicht lautet, dass keine auf menschlicher Freiheit beruhende Ordnung erstarren kann; alle Enden der Geschichte enden, alle modernen politischen Ordnungen werden schließlich neu geschaffen.

Dieses Verständnis hilft, den begrenzten Charakter der linkspopulistischen Versuche zu erklären, die aus der Sackgasse unseres jüngsten Endes der Geschichte auszubrechen versuchten. Da es dem Linkspopulismus nicht gelang, den Neoliberalismus zu überwinden, scheiterte er daran, die Bedeutung des politisch Möglichen zu erweitern. Den Linkspopulisten gelang es nicht, die politische Kontrolle der Menschen über ihr eigenes Leben und ihre Gesellschaft zu erlangen, weil sie nicht auf die Handlungsfähigkeit ihrer eigenen BürgerInnen eingingen.

Richtig verstanden, sollten das Ende der Geschichte und das Ende des Endes der Geschichte also keine Überraschung sein, zumindest nicht für diejenigen, die die ursprünglichen Begriffe der Theorie verstehen. Umgekehrt ist die Tatsache, dass eine bestimmte politische Ordnung von innen heraus korrodiert, keine Garantie dafür, dass wir die grundlegenden Organisationsprinzipien des kollektiven Lebens wieder infrage stellen. Denn wenn etwas aus Hegel ersichtlich ist, dann, dass letzteres nicht nur eine umfassende Vision der universellen Emanzipation erfordert, sondern auch die politische Bereitschaft, sie an die Stelle des Status quo zu setzen. Und das setzt die Bereitschaft voraus, den unvermeidlichen Bruch zu tolerieren, die mit der Auflösung der Strukturen und Institutionen des jeweiligen *ancien régime* einhergeht.

KAPITEL 3

Die Gefahr der Demokratie: Von der Post-Politik zur Anti-Politik

Der Wandel hätte konstant sein müssen – so sahen es die politischen Vereinbarungen der neoliberalen Demokratie vor, die als Modell für die Welt galt. »Veränderung« war tatsächlich ein wichtiger Bestandteil der offiziellen Ideologie jener Zeit. Die Toleranz gegenüber Störungen des Status quo hätte ein Teil davon sein müssen. Schließlich geht der Liberalismus davon aus, dass autonome Individuen frei sind, ihre Ziele zu verfolgen, und zwar nur in dem Maße, wie diese Ziele die Autonomie anderer nicht beeinträchtigen. In einer Demokratie sind die Regierungen gegenüber den Interessen und Wünschen der Bürger rechenschaftspflichtig. Die Gesellschaft ist also dynamisch, und die Politik sollte darauf reagieren, indem sie mit repräsentativen Mechanismen darauf wirkt, die sozialen Forderungen nach oben zu lenken.

Das ist die offizielle Erzählung. In der Praxis wurde in der Zeit des Endes der Geschichte ein politischer Wandel ausgeschlossen und so verhindert, dass er jemals wirklich auf der Tagesordnung stand. Aber dieses »postpolitische« Mittel, um Streitigkeiten zu verhindern, konnte nur eine Zeit lang Bestand haben, es konnte die Leidenschaften der Bevölkerung nur vorübergehend unterdrücken, während der schuldengetriebene Konsum die Ängste besänftigte. Sobald diese Mittel erschöpft waren, wurden die Verfechter der liberal-demokratischen Ordnung mit einem Albtraum konfrontiert. In den 1990er- und 2000er-Jahren trat die Ablehnung des politischen Establishments – die Anti-Politik – sporadisch auf; Mitte der

2010er-Jahre stellte diese Kraft die herrschende Post-Politik in den Schatten. Die Eliten nannten sie »Populismus« – »die größte Gefahr für den heutigen Westen«.[34] Sie ist das uneheliche, verstoßene Kind der aktuellen politischen Ordnung. Für einige war sie sogar eine Bedrohung der Ordnung selbst. Und sie ist eine so große, expansive Bedrohung, so allumfassend, dass die Übel, die »Populismus« genannt werden, alle anderen Kräfte überragen.

3.1 Wir sind alle Populisten

Der historische Populismus – etymologisch mit »das Volk« und daher mit »populär« verbunden – umfasste alles von seinen Ursprüngen im 19. Jahrhundert – die People's Party in den USA und die Narodniki in Russland – bis zum Poujadismus in Frankreich, dem Nasserismus in Ägypten und dem Peronismus in Argentinien. In jüngerer Zeit zählen dazu auch Silvio Berlusconi, Hugo Chávez, Geert Wilders, Occupy oder Viktor Orban. Man könnte zu dem Schluss zu kommen, dass der Begriff »Populismus« so vage ist, dass er mehr über diejenigen aussagt, die ihn verwenden, als über die, für die er verwendet wird.

Und welchem Zweck dient dies? Der Terminus »Populismus« befähigt dazu, unterschiedliche Bewegungen der Linken und der Rechten miteinander zu verbinden und alle politischen Kräfte, die eine nationale Alternative zur Globalisierung und zum Zeitalter der »Alternativlosigkeit« vorschlagen, als zwei Seiten derselben Medaille darzustellen. Sogenannte Populisten sind in den Augen der Verwalter der liberalen Ordnung auch autoritär gesinnt. In einem weiteren Schritt scheint die Identifizierung von »populistisch« mit »populär« zu suggerieren, dass der Populismus nicht nur die Schöpfung skrupelloser politischer Unternehmer ist, sondern vielmehr ein Auswuchs des angeborenen Wunsches des Volkes nach Despotismus,[35] der irrationalen Wut des Pöbels.

Nach dieser Beschreibung würde den Populisten eine vernünftige, evidenzbasierte und liberale antipopulistische »Mitte« gegenüberstehen, die sich gegen den Strom stemmt. Die Covid-19-Krise hat diese Dimension verdeutlicht, da der Gesundheitsnotstand zur Erleichterung der Antipopulisten die Chefärzte in den Mittelpunkt rückte. Es wurden evidenzbasierte Abriegelungen angekündigt, während »populistische« Persönlichkeiten wie der brasilianische Präsident Jair Bolsonaro oder der US-Präsident Donald Trump für ihre irrationale Verharmlosung der Angelegenheit getadelt wurden.[36]

In der Realität liegt es jedoch im Auge des Betrachters, was als »Mitte« und was als »Populismus« gilt. Im Übrigen war es das Erstere, das den Boden für das Letztere bereitet hat. Um dieses scheinbare Paradoxon zu beleuchten, sollten wir uns die Geschichten zweier exemplarischer Persönlichkeiten der Mitte in Erinnerung rufen – den ehemaligen US-Präsidenten Bill Clinton und den ehemaligen britischen Premierminister Tony Blair. Beide kamen an die Macht, nachdem die neoliberale Neue Rechte mehr als ein Jahrzehnt lang die alten sozialdemokratischen Vereinbarungen zerschlagen hatte. Sie versprachen eine integrativere und modernere Politik, die sich von den Bindungen an die Vergangenheit lösen würde. Der ehemalige Gouverneur von Arkansas, Bill Clinton, gewann 1992 die Nominierung der Demokratischen Partei mit dem Ziel, die Partei in die politische Mitte (d. h. nach rechts) zu rücken. Er benutzte den Begriff »vitale Mitte«, um seine Politik zu charakterisieren. Dies brachte ihm einen Rüffel von Arthur Schlesinger ein, dem offiziellen Historiker des amerikanischen Liberalismus, der diesen Begriff 1949 geprägt hatte. Schlesinger hatte das »vitale Zentrum« als ein Mittel zur Beschreibung der liberalen Demokratie im Gegensatz zu Sozialismus und Faschismus konzipiert. Clinton behauptete in seiner Pervertierung des Begriffs, die Mitte sei eine enge Verzahnung neoliberaler Politik. Damit positionierte er die Mitte »näher bei Ronald Reagan als bei Franklin D. Roosevelt«, wie Schlesinger es ausdrückte.[37] Doch Clinton verschob nicht nur die Mitte nach rechts, sondern verengte auch die Grenzen des politisch Akzeptablen, jenseits derer alles andere »extrem« wäre. Auf diese Weise ging er der politischen Auseinandersetzung aus dem Weg.

So gelang die Wiederkehr der »Hufeisentheorie«, ein Konzept, das während des Kalten Krieges entwickelt wurde, um Faschismus und Kommunismus für identisch zu erklären. Extreme würden sich laut dieser Idee umso mehr ähneln, je weiter man sich von der politischen Mitte entfernt. Beide Extreme waren »totalitär« – Stalin und Hitler gaben sich die Hand. Aber in Clintons Version hatten sich die Punkte so verengt, dass man sie besser als Haarnadel-Theorie betrachten sollte. Der einzig legitime politische Boden war ein schmaler Streifen Gras. Selbst die Sozialdemokratie war jetzt ein Sumpf, ebenso wie der traditionelle Konservatismus mit seinem überholten Rassismus und Sexismus.

Unsere zweite beispielhafte Figur ist Tony Blair. Im Vorfeld der britischen Parlamentswahlen 2019 charakterisierte der ehemalige Premierminister sowohl die Vorschläge der Labour-Partei als auch der Konservativen für höhere öffentliche Ausgaben sowie ihren Widerstand gegen die Rückgängigmachung des Brexits als »wildgewordenen Populismus«: »Überall auf der Welt, wo sich politische Führer treffen, wird oft darüber gesprochen, wessen Politik verrückter ist … Ich stimme zu, dass es zurzeit ein harter Wettbewerb ist. Aber ich glaube immer noch, dass leider die britische Politik die Nase vorn hat.«[38]

Blair ging folglich (fälschlicherweise) davon aus, dass eine Mehrheit der britischen Bürger den »heftigen Wunsch hegte, das Chaos zu beenden und aus dem Albtraum zu erwachen«. Der Albtraum – das Ende des Endes der Geschichte – erforderte einen liberalen, antipopulistischen Retter. Einige Wissenschaftler haben versucht, dem Populismus eine konkretere Definition zu geben, jenseits der dunklen Fantasien von ewiggestrigen Männern wie Tony Blair – sicherlich die wahren »Zurückgebliebenen«. Cas Mudde, einer der meistzitierten Forscher zu diesem Thema, sieht den Populismus als eine Ideologie, die die Gesellschaft in zwei homogene und antagonistische Gruppen aufteilt: das reine Volk und die korrupte Elite. Dementsprechend sollte die Politik ein Ausdruck des »allgemeinen Willens« sein und wenig Raum für Pluralismus lassen.[39] Oder er ist, wenn schon keine vollwertige Ideologie, so doch zumindest ein diskursiver Stil: »Politik für gewöhnliche Menschen durch außergewöhnliche Führer, die gewöhnliche Profile konstruieren«, wie es bissig formuliert wurde.[40] Für Mudde sind Populisten letztlich eher moralistisch als programmatisch.

Hier stoßen wir jedoch auf ein Problem. Diese heute übliche Definition lädt nur zur Verwirrung ein. Als sich Tony Blair in der Opposition befand, wetterte er gegen den »Tory-Schmutz«. Bei seinem Amtsantritt im Jahr 1997 versprach er, im Gegensatz zum korrupten konservativen Establishment »reiner als rein« zu sein. Er projizierte ein sehr persönliches Bild von Jugend, Modernität und Ethik. »Wir sind jetzt die Diener«, erklärte er und versprach, »das Vertrauen in die Politik wiederherzustellen«. Schauen wir uns an, was damit zur Schau gestellt wurde: ein moralisches Register, eine korrupte Elite, eine personalistische Politik mit Führern, die sich als gewöhnliche Menschen ausgaben … die ganze Palette des Populismus. Oder nehmen wir das Beispiel des anderen wichtigen Vertreters des Zentrums, Bill Clinton, der sich in seiner saxofonspielenden Volkstümlichkeit und seinem »Ich-fühle-deinen-Schmerz«-Gesang stark auf das Konzept des »amerikanischen Kernlandes« stützte und sogar den Begriff »Bürger des Kernlandes« prägte.

Selbst diese Vorbilder und Architekten des Dritten Weges, der neoliberalen Technokratie und »jenseits von links und rechts« könnten als Populisten bezeichnet werden. Aus diesem Grund sollte der heutige Populismus als ein Kind der aktuellen politischen Ordnung verstanden werden. Der Populismus wurde durch das Ende der Geschichte geboren und hat am Ende des Endes der Geschichte die Post-Politik entthront.

Die Anti-Populisten hingegen definieren sich nur durch ihre eigene Verteidigungshaltung. Sie regen sich auf über die Bedrohung des Liberalismus, der Demokratie oder der liberalen Demokratie und ignorieren dabei, dass sie selbst auf vielfältige Weise die demokratische Politik untergraben haben. Anti-Populisten bezeichnen alles, was das Volk anspricht, als »populistisch« – und damit als unverantwortlich. Die Schuld an diesem Zustand liegt bei den skrupellosen Politikern, die meinen, es sei in Ordnung, auf die unverantwortlichen Forderungen des Volkes einzugehen, anstatt den

Rat von Experten zu befolgen. Die Tatsache, dass man populär ist, scheint in Frage gestellt zu werden. Das ist die Logik der Verlierer, der Standpunkt derer, die von der Geschichte abgehängt wurden.

3.2 Der »ganz normale Mensch«

Doch was sind die »Forderungen« der Menschen heute? Die Forderungen an die Politiker scheinen vor allem Misstrauen zum Ausdruck zu bringen – gegenüber den Politikern selbst und gegenüber den politischen Institutionen. Untersuchungen, die die Einstellung der Bürger zur Politik und zu Politikern im Laufe der Zeit untersuchten, ergaben gegensätzliche volkstümliche Theorien darüber, was der »gute Politiker« zur Mitte des 20. und im frühen 21. Jahrhundert sein sollte.[41] Während der Wunsch nach vertrauenswürdigen, starken, fähigen und inspirierenden Politikern immer wieder geäußert wird, liegt der Schwerpunkt neuerdings auf »normalen« und »volksnahen« Politikern. Die Distanz zwischen Politik und Volk, Staat und Gesellschaft ist so groß geworden, dass die Politiker zu einer eigenen Klasse gehören, die sich in ihren Gewohnheiten, ihrem Verhalten und ihrem Auftreten von den normalen Bürgern unterscheidet.[42]

Die Autoren der oben genannten Studie führen diesen Wandel auf drei Faktoren zurück: die Professionalisierung der Politik, sodass die Politiker eine eigene, homogene Klasse zu bilden scheinen; die Ideologie der Intimität, die dazu führt, dass die Bürger Wärme und Authentizität im Umgang mit Politikern erwarten; und den demokratischen Egalitarismus, der die Menschen dazu ermutigt hat, das »Gemeinsame« mit dem Richtigen oder dem Guten zu identifizieren. Diese Erkenntnisse scheinen die Argumente des Sozialkritikers Christopher Lasch über die Kultur des Narzissmus widerzuspiegeln, in der der Emotionalismus das öffentliche Leben überlagert. Für Lasch »dient der Begriff ›Demokratie‹ nur noch der Beschreibung eines therapeutischen Zustands. Wenn wir heute […] von Demokratie sprechen, beziehen wir uns meistens auf die Demokratisierung von ›Selbstachtung‹. Die Schlagwörter, die gegenwärtig in Umlauf sind – kulturelle Vielfalt, kulturelle Identität, [...] ›entitlement‹ (berechtigter Anspruch auf Achtung) –, drücken die wehmütige Hoffnung aus, dass tiefe Grabenrisse, die sich durch die amerikanische Gesellschaft ziehen, durch guten Willen und eine keimfreie Sprache überbrückt werden können.«[43]

Die heutige Feindseligkeit gegenüber der Politik beruht also auf erheblichen Veränderungen unserer Vorstellungen von Öffentlichkeit und Privatheit. Politiker rühmen sich ihrer persönlichen Eigenschaften und versuchen, sich als Durchschnittsbürger darzustellen, während wir von der Politik erwarten, dass sie sich um unsere Gefühle kümmert. Im Laufe der 1990er- und 2000er-Jahre spielten Politiker ein doppeltes Spiel: Einerseits verkauften sie sich als kompetente technische Verwalter, andererseits versuchten sie, das Vertrauen der Bürger zu gewinnen, indem sie an grundlegende Werte appellierten. Bill Clintons Behauptung, er könne »euren Schmerz nachempfinden«, ist ein offensichtliches Beispiel, aber der wahre Meister dieser Kunst war Silvio Berlusconi, der seine alltäglichen Wünsche und Vorurteile zur Schau stellte, um sich mit dem Wahlvolk zu verbinden – und das mit einigem Erfolg (siehe Kapitel 6). Eine »Lifestyle-Politik«, bei der die Grenzen zwischen der formellen Politik und dem Alltagsleben aufgehoben werden. Politik wird zum Spektakel, in dem die Häuser der Regierung und das Big-Brother-Haus einander ähneln; beide sind Bühnen.

Heute werden Blairismus und Clintonismus rundweg abgelehnt; auch Berlusconis Charme hat nachgelassen. Diese Politiker werden als Schwindler angeprangert, als Fahnenträger der verhassten Maschinenpolitik und der Priorität des Images gegenüber der Substanz. Die gleiche Art von Lifestyle-Politik lässt sich nicht mehr verkaufen, da das Misstrauen gegenüber der Politik neue Höhen erreicht hat. Die Distanz zwischen der Politik und den Menschen kann nicht mehr durch einen »Kerl, mit dem man gerne ein Bier trinken würde« (wie George W. Bush bekanntlich dargestellt wurde) überwunden werden. Selbst Donald Trump, der sich zwar immer noch der Lifestyle-Politik bedient, wäre ohne eine energische Ablehnung des politischen Status quo nicht erfolgreich.

Populismus ist daher am besten als ein spezifisches Beispiel für *Anti-Politik* zu verstehen. Populisten verkünden den Bankrott der Institutionen – wie Trump, der Washington D. C. als Sumpf bezeichnete – und prangern die Mainstream-Medien als parteiisch, Wahlen als manipuliert und Umfragen als unzuverlässig an. Sie sprechen ein offenes Geheimnis aus: Der Kaiser hat keine Kleider mehr, die Glaubwürdigkeit des Establishments hat sich aufgelöst. Indem sie die alte Konsenspolitik nicht mehr akzeptieren, werden Populisten und die Entfremdung der Bevölkerung, auf die sie reagieren, potenziell politischer. Wie es in einer journalistischen Darstellung der Anti-Politik zu lesen war, ist der Populismus »gleichzeitig eine antipolitische Bewegung und ein Ausdruck des Wunsches nach der Rückkehr der eigentlichen Politik«.[44]

3.3 Der Dialekt und die Dialektik der Anti-Politik

Obwohl der Begriff »Anti-Politik« weniger Angst macht als »Populismus«, sorgt er zunehmend für Bestürzung und Verwirrung. Die kurzlebige, aber historisch verschwenderische Präsidentschaftskampagne des Milliardärs Michael Bloomberg im Jahr 2020, so warnte *The Spectator*, könnte unter den Begriff der Anti-Politik fallen; einer der Legionen von Mitte-Links-*Guardian*-Kolumnisten, Rafael Behr, besteht darauf, dass »wir bessere Politiker brauchen, keine Anti-Politik«; und selbst der marxistische Literaturtheoretiker Terry Eagleton macht den Anarchismus als antipolitisch herunter. Der *New Statesman* weist sogar darauf hin, dass die Anti-Politik, die der damalige UKIP-Abgeordnete Robert Kilroy-Silk in den 2000er-Jahren predigte, heute »überall zu finden« ist. Zählt aber jeder, der das Establishment in Frage stellt, als Anti-Politiker? Eine junge britische Frau, die in Basisbewegungen aktiv ist, sagte einem Journalisten: »Alle diese Experten sagen, dass die Menschen ›antipolitisch‹ sind, aber das, was wir sehen [neue, aufständische Bewegungen], ist der Inbegriff von Politik«.[45] Gewiss ein verwirrendes Bild.

Schon früher gab es Anzeichen für eine wachsende Anti-Politik, die in den 2000er-Jahren punktuell erwähnt wurde, z. B. als die *Sunday Tribune* die Proteste am 1. Mai 2000 (»May Day«) als »Anti-Politik, die mit den Füßen abstimmt« gegen die Globalisierung bezeichnete. Der *Irish Independent* warnte 2008, dass Silvio Berlusconi von der »Anti-Politik« sowohl profitieren würde als auch bedroht war. Und in einem Interview mit *BBC Radio 4* stellte ein Professor des Institut d'études politiques de Paris fest, dass 63 Prozent der Franzosen die Begriffe »links« und »rechts« aufgegeben haben und damit »die Anti-Politik politisiert« haben.[46] Die Saat war bereits aufgegangen.

Vor der globalen Finanzkrise von 2008 war die Apathie der Wähler die größte Sorge der politischen Klasse in Bezug auf ihre Beziehungen zu den Bürgern. *Wie können wir die Bürger dazu bringen, sich zu interessieren?* Jetzt aber sind die Bürger wütend und widerspenstig; die Autorität der politischen Klasse hat sich völlig verflüchtigt. Und das weltweit: An vielen Orten wird die Legitimität der Politik selbst in Frage gestellt, vom Brexit bis zu den Gilets Jaunes (den »Gelbwesten«), von Brasilien bis Bulgarien.

Die Herausforderung kommt von »außen«; die politische Klasse – oder das Establishment, die Oligarchie, die politische Elite, *la casta* in Spanien oder Italien – sind »innerhalb« des Systems. Die politischen Unternehmer versuchen, die Wut gegen das »Innen« zu mobilisieren. Aber wenn diese populistischen Außenseiter die politische Klasse herausfordern, lautet die Standardantwort der Linken dahingehend, dies wären keine echten Außenseiter und sie würden keine *wirtschaftlichen* Interessen herausfordern. Das stimmt; aber wir müssen verstehen, warum die *politischen* Eliten am häufigsten zur Zielscheibe des Volkszorns geworden sind und warum die einzigen großen politischen Durchbrüche des letzten Jahrzehnts tendenziell von »Populisten« ausgingen – d. h. von denjenigen, die Außenseiter sind oder sich als solche ausgeben – und nicht von der traditionellen Linken, die (vorgeblich) für eine wirtschaftliche Beziehung einsteht, von denen »unten« gegen die »oben«.

Tatsächlich scheint der Populismus die Unterscheidung zwischen links und rechts zu verwischen; viele populistische Politiker sind ideologisch ambivalente Figuren. In dieser Hinsicht sind die aufständischen Populisten das Spiegelbild der etablierten Manager, die sich ebenfalls von der Ideologie distanzierten. Die Herrschaft der letzteren hat in den letzten drei Jahrzehnten zu einer Entpolitisierung der Wirtschaft geführt. Mit der Einbürgerung der Wirtschaft verlor die formale »Links-gegen-Rechts«-Politik ihre Bedeutung oder verwandelte sich eher in einen Kulturkampf als in einen Kampf um die Macht. Jetzt, in unserem antipolitischen Zeitalter, kehrt der politische Antagonismus in einer neuen Form auf die Bühne zurück: »Außenseiter gegen Insider«. Aber es gibt eine Falle: Das weit verbreitete Misstrauen gegenüber politischen Führern betrifft nicht nur die etablierten Politiker, sondern kann auch die Autorität jeder Bewegung untergraben – einschließlich des Vertrauens der Menschen in ihre eigene Fähigkeit, die Macht zu übernehmen.

Politik ist im Grunde genommen eine Spaltung, eine Störung der normalen Vorgehensweise, die grundlegende Annahme der Gleichheit, wodurch jeder politische Autorität beanspruchen könnte. In diesem Sinne *kann die Anti-Politik politisierend sein.* Aber in der Politik geht es auch um Repräsentation: die Weiterleitung von Interessen, Wünschen und Träumen der Bevölkerung an Akteure, die mit der Verantwortung ausgestattet sind, diesen Willen in die Tat umzusetzen. Diese Verantwortung ist also eine Frage der politischen Autorität: die legitime Anwendung von Zwang, ohne die jeder Kampf für eine bessere Zukunft zum Scheitern verurteilt ist. In diesem Sinne *kann Anti-Politik entpolitisierend sein.* Wenn keine demokratische politische Autorität geschaffen werden kann, werden sich antidemokratische Formen durchsetzen. Wenn wir also nicht wollen, dass Politik nichts anderes ist als autoritäre Maßnahmen, die gegen eingeschüchterte Massen durchgesetzt werden, ist die Politisierung der Gegenwart der einzige Weg, um die Zukunft aufzubrechen.

In Übereinstimmung mit dem Verständnis, dass Anti-Politik entweder politisierend oder entpolitisierend sein kann, ist es wichtig, mit einer Definition von Politik zu arbeiten, die eine enge Identifizierung mit »offizieller Politik« oder der spezifischen Ausprägung der liberalen Demokratie vermeidet. Dies würde bedeuten, Politik als einen demokratischen Drang zu sehen, der zu verschiedenen Zeiten und an verschiedenen Orten auftreten kann. Durch die Verwendung dieser Art von Definition können wir auch die Erinnerung an goldene Zeiten vermeiden: Ein Kardinalfehler der meisten Schriften über Entpolitisierung, in denen die Zeit des Kalten Krieges als ideales Modell gilt, das es wiederherzustellen gilt.

3.4 Die erdrückende Politik am Ende der Geschichte

Um zu verstehen, wie der Populismus eine Anti-Politik zum Ausdruck bringt, während er gleichzeitig den Wunsch nach Politisierung ausdrückt, müssen wir verstehen, was *Post-Politik* war: eine Strategie der Entpolitisierung.

Die Post-Politik ist eine Regierungsform, die versucht, die politische Auseinandersetzung zu verhindern, indem sie den Konsens in den Vordergrund stellt, die Ideologie beseitigt und mit Hilfe einer technokratischen Verwaltung regiert. Mit anderen Worten, sie tritt an mit der Behauptung, alle wichtigen Fragen wären geklärt, sodass für die politische Diskussion nur noch Fragen der technischen Umsetzung übrig bleiben. Während des Endes der Geschichte haben die Politiker die Bürger in eine doppelte Zwickmühle gedrängt. Mit der Verengung des ideologischen Spektrums verloren die Menschen das Interesse und gingen zunehmend auf Distanz. Als sie bemerkten, dass Zustimmung und Legitimität im Schwinden begriffen waren, begannen die Politiker bei den Bürgern zu betteln. Die Wahlbeteiligung wurde als ein Gut an sich dargestellt. »Wähle oder stirb« war zum Beispiel ein beliebter Slogan im Vorfeld der Wahlen 2004 in den Vereinigten Staaten. Es wurden verschiedene technische Neuerungen vorgeschlagen, wie z. B. die Herabsetzung des Wahlalters, die Übertragung von Befugnissen auf die Regionen oder andere Mittel zur Förderung der partizipativen Entscheidungsfindung. Doch diese Antwort beruhte auf einem Irrtum. Die Entpolitisierung geht nicht auf das Bewusstsein der Bürger zurück; der Ursprung des Problems liegt nicht in der »Apathie der Wähler«.

Die Entpolitisierung ist in der Tat eine politische Strategie, die auf der Ebene der Institutionen und Prozesse stattfindet. Die Praxis des Regierens wurde vom Druck der Massen isoliert. Das klassische Beispiel ist die Unabhängigkeit der Zentralbanken, die die Geldpolitik aus dem Bereich der Politik entführte. Die Festlegung der Zinssätze und damit das Gleichgewicht zwischen Beschäftigungsquoten, Preisen und Wirtschaftswachstum ist also der öffentlichen Auseinandersetzung entzogen. Entscheidungen über die Geldpolitik richten sich nach den Einschätzungen der Zentralbanker – oder, noch deutlicher, nach dem, was sie als im Interesse der »Wirtschaft« verstehen, was wiederum ein Code für »Geschäftsinteressen« ist. Auf diese Weise werden kollektive Probleme zu natürlichen Folgen einer sich selbst regulierenden Ordnung – des Marktes. Historische Kontingenzen werden zu notwendigen Kontingenzen – die Globalisierung ist keine Wahl, sondern eine objektive Zumutung, die vorher festgelegte Antworten erfordert. Und Volkssouveränität – politische Macht in den Händen des Volkes – wird zugunsten der Verbrauchersouveränität oder einer begrenzten individuellen Freiheit aufgegeben.[47] Mit anderen Worten: Die Möglichkeit der demokratischen Kontrolle über wichtige Institutionen wird ausgeschlossen.

Jede Infragestellung dieser Ordnung wird als wütender Rückfall behandelt, der von irrationalen Wünschen getriebenen Unzufriedenen zugeschrieben wird. Im Extremfall werden diese als machohaft, frauenfeindlich, homophob oder rassistisch eingestuft – die ultimativen Verbrechen gegen eine pluralistische, konsensorientierte Politik –, ob wahr oder nicht. Der Brexit-Slogan »take back control« wurde als bloßer Deckmantel für Fremdenfeindlichkeit abgetan, womit das Demokratiedefizit, auf das er abzielte, ignoriert wurde. Die Anhänger von Bernie Sanders wurden als »Kumpel« (»bros«) verspottet, als ob die von ihm vertretene Umverteilungspolitik nur für junge weiße Männer von Interesse sein könnte. Durch Verleumdung wird jede Forderung des Volkes als illegitim behandelt, und die offizielle Politik hört auf, ein Weg für echte politische Auseinandersetzungen zu sein.

Ein der »Post-Politik« verwandtes Konzept ist das, was der Politikwissenschaftler Colin Crouch »Postdemokratie« nennt. Dabei handelt es sich um eine Gesellschaft, in der die formalen Institutionen der Demokratie (Parteien, Wahlen, Parlamente) zwar noch vorhanden sind, diese aber zunehmend zu leeren Hüllen geraten, ohne populäre Energien und Innovationen. Zur Veranschaulichung: Eine Wahl nach der anderen wird von »catch-all«-Parteien bestritten, die versuchen, die Mitte zu erobern – die Wechselwähler aus der Mittelschicht – und dabei eine nahezu identische Politik verfolgen; Klassenunterschiede werden geleugnet; und die Entscheidungsfindung wird zur Aufgabe politischer Eliten in weniger oder nicht repräsentativen Bereichen (wie dem Büro der Exekutive, Mittlerorganisationen,[48] die nunmehr unabhängige Zentralbank usw.). Es kommt zu einer weitgehenden Verflechtung zwischen öffentlichem und privatem Sektor, wobei die wirtschaftlichen Eliten zunehmend in der Lage sind, unter Umgehung der repräsentativen Organe Einfluss zu nehmen. Für Crouch stellt die Postdemokratie eine Situation dar, in der Politiker immer noch auf die Zustimmung der Bürger angewiesen sind, die sie durch Wahlen erhalten, aber der Wähler ist eher ein manipuliertes Objekt als ein selbstbewusstes Subjekt. Die *Post*demokratie kann mit *vor*demokratischen und mit *demokratischen* Regimen verglichen werden. In vordemokratischen Systemen stellten die Eliten ihre Klassenprivilegien zur Schau und verlangten von den unteren Schichten die Anerkennung ihrer Unterordnung. Die eigentliche Demokratie ermöglicht es, diese anerkannten Hierarchien in Frage zu stellen. Die Postdemokratie ist einzigartig, weil sie die Existenz von Privatisierung und Unterordnung leugnet.[49] »Wir alle gehören jetzt zur Mittelschicht«, wie der ehemalige stellvertretende Premierminister von Tony Blair, John Prescott, 1997 verkündete.

Die populistischen Ausbrüche im Westen fordern also diesen Zustand heraus. Sie sind wütende Reaktionen darauf, dass man kein Gehör findet. Einer der Punkte, die den Übergang vom Ende der Geschichte zum Ende des Endes der Geschichte kennzeichnen, ist der Unterschied in den

Reaktionen auf die Entpolitisierung. Während in den 1990er- und 2000er-Jahren eine apathische Abkehr von der Post-Politik vorherrschte, ist in den 2010er- und 2020er-Jahren eine wütende antipolitische Ablehnung der Politik zu beobachten.

Die politische Theorie hat diese Entwicklung weitgehend nicht erfasst, da sie sich mit internen Fragen der »Politik« beschäftigt. Sie ist nicht daran gewöhnt, Politik von außen, als Kategorie, wahrzunehmen. Aber das Aufkommen der Post-Politik und die Reaktionen, die sie hervorgerufen hat – Anti-Politik – stellt Fragen an uns: Was ist Politik, und was ist daran gut oder schlecht? Und folglich, was ist Anti-Politik? Und wenn Anti-Politik schlecht ist, was ist dann schlecht an ihr? Anders ausgedrückt: Wie können wir die Grenze zwischen diesen beiden Gefahrenzonen betreten? Bei der einen begehen wir den Fehler, die Politik *als solche* mit der bestehenden politischen Ordnung, dem Status quo, den Kompromissen der liberalen Demokratie zu identifizieren; bei der anderen verfallen wir in eine ablehnende Haltung, in der Politiker, Wahlen, Parteien – ja sogar die Demokratie in ihrem Kern – als Schwindel abgetan werden.

3.5 Wenn das Post-Politik war, was ist dann Politik?

Ein Ausweg aus diesem gordischen Knoten besteht darin, alle politischen Philosophien – Ideen darüber, wie Politik funktionieren sollte – als Vorstoß in Richtung auf das Ende der Politik zu begreifen.[50] Anstatt »Politik« mit der Ausübung von Macht oder mit bestimmten Institutionen (Parlamente, Wahlen usw.) zu verbinden, sollten wir sie als eine *Dynamik* betrachten, die die normale Art und Weise, Dinge zu tun, auf den Kopf stellt. Daraus ergibt sich jedoch ein Paradoxon: Wenn man seine politischen Ziele erreicht hat, endet die Politik. Nehmen wir den Liberalismus: Nach dieser Philosophie ist das Ideal ein geordneter Prozess, bei dem eine Vielzahl von gesellschaftlichen Interessen auf politischer Ebene vertreten wird. Alle stimmen den Spielregeln zu: Es findet ein regelmäßiger Machtwechsel statt, mit den notwendigen institutionellen Kontrollen, die eine gerechte Ordnung garantieren. Der Einzelne kann in der Gewissheit handeln, dass die Verwaltung der Gesellschaft friedlich und gerecht abläuft. Die Harmonie ist erreicht, d. h. die Politik ist ausgeschaltet.

Oder sehen wir uns die anderen wichtigsten politisch-ideologischen Traditionen an – Konservatismus, Sozialismus und Faschismus. Ein authentischer konservativer Traum sieht politisches Handeln vor, das sich einer höheren Autorität unterordnet, beispielsweise der Kirche, die jeder Gruppe und jeder Schicht den ihr gebührenden Platz einräumt. Die Politik beschränkt sich auf ihr minimal notwendiges Handeln: die Aufrechterhaltung dieser traditionellen Ordnung. Es gibt so gut wie keinen Raum für Politik. Im sozialistischen Denken würde die Revolution die bürgerliche Ordnung und ihre konkurrierenden Gruppen (Klassen) umstürzen. Wenn die Politik das Produkt der Knappheit ist, des Kampfes um die Verteilung des Sozialprodukts, dann würde das Ende der Knappheit im Kommunismus das Ende der Politik als solcher bedeuten. Oder denken wir an den verschärften Klassenkampf der Zwischenkriegszeit, einen historischen Höhepunkt der Politisierung, der durch die Zerschlagung der Arbeiterbewegung mit außerparlamentarischen, paramilitärischen Mitteln beendet wurde. Auch die Politik des Faschismus zielt auf das Ende der Politik ab.

Wenn wir Politik als Dynamik, als Umwälzung von Hierarchien verstehen, dann ist vieles von dem, was normalerweise unter dem Namen »Politik« firmiert – der Gebrauch von Macht, die Praxis des Regierens meist nur die Überwachung der Ordnung oder die Verwaltung von Menschen. Dieses Verständnis gibt der Politik ihre Verbindung zur Politisierung zurück, die Gegenstände infrage oder zur Diskussion stellt. Für den Philosophen Slavoj Žižek sind »Politik und Demokratie synonym«. Dies zeigt er am Beispiel der antidemokratischen Politik, die »immer und per definitionem Entpolitisierung ist und war, d. h. die unbedingte Forderung, dass ›die Dinge zur Normalität zurückkehren sollen‹, wobei jeder Einzelne seine spezielle Aufgabe erfüllt.«[51]

Das Verständnis dieser Identität hat zwei wichtige Konsequenzen für uns in der heutigen Zeit. Erstens löst es die »Demokratie« von der spezifischen Form, in der sie uns gewöhnlich begegnet, der liberalen Demokratie (die zumeist von den Befürwortern des Endes der Geschichte verteidigt wird – siehe Kapitel 2). »Demokratie« ist nach dem letztgenannten Verständnis eine gemütliche Gesellschaft, die nicht mehr von der Leidenschaft für politische Ehre oder Heldentum angetrieben wird; sie ist ein Umgebungsmilieu: der natürliche Lebensraum des postmodernen Individualismus.[52] Die postmoderne liberale Demokratie kann noch düsterer mit den Begriffen verstanden werden, die der verstorbene Kulturtheoretiker Mark Fisher vorgeschlagen hat – als »kapitalistischer Realismus«, in dem die Gesellschaft von einer depressiven Stimmung überwältigt wird, die nur durch flüchtige, konsumistische Momente des Hedonismus belebt werden kann. Dies ist nicht unser Verständnis von Demokratie. Die Demokratie ist eine Waffe, kein Staat. Außerdem ist sie die kollektive Gestaltung des sozialen und politischen Lebens; sie entsteht als *Volksmacht*.

Zweitens sollte uns diese Identität von Politik und Demokratie vor den Gefahren einer linken Anti-Politik warnen. Die Demokratie beruht auf der Annahme der Gleichheit aller und jedes Einzelnen. Wenn diese Idee auf das »business-as-usual« der Verwaltung trifft, dann erzeugt sie Politik, was beweist, dass die Politisierung der wesentliche Ausgangspunkt für diejenigen ist, die eine egalitäre Ordnung anstreben. Die Politik ist die Heimat der Linken, während die Unterdrückung der politischen Begeisterung die natürliche Heimat der Rechten ist. Das ist einleuchtend. Betrachten wir die jüngste historische Entwicklung: Das Ende der Geschichte wurde durch die weltweite Niederlage des Sozialismus eingeleitet. Die darauffolgende post-politische Ordnung wurde durch eine Ideologie gerechtfertigt, die vorgab, unideologisch zu sein. In Wirklichkeit war sie eine Maske für die ungehinderte Herrschaft des Kapitals. Wo es keine systemische Alternative gibt, gibt es auch keine Politik. Wenn die Linke also der Logik der Anti-Politik verfällt, unterschreibt sie ihr Todesurteil.

3.6 Träume von einem goldenen Zeitalter aufgeben

Woher kommt dann das Gefühl, »früher gab es Politik und am Ende der Geschichte nicht mehr«? Bei der Beantwortung dieser Frage gehen die meisten Wissenschaftler davon aus, dass die Nachkriegszeit in Westeuropa »echte Politik« war. Dies würde jedoch bedeuten, dass wir uns auf die parlamentarischen Formen dieser Zeit beschränken. Schließlich sollte man sich vor Augen halten, dass die institutionelle Ordnung damals auch versucht hat, die Politik zu vereinnahmen, damit sie nicht überhandnimmt – wie schon in den 1920er- und 1930er-Jahren. Viele empfanden die Nachkriegszeit als entpolitisiert. In der Tat rebellierte die Neue Linke in den 1960er-Jahren gegen das, was sie als eine lähmende, total verwaltete Gesellschaft ansah. Wie wir bereits gesehen haben, schrieb der US-amerikanische Soziologe Daniel Bell 1960, am Vorabend des Aufblühens der Neuen Linken, das Buch »The End of Ideology«. Wie bei den vorangegangenen Enden der Geschichte, die wir in Kapitel 2 kennenlernten, wurde auch schon früher der Tod der Politik verkündet.

Das Neue am liberal-demokratischen Ende der Geschichte ist jedoch die Einführung einer Post-Politik, eines Endes der Politik, das sich vom vordemokratischen feudalen Konservatismus oder der sozialdemokratischen Langeweile der Nachkriegszeit unterscheidet. Es handelt sich um eine stärkere Negation, bei der die Politik nicht nur verdrängt, sondern *ausgeschlossen* wird. Man kann es auch so ausdrücken: Die formale Politik der Parteien, Wahlen, Parlamente usw. weisen kaum Spuren des sozialen Konflikts auf, der sich in der Realität abspielt (so einseitig dieser Konflikt auch wurde). Jede Infragestellung dieses Zustands wurde – und wird immer noch – als reine Irrationalität behandelt.

Warum also schien die Nachkriegsepoche, die vom Kalten Krieg beherrscht wurde, Politik zu erzeugen? Die Antwort liegt in der Bedrohung der »normalen Politik« durch etwas anderes: die Arbeiterbewegung und die revolutionäre sozialistische Politik im Inland und die Existenz der Sowjetunion im Ausland. Diese Kräfte zwangen die nationalen Bourgeoisien dazu, relativ »ehrlich« zu agieren, und ließen Raum für das demokratische Spiel (zumindest in Westeuropa). Die reale Existenz des Klassenkampfes bedeutete, dass der politische Konflikt nicht ignoriert oder kognitiv ausgelöscht werden konnte. Die Reaktion der nationalen politischen Eliten bestand vielmehr darin, dass sich der politische Konflikt innerhalb der akzeptierten Grenzen abzuspielen hätte.[53]

Das Zusammentreffen der Bedrohung durch die Revolution auf der einen Seite und der auf den Menschenrechten (Freiheit, Gleichheit und Brüderlichkeit) beruhenden Staaten auf der anderen Seite schuf die notwendige Spannung, damit die Demokratie gedeihen konnte. Natürlich handelte es sich um eine begrenzte Demokratie mit festen Regeln und einer begrenzten Anzahl anerkannter Parteien. Aber die Wahl- und BürgerInnenbeteiligung war hoch, es gab Massenparteien, die Gewerkschaften vertraten die Arbeiterschaft, und es gab Mittel, um die Interessen des Volkes an den Staat heranzutragen. Crouch bezeichnet diese historische Entwicklung als »Parabel der Demokratie«, die mit der »Parabel der Arbeiterpolitik« verflochten war: Die Demokratie ging mit dem Wachstum, der Stärke, der Organisation und dem Selbstbewusstsein der Arbeiterklasse einher und erreichte ihren Höhepunkt »um die Mitte des 20. Jahrhunderts«, je nach Standort entweder vor oder nach dem Zweiten Weltkrieg.[54] Der Niedergang der Politik der Arbeiterklasse nahm den Niedergang der Politik selbst vorweg.

Auch wenn die Nachkriegszeit in Westeuropa und Nordamerika kein goldenes Zeitalter war, so *war* sie doch eine demokratischere Zeit als heute. Die historische Niederlage der Arbeiterbewegung, und des Sozialismus, löschte die Politik selbst aus. Daher die überraschende Düsternis, mit der Fukuyama das Ende der Geschichte ankündigte.

3.7 Ein Klopfen an der Tür

Ein eindrucksvolles Beispiel für die Unterdrückung der Politik in einem Moment, in dem sie zurückzukehren drohte, ist der Skandal um wilde

Streiks, der die britische Energiewirtschaft Anfang 2009 erschütterte – ein erster Vorbote für das Ende des Endes der Geschichte. Die Arbeiter der Ölraffinerie Lindsey des Unternehmens Total in Lincolnshire, England, waren empört darüber, dass ein italienisches Bauunternehmen mehrere hundert hauptsächlich italienische und portugiesische Bauarbeiter angeheuert hatte, die die einheimischen Arbeiter lohnmäßig unterboten. Ein 47-prozentiger Anstieg der Arbeitslosigkeit in der Grafschaft in jenem Jahr – in einer Region, die bereits seit Jahrzehnten unter der Deindustrialisierung litt – in Verbindung mit den allgemeinen Auswirkungen der globalen Finanzkrise schuf eine prekäre Situation. Die Plakate auf den Streikposten verkündeten »Britische Arbeitsplätze für britische Arbeitnehmer« – eine Antwort auf die EU-Entsenderichtlinie, die ihrerseits ein Mittel zur Untergrabung der Arbeitnehmerrechte ist, getarnt als Recht auf Freizügigkeit in Europa. Die BBC stellte die Streikenden als Fremdenfeinde und Rassisten dar, während die Medien insgesamt dazu neigten, Debatten über die Streiks ausschließlich unter der Frage »rassistisch: ja oder nein?« zu führen.

Dies geschah trotz der Beteuerungen von Gewerkschaftsvertretern, dass es sich um einen Streik gegen das Verhalten ausländischer Unternehmen und nicht gegen Ausländer handele. In der Tat gab es viele Berichte über ArbeiterInnen, die die Versuche der rechtsextremen British National Party, den Streik zu vereinnahmen, zurückschlugen.[55] Dennoch bezeichnete der Premierminister von New Labour, Gordon Brown, die Streiks als »unvertretbar«. Die Ironie dabei bestand darin, dass Brown selbst den alten Slogan der National Front »Britische Arbeitsplätze für britische Arbeiter« zwei Jahre zuvor in einer großen Rede verwendet hatte. Darüber hinaus hatten die regierenden New-Labour-Regierungen keine Hemmungen, »Bedenken hinsichtlich der Einwanderung« zu überzeichnen, wenn es ihren Wahlprioritäten entsprach – und in der Tat hielt die Regierung strenge Kontrollen für Nicht-EU-Migration aufrecht. Brown verteidigte sich damit, dass er, als er diesen Satz 2007 gebrauchte, »davon sprach, den Menschen in Großbritannien die Fähigkeiten zu vermitteln, damit sie die Möglichkeit haben, Arbeitsplätze zu bekommen, die derzeit an Menschen aus dem Ausland vergeben werden …« Selbst ein politischer Pygmäe wie der damalige Vorsitzende der Konservativen, David Cameron, erkannte die Heuchelei: »Einerseits hält [Gordon Brown] allen einen Vortrag über die Globalisierung und andererseits leiht er sich diesen Slogan von der BNP.«[56]

Die postpolitische Abschottung der Politik zeigt sich hier in ihrer ganzen Verblödung: Die Regeln der Globalisierung sind in Stein gemeißelt und gelten für alle; wenn man scheitert, ist man selbst schuld – man sollte sich stattdessen stärker auf dem Markt behaupten (indem man sich Qualifikationen aneignet); Sorgen um die Rechte der ArbeiterInnen sind unbegründet und werden ignoriert; jede Äußerung von Dissens kann nur das Produkt dunkler vorsintflutlicher Impulse sein.

In den 1990er- und 2000er-Jahren waren Ereignisse wie diese sporadisch und flüchtig genug, um von den politischen Eliten souverän bewältigt werden zu können. Doch mit dem Beginn des neuen Jahrzehnts verlor das Establishment die Bodenhaftung. Im Jahr 2015 wurde der bis dahin marginalisierte linke Abgeordnete Jeremy Corbyn unerwartet zum Vorsitzenden der Labour-Partei. In den USA gewann derweil die Kandidatur von Donald Trump zum Unglauben fast aller Beobachter an Fahrt. Wir wissen, was im folgenden Jahr in den einzelnen Ländern geschah und wie das liberale Establishment darauf reagierte (das nächste Kapitel befasst sich damit). Und überall dort, wo die Abschottung der Politik erfolgreich gewesen war und wogegen sich die Menschen nun auflehnten, wiederholte sich derselbe Prozess. Für diejenigen, deren politische und kulturelle Autorität auf einer von jeglicher Politik und sozialen Konflikten befreiten Gesellschaft beruhte, sah all dies plötzlich so aus, als würde die Irrationalität siegen.

Es sollte klar sein, dass nicht jede Revolte gegen das Post-Politische unterstützenswert ist. Oft nehmen sie fremdenfeindliche oder ausgrenzende Formen an, oder ihre Anti-Politik ist eine rekursive und selbstzerstörerische Sackgasse. Aber es ist wichtig, zu verstehen, warum die Revolte in unserer Zeit solche Wege geht. Da die traditionellen Vertreter der Arbeiterklasse – die sozialdemokratischen Parteien – sich voll und ganz der neoliberalen Globalisierung verschrieben haben, gibt es nur wenige »respektable« Möglichkeiten, gegen die wirtschaftliche und kulturelle Herabstufung zu protestieren, und auch keine politische Führung, die diesen Gefühlen in den entsprechend codierten Formen des politischen Diskurses Ausdruck verleiht. In der post-politischen Ära wird Hass unterdrückt oder für unschicklich erklärt, und zwar in einem Maße, dass selbst einfache Meinungsverschiedenheiten pathologisiert werden. Anderslautende Äußerungen explodieren dann an anderen Orten, oft in den sozialen Medien, roh und wütend. Und je mehr sie zur Zielscheibe der Kritik werden, desto größer ist die Versuchung, an den Empfindlichkeiten der Elite zu rütteln.

In dem Maße, in dem die »Populisten« die Gelegenheit ergreifen und sich diese Frustrationen zu eigen machen, indem sie ihnen auf der Bühne der offiziellen Politik eine Stimme geben, dienen sie als Agenten der Re-Politisierung, indem sie die Idee der Gleichheit aller und jedes Einzelnen in den Bereich der geschlossenen Verwaltung tragen. Wie wir gesehen haben, zeichnen sie sich im Wesentlichen dadurch aus, dass sie die Gelegenheit ergreifen (im Gegensatz zum post-politischen Establishment, das jeden solchen Moment zu unterdrücken versucht). Die Tatsache, dass viele Populisten, sobald sie an der Regierung sind, das Leben derer, für die sie vorgeben zu sprechen, nicht wirklich verbessern, ist nebensächlich. Die Politik wurde unterdrückt, Widerspruch gegen die Globalisierung und die technokratische Herrschaft als illegitim angesehen. Die Politik kehrt dann in perversen Formen zurück.

Und warum? Es ist wichtig, zu verstehen, dass der Staat im Zuge der neoliberalen Veränderungen lediglich die Aufgabe hat, die Bedürfnisse des globalen Marktes zu befriedigen und zu Hause eine multikulturelle Gesellschaft zu managen, indem er auf Toleranz und Abgrenzung setzt. Die Behauptung, dass die Regeln der Globalisierung gebrochen werden sollten – zum Beispiel zum Schutz der ArbeiterInnen – wird als kindischer oder unverantwortlicher Wunsch nach »einfachen« Lösungen angesehen, im Gegensatz zur komplexen Technokratie des Post-Politischen. Wut und Hass sind *verboten*. Forderungen, die von »unten« oder von

»außen« kommen, sind nur erlaubt, wenn sie die Form von humanitärem Flehen annehmen: Wir sind Opfer, bitte rettet uns. So werden Konzerte zur »Rettung Afrikas« oder Kampagnen zum Schutz von Frauen vor Belästigung oder Initiativen zur Unterstützung von Flüchtlingen gewürdigt (auch wenn nie etwas Wesentliches unternommen wird). Selbstbehauptung ist jedoch ein Tabu. Der Soziologe Wolfgang Streeck hat es so formuliert: »Nichts polarisiert die kapitalistischen Gesellschaften von heute mehr als die Debatten über die Notwendigkeit und Legitimität von nationaler Politik.« Mit Blick auf die verwischten Grenzen zwischen Klassenkampf und Kulturkampf stellt Streeck zudem fest, dass »Interessen und Identitäten verschmelzen und zu gegenseitigen Anfeindungen führen, wie wir sie seit dem Ende des Kalten Krieges nicht mehr erlebt haben.«[57] Folglich geraten diejenigen, die sich wünschen, dass der Staat eine Rolle in der sozialen Entwicklung übernimmt, um gerechtere Ergebnisse zu garantieren, in Konflikt mit den Hütern der postpolitischen Ordnung; dieser Konflikt wird dann irreführend als »Nativisten gegen Kosmopoliten« dargestellt, um die letzteren als zivilisiert und rational erscheinen zu lassen, während die ersteren als irrationale Unzufriedene dargestellt werden.

Natürlich brechen die Eliten reflexartig alle diese Regeln, wenn dringende Maßnahmen zur Stabilisierung des Systems erforderlich sind. Die Billionen-Dollar-Rettungsmaßnahmen im Jahr 2008 schienen bereits außergewöhnlich zu sein und schufen Risse im post-politischen Gebäude. Ein Jahrzehnt später haben die Maßnahmen zur Bewältigung der Covid-19-Krise, wie die Schließung der Grenzen, die Unterbringung von Obdachlosen oder die Einkommensgarantien, das Gebäude völlig zerstört. Die Wandlung des französischen Präsidenten Emmanuel Macron ist ein Beispiel dafür, wie etablierte Eliten unter dem Druck der Krise ihre eigenen Regeln brechen: Zuerst war er die energische und modernisierende Kraft, die Frankreich reformieren und EU/Liberalismus/Globalisierung retten sollte; dann, Ende 2019, war er ein eingeschüchterter Mann, der durch mehr als ein Jahr intensiver sozialer Proteste und Streiks beschädigt worden war; Mitte 2020 sprach er vom »Ende dieses Zyklus der Globalisierung«, weil sie »die Demokratie untergräbt«.[58]

Am Ende des Endes der Geschichte geht es nicht so sehr darum, dass »die Politik zurück ist«. Es geht vielmehr darum, dass verschiedene Formen der Anti-Politik die Tür zur Post-Politik eingetreten haben. Gegenwärtig sind es jedoch die Eliten, die vom neoliberalen Management zu etwas anderem übergehen. Die Aufgabe einer umfassenderen Politisierung obliegt nach wie vor den radikalen Kräften.

3.8 Die Konturen der Anti-Politik

Was also ist diese »Anti-Politik«, die versucht, die Tür einzutreten? Vereinzelte Beschreibungen in der Literatur beschreiben sie als eine populäre Stimmung der Unzufriedenheit, des Misstrauens und des Zynismus. Andere sehen darin eine Strategie der Entpolitisierung oder, auf einer anderen Ebene, ein diskursives System, für das die Politik des »Dritten Wegs« der Blairianer das beste Beispiel ist. Aber diese letzteren Beschreibungen bringen die Anti-Politik fälschlicherweise in die Nähe der Post-Politik. Eine umfangreiche Studie, die bereits zitiert wurde,[59] definiert Anti-Politik als negative Stimmung gegenüber den Aktivitäten der offiziellen Politik (tolerieren, um Stimmen werben, zuhören, verhandeln und Kompromisse schließen) sowie gegenüber ihren wichtigsten Institutionen und Akteuren (Politiker, Parteien, Wahlen, Parlamente, Räte und Regierungen). Die Autoren legen Wert auf die Feststellung, dass Anti-Politik weniger als Negativität gegenüber der Demokratie selbst, sondern mehr als Negativität gegenüber bestimmten Akteuren oder Institutionen zu verstehen ist. Gleichzeitig ist sie aktiver als die Apathie und beruht stattdessen auf der Entfachung der Leidenschaften der Menschen.

Damit sind wir bei der halben Wahrheit. Anti-Politik muss tatsächlich als aktive Ablehnung von Politik verstanden werden und nicht als passiver »Ausstieg«. Aber alle diese Ansätze leiden unter einer Überidentifikation mit den Gebieten der offiziellen Politik als solcher. Anti-Politik wird folglich als eine negative Kraft angesehen, die das Regieren erschwert und zur Unterstützung von Populisten führt. Eliane Glasers Buch »Anti-Politics« ist ein typisches Beispiel dafür: Sie ist sichtlich außerordentlich davon frustriert, wie Anti-Politik oder Populismus die Linke schikaniert. Obwohl dies zweifellos der Fall sein mag, wirkt der Ansatz wie eine eigennützige Klage über den Autoritätsverlust der institutionellen liberalen Linken. Eine Definition von Anti-Politik kann nicht von dem Wunsch ausgehen, die speziellen Formen und Prozesse der liberalen Demokratie zu verteidigen, denn das würde dazu führen, auch jede radikale Politik als anti-politisch einzustufen. Das Aufkommen von sozialen Bewegungen und Protesten, von revolutionären Vorhutbewegungen würde ebenfalls in den Bereich des Anti-Politischen fallen. Anti-Politik erfordert stattdessen eine anpassungsfähigere Definition, die sich auf eine energische Vorstellung von Politisierung als dem Wesen der Demokratie stützt.

Um also unseren Standpunkt und unsere Definition darzulegen: Politik ist im Grunde genommen die Forderung nach einer Neuordnung der Zustände und einer Aufhebung der Hierarchien. Sie ist eine Forderung nach Gleichheit; sie ist sogar der Grundgedanke des Einspruchs. Das »Ende der Politik« ist eine transhistorische Tendenz, denn wo immer Politik auftaucht, gibt es Kräfte, die versuchen, sie zu mäßigen, zu erden, zu zerschlagen, zu transzendieren oder zu verhindern. Politik ist also eine relative Seltenheit. Die *Anti*-Politik tritt ernsthaft als sichtbares, regelmäßiges Anliegen am Ende des Endes der Geschichte in Erscheinung. Die Strategie der Entpolitisierung, die als Post-Politik bekannt ist, ruft eine wütende Reaktion hervor: Die Institutionen der formellen Politik werden von den Bürgern abgelehnt. Am Ende des Endes der Geschichte wird die Anti-Politik zur vorherrschenden Kraft. Die Ablehnung der alten Konsenspolitik (Post-Politik) und ihrer konkreten Formen, Modi und Vertreter ist nicht nur Ausdruck einer negativen Stimmung. Sie zielt auch auf die politische Autorität und die Repräsentation selbst ab; die *Politik selbst* wird also abgelehnt, tout court.

Die Anti-Politik kann von unten oder von oben kommen, als organische Entwicklung innerhalb der Massen, oder von oben, von bestehenden politischen Vertretern oder neuen Gegeneliten (wie wir in Kapitel 5 sehen werden). Die Anti-Politik, die sich gegen den Konsens der Manager richtet, scheint zu politisieren. Wenn Populisten einen Antagonismus zwischen Volk und Eliten behaupten und versprechen, »den Sumpf trocken zu legen«, ist das eine elementare Politisierung, denn sie fordert Spaltung statt Konsens, Störung statt business as usual. Die Anti-Politik zielt aber auch auf die politische Autorität selbst, auf die Möglichkeit der Repräsentation überhaupt. Diese Unfähigkeit, jeder denkbaren Macht Legitimität zu verleihen, ist wahrhaft anti-politisch und verheerend nicht nur für die liberale Demokratie, sondern auch für radikal-demokratische Bewegungen. Während also die Anti-Politik anfänglich politisiert, birgt sie gleichzeitig die Gefahr der Abschaffung jeglicher Politik, ob von oben oder von unten. Das macht den Weg frei für autoritäre Herrschaft.

KAPITEL 4

Neoliberal Order Breakdown Syndrome – Syndrom des Zusammenbruchs der neoliberalen Ordnung

Der liberale Flügel des Establishments tat sich schwer damit, das Ende des Endes der Geschichte zu akzeptieren. Schwerer als jeder andere Teil der Gesellschaft. Die beiden Ereignisse, die vor allem einen Großteil der Kommentatoren und der Expertenklasse völlig aus dem Konzept brachten, waren das Referendum 2016 in Großbritannien und die Wahl Donald Trumps zum Präsidenten in den USA im selben Jahr.

Die Wahl Trumps war für einen Großteil des liberalen amerikanischen Establishments einfach zu viel. Die *MSNBC*-Moderatorin Rachel Maddow ist vielleicht das deutlichste Beispiel für jemanden, der in Bezug auf Trump »cannot even« (»nicht einmal mehr (sprechen) kann«), um den Internet-Slang unserer Zeit zu verwenden. Ohne Beweise dafür zu bringen, behauptete Maddow immer wieder, Trump sei ein russischer Agent, der unter der Kontrolle des russischen Präsidenten Wladimir Putin stehe, russische Pressetermine wahrnehme und amerikanische Raketenangriffe auf Ziele anordne, die der russische Präsident selbst ausgewählt habe.[60]

Maddow war in ihrer Meinung nicht allein. Es gab ein tieferes Unbehagen im amerikanischen Kommentariat, das auch die großen Zeitungen, wie die *Washington Post* und die *New York Times*, erfasste. Unterschiedliche

Strömungen der politischen Mitte schlossen sich zusammen, um das Establishment zu verteidigen und sich gegen die offensichtliche historische Abweichung zu wehren, die der unberechenbare republikanische Präsident darstellte. Vergessen waren all die Massaker, die Unterstützung für Diktatoren und die korrupten Praktiken, die im Laufe der Jahrzehnte in und durch amerikanische Institutionen verübt wurden. Was den USA mit Trump bevorstand, war wirklich unerträglich, illiberal und undemokratisch. Diese Reaktionen brachten den Begriff »Trump Derangement Syndrome« hervor. Aber das Phänomen geht breiter und tiefer. In Großbritannien gerieten die Remainer – eine lautstarke Minderheit, die sich weigerte, die Ergebnisse des Referendums von 2016 zu akzeptieren – in Panik, dass das Vereinigte Königreich »aus Europa austreten« würde (was darauf hindeutet, dass das Land irgendwie nicht mehr zum selben Kontinent gehören sollte). Nicht nur das, sondern es wurde auch eine Hysterie über drohende Lebensmittelknappheit, über die Gehirnwäsche durch Cambridge Analytica oder über alle möglichen vorstellbaren Katastrophenszenarien geschürt. Anstelle eines ernsthaften Versuchs, die tief greifenden Veränderungen in der Politik zu verstehen, die das Votum für den Austritt aus der EU auslösten, haben sich »seriöse« Kommentatoren, Experten und Politiker mit einer ganzen Reihe von haarsträubenden Behauptungen beschäftigt, die vom Fingerzeig auf Russland bis zur Schuldigkeit der sozialen Medien reichten und mit Beleidigungen für den einfachen Wähler gespickt waren. Wahrheit, Ausgewogenheit, Verhältnismäßigkeit – ja sogar Erwachsensein – wurden über Bord geworfen. Die Erklärung für das Geschehen lag bei … Harry Potter.[61] Auch mehrere Jahre später ist die liberale Reaktion auf diese Ereignisse noch immer von einer melancholischen Nostalgie für die jüngste Vergangenheit geprägt. Bemerkenswert für eine soziale Schicht, die sich als moralische und intellektuelle Hüterin der Gesellschaft und damit als Kritikerin der Macht aufspielt, wie sehr sich das liberale Establishment nach einer verschwundenen Zeit vor dem Jahr 2016 sehnt – einer Zeit, die gar nicht so weit von heute entfernt ist. Diese Nostalgie ist gepaart mit einer Flucht vor der Verantwortung. Das liberale

Establishment, das bis vor kurzem noch die Oberhand hatte, war nicht bereit, die Rolle der politischen Klasse bei der Schaffung der heutigen Bedingungen anzuerkennen. Ihre Monster – Trump oder Brexit – schienen aus dem Nichts aufzutauchen.

Diese hysterischen Reaktionen auf das Ende des Endes der Geschichte sind lediglich die Spitze dessen, was man besser als »Neoliberal Order Breakdown Syndrome« (NOBS) bezeichnen sollte: die Unfähigkeit des liberalen Establishments, politischen Wandel zu akzeptieren, zu erklären oder darauf zu reagieren.[62]

Diese Ansammlung von Symptomen stellen eine entscheidende Pathologie der zeitgenössischen Politik dar. Der charakteristische Tonfall von Hysterie und Katastrophismus wird von dem Entsetzen über die Zerstörung der alten Ordnung und dem Schrecken über den drohenden Statusverlust der Liberalen bestimmt. Vor allem Kommentatoren sehen ihre privilegierte Stellung als »Politikkenner« in Frage gestellt und sind darüber sehr bestürzt.

NOBS hat die grundlegende Schwäche der vorherrschenden zeitgenössischen Ideologie – des postmodernen Liberalismus – aufgedeckt und seine Unfähigkeit, die Politik der Gegenwart zu erklären oder ihre zahlreichen Widersprüche in Einklang zu bringen.[63] Was geschieht, wenn liberale Ansprüche auf Expertenherrschaft als suboptimale Ergebnisse entlarvt werden? Wie wird der Wunsch nach sozialer Harmonie durch wachsende Ungleichheit befriedigt? Warum scheint sich die Toleranz nie auf die Gewohnheiten und das Verhalten der Arbeiterklasse zu erstrecken?

In Bezug auf die regionale und soziologische Verteilung von NOBS müssen wir zunächst festzustellen, dass NOBS kein weltweites Phänomen war und ist. Die neoliberale Ordnung bricht fast überall zusammen, aber die hier katalogisierten psychologischen Reaktionen sind nur an bestimmten Orten zu beobachten. Am deutlichsten sind sie in Großbritannien und in den USA zu spüren, wo die Hegemonie des zeitgenössischen Liberalismus am stärksten ist und wo sie in letzter Zeit am stärksten infrage gestellt wurde. Deutschland etwa bildet einen bemerkenswerten Kontrast dazu, weil es von einer Kraft wie dem Euroskeptizismus mehr oder weniger nicht erschüttert wurde. Dies steht im Einklang mit der Tatsache, dass es aufgrund seiner hegemonialen Position in der Union von einigen der jähen wirtschaftlichen Verwerfungen des letzten Jahrzehnts verschont geblieben ist. Das dortige Establishment kann bequem über die BritInnen lachen, weil sie die EU verlassen wollen, oder über die AmerikanerInnen, weil sie waffenverliebte Reaktionäre sind.[64]

In den Ländern, in denen NOBS in Erscheinung getreten ist, hat es die oberen Schichten der Medien, der Wirtschaft, der Kunst, der Gewerkschaftsbürokraten, der Wissenschaft, der liberalen oder linksgerichteten Think-Tanks, der Beamten und der Politiker von Mitte-Links bis Mitte-Rechts getroffen. Sie alle reagierten krampfhaft auf den Abschluss des Endes der Geschichte. NOBS geht auch über die Mächtigen und Einflussreichen hinaus. Jeder, der über ein hohes kulturelles Kapital verfügt und sich im Umfeld der Mitte-Links-Parteien bewegt – also der Demokratischen Partei in den USA und der Labour Party, der Grünen, der Liberaldemokraten und der Scottish National Party im Vereinigten Königreich –, neigt eher dazu, an NOBS zu leiden. Dieser Teil der Gesellschaft mag sich zwar nicht als die wirklichen wirtschaftlichen GewinnerInnen sehen (d. h., die obersten 1 Prozent der Einkommensverteilung), aber sie haben von einer Ordnung profitiert, in der sie zumindest kulturelle Autorität, wenn nicht gar Reichtum bewahrten.

Hier liegt ein Paradoxon vor. Dieser Teil der Gesellschaft geht davon aus, dass seine Ansichten und Vorlieben dem gesunden Menschenverstand entsprechen, während er sich gleichzeitig ständig angegriffen fühlt. Anders ausgedrückt: Während das »liberale Paket« (das Elemente wie Kosmopolitismus, Respekt vor Fachwissen, Individualismus und die Betonung der persönlichen Ethik vereint) kulturell hegemonial ist, weigern sich die Liberalen, ihre eigene Hegemonie anzuerkennen. Der Liberale steht immer mit dem Rücken zur Wand. Während ihre Ansichten in den großen Zeitungen vertreten werden, fühlen sie sich von einem Tsunami von Boulevardmedien überschwemmt. Sie rühmen sich, für Toleranz und Vielfalt einzutreten, sträuben sich aber gegen die Äußerung nicht-liberaler Ansichten ihrer MitbürgerInnen. Auch wenn sie sich oft kritisch über die aktuelle Regierung äußern – und zwar oft »von links« –, fühlen sie sich in der heutigen Welt grundsätzlich wohl und zu Hause; sie haben sich mit den derzeitigen Regelungen gut arrangiert. Außerdem beruht ihre politische Identität auf der Idee, »die Guten« zu sein. Eine weniger wohlwollende Interpretation würde sogar behaupten, dass ihr Interesse an der Politik nur insofern besteht, als sie es ihnen erlaubt, sich als ethische Akteure darzustellen. All dies bedeutet, dass hegemoniale Liberale aus einer relativ bequemen Position heraus moralische Kritiker sein können, zufrieden in dem Wissen, dass sich die Welt nicht wirklich gegen sie wenden oder gar nennenswert verändern wird.

Doch dann geschah es. Die Ereignisse kamen allerdings nicht ganz aus heiterem Himmel. Das heutige NOBS kann mit seinen Vorläufern in den 2000er- und frühen 2010er-Jahren verglichen werden. Tatsächlich prägte der neokonservative Experte Charles Krauthammer im Jahr 2003, als er den damaligen republikanischen Präsidenten gegen liberale Angriffe verteidigte, den Begriff »Bush-Derangement-Syndrom«, um »den akuten Ausbruch von Paranoia bei ansonsten normalen Menschen als Reaktion auf die Politik, die Präsidentschaft – nein – die bloße Existenz von [Präsident] George W. Bush« zu bezeichnen.[65] Natürlich wurde Bush später in den Augen einer überraschenden Anzahl von Liberalen rehabilitiert. Das lag an einer Kombination aus Nostalgie für Bushs republikanische Gesinnung, seiner Freundschaft mit den rechtschaffenen Obamas und eine Wertschätzung für sein neu entdecktes künstlerisches Feingefühl.[66]

In Italien war die gemäßigte Linke in den 2000er-Jahren entsetzt über Silvio Berlusconi und stellte sich oft als Parteigänger im Kampf gegen Berlusconis »Faschismus« dar. Was NOBS jedoch von anderen Syndromen unterscheidet, ist die Tatsache, dass es einen viel breiteren Teil der Gesellschaft angreift. Er ist sowohl in der rechten als auch in der linken Mitte zu finden, und er reicht auch tiefer, da die gut situierte Mittelschicht gewachsen und politischer geworden ist (siehe Kapitel 7).

NOBS ist also die paradigmatische Antwort des liberalen Establishments auf das Ende des Endes der Geschichte. Es ist gut möglich, dass die Leser, vor allem in den USA oder in Großbritannien, die NOBS-Symptome aus nächster Nähe miterlebt haben, da Freunde, Familienmitglieder oder Bekannte ihre »Hot Takes«[67] zur jüngsten Geschichte geliefert haben. Diese Ideen sind wahrscheinlich nicht ansteckend (zumindest nicht ohne anhaltenden Kontakt mit dem *Guardian* oder der *New York Times*), aber es besteht die Gefahr, dass man Symptome der Verärgerung, der Frustration und schwere Blähungen entwickelt, wenn man mit ihnen ins Gespräch kommt.

Um denjenigen zu helfen, deren Angehörige möglicherweise an NOBS erkrankt sind, versuchen wir in diesem Kapitel, eine systematischere Anatomie der neun Symptome[68] zu geben, die in drei Gruppen zusammengefasst sind – die Unfähigkeit, politische Veränderungen zu *akzeptieren*, zu *erklären* und darauf zu *reagieren*. Im letzten Abschnitt des Kapitels bieten wir eine Erklärung dafür, warum NOBS zu einem zentralen Bestandteil des »gesunden Menschenverstands« des liberalen Establishments geworden sein könnte.[69]

4.1 Die Unfähigkeit, politische Veränderungen zu akzeptieren

Das erste Symptom von NOBS ist oft eine tiefgehende Ungläubigkeit: der Mechanismus der Verleugnung. Im Gegensatz zu den Phasen der Trauer folgt auf die Verleugnung jedoch kein Verhandeln oder Akzeptieren (auch wenn Mitglieder des liberalen Establishments aus Gründen, die mit ihrem Verlust an politischem Einfluss und Status zusammenhängen, Wut und/oder Depression empfinden können). Der Brexit liefert vielleicht das beste Beispiel hierfür. Es wird wiederholt darauf beharrt, dass das Ergebnis des Referendums von 2016 einfach in Abrede gestellt werden kann, z. B. mit dem Argument, dass 52 Prozent eine unzureichende Mehrheit darstellen oder dass das Referendum nie als bindend gedacht war.

Tabelle 4.1: Die Symptome des Neoliberal Order Breakdown Syndrome (NOBS)

Diagnostischer Bereich	Charakteristische Symptome
Unfähigkeit, politischen Wandel zu *akzeptieren*	• Ungläubigkeit über oder Verweigerung des politischen Wandels • Weigerung, die Verantwortung für die heutigen Bedingungen zu übernehmen
Unfähigkeit, politischen Wandel zu *erklären*	• Das Modell der politischen Ursachen wird durch kognitive oder informationelle Theorien ersetzt, z. B. soziale Medien oder Verschwörungstheorien über Russland. Unwilligkeit, den Bürgern/Wählern Handlungsfähigkeit zuzuschreiben
Unfähigkeit, auf politische Veränderungen zu *reagieren*	• Katastrophismus und Hysterie • Nostalgie für die jüngste Vergangenheit • Verfolgungswahn der Elite, Überempfindlichkeit gegenüber Kritik • Infantilismus, der sich in Kindlichkeit, Geziertheit oder dem Wunsch nach einer Autorität zur schnellen Lösung von Problemen äußert • Bevormundung, Moralisierung • Wiederholungszwang

Vorreiter dieser Tendenz war möglicherweise die britische Podcast-Bewegung »The Remainiacs«, die sich die Ikonografie der Musikgruppe Ramones zu eigen machte und den Slogan »Ho hey, let's stay« (Lasst uns bleiben) wählte. Eine Reihe von Parlamentsmitgliedern, SpitzenanwältInnen, Journalisten, Sitcom-Stars, SchriftstellerInnen und Indie-Musikern haben sich ihnen angeschlossen und argumentieren, es sei etwas grundlegend Irrationales im Jahr 2016 passiert und behaupten, die richtige Reaktion darauf würde darin bestehen, von erstaunter Belustigung zu rechtschaffener Wut überzugehen, um das Ergebnis des Referendums umzustoßen.

In ähnlicher Weise wurde Jeremy Corbyns Aufstieg an die Spitze der Labour-Partei und der darauffolgende Zustrom neuer linker Mitglieder von einem Großteil der Kommentatoren als unverständlich bezeichnet. Janan Ganesh von der *Financial Times* entschied sich für eine einfache, klare Erklärung des Aufstiegs von Corbyn und twitterte im August 2016: »Man kann Corbyn und seine ›Bewegung‹ analysieren (das habe ich getan), aber die Essenz der ganzen Sache läuft darauf hinaus, dass sie einfach nur dumm wie eine Sau sind.«[70] Etwas ausgefeiltere Analysen haben den Corbynismus als Sekte abgetan, indem sie Corbyn (und Trump) mit der Manson-Familie verglichen (*Guardian*-Kolumnist Hadley Freeman), Corbyns Labour-Partei als »verherrlichte Protestgruppe mit sektenähnlichen Zügen« beschrieben (Tony Blair) oder Corbynismus schlicht als »Sekte, die den Messias verehrt« bezeichneten (die ehemalige Labour-Abgeordnete Bridget Prentice).[71] Im Kern weigert man sich zuzugeben, dass politische Entwicklungen mit dem Verlust der Legitimität einer Reihe von Idealen (neoliberale Wirtschaft, Leistungsgesellschaft, Individualismus usw.) zusammenhängen könnten, die diese Kommentatoren befürworten würden. Der Gedanke, eine alternative Vision, die in der Lage ist, Leidenschaften zu wecken, könnte populär werden, war nicht in diesem Denken enthalten. Schließlich sollte die Post-Politik alle Leidenschaften auslöschen. Affektive Bindungen in der Politik können nichts anderes als atavistisch oder irrational sein, und daher musste jeder, der einen tief greifenden Wandel versprach, per Definition grundsätzlich problematisch sein. Außerdem hatten sich diese Liberalen damit begnügt, ihre Rolle als moralische Kritiker »von links« zu spielen. Als sie feststellten, dass sie auf dieser Seite überflügelt worden waren, gerieten ihre politischen Koordinaten aus den Fugen. Plötzlich waren sie »Zentristen« oder besser noch, einfach nur »vernünftig«.

Im Gegensatz zu den Anhängern des Populismus, die ihre politischen Führer verehren, sehen sich die liberalen Experten über den Einfluss des billigen Charismas erhaben. Doch wir haben bereits im letzten Kapitel gesehen, wie Bill Clintons Saxofonspiel gelobt wurde, wie er, wie Toni Morrison es ausdrückte, als »unser erster schwarzer Präsident« galt (obwohl seine Politik natürlich zu einer Masseninhaftierung schwarzer US-Bürger führte).[72] Tony

Blair versuchte, es seinem amerikanischen Amtskollegen gleichzutun, indem er »Cool Britannia« propagierte und Noel Gallagher von der Popband Oasis in die Downing Street einlud, während Barack Obamas Familienfotos die Herzen der Liberalen erwärmten. In jüngster Zeit hat die personalisierte Politik den französischen Machthaber Emmanuel Macron zum Herzensbrecher auserkoren und einige haben sogar einen »Justin-Trudeau-Effekt« ausgemacht, so charmant und gut aussehend wie der kanadische Premierminister ist.[73] Der Aufbau von Führungspersönlichkeiten auf Grundlage persönlicher Attribute ist nicht nur den Populisten vorbehalten.

Diese Heuchelei ist Teil eines umfassenderen Versuchs der kulturellen und politischen Eliten, sich selbst aus der Geschichte herauszuschreiben. Das liberale Establishment zeigt sich nicht bereit, die Verantwortung für die Bedingungen zu übernehmen, die dazu führen, dass sich die Menschen nach einer Welt sehnen, in der ihre Stimme gehört werden könnte. Wenn Trump und Brexit angeblich die Revolte der »Zurückgebliebenen« waren, wer hat sie dann zurückgelassen? Wer hatte das Sagen, während ehemalige Industrieregionen dem Verfall preisgegeben wurden, während die Metropolen boomten und das Hinterland verrottete? Selbst ein Hohepriester des Neoliberalismus, der Wirtschaftswissenschaftler und ehemalige US-Finanzminister Larry Summers, warnt vor der Fragilität und Abhängigkeit, die durch globale Lieferketten entstehen, als wäre er nicht derjenige, der das Offshoring nach China orchestriert hatte. Typisch für diese ausweichende Haltung ist seine fromme Behauptung, die Globalisierung fiele zu sehr »zum Nutzen derer in Davos« aus und »zu wenig zum Nutzen derer in Detroit oder Düsseldorf«.[74]

4.2 Die Unfähigkeit, den politischen Wandel zu erklären

In Verbindung mit der Weigerung, Veränderungen zu *akzeptieren*, äußert sich NOBS fast immer in der Unfähigkeit, politische Veränderungen zu *erklären*. Dies ist kaum überraschend, da das liberale Establishment dazu neigt, mit einem Politikmodell zu arbeiten, in dem die nackte

Verteidigung sozialer Interessen tabu ist. Politische Maßnahmen werden in die Sprache von Konsens, wissenschaftlichen Beweisen und Ethik verpackt. Wenn es in der Politik zu Konflikten kommt, dann als Pantomime oder, schlimmer noch, als langweiliges Moralspiel: wir, die edlen Retter, ihr, die *Voldemorts*.

Eine Veranschaulichung dieses Prozesses, durch den Politik psychologisch als moralischer Kampf zwischen Gut und Böse charakterisiert wird, ist das überraschende Fortbestehen von »The West Wing« – einem idealisierten Modell des »Politikmachens«. Viele Liberale sahen sich die Serie (deren Ausstrahlung 2006 endete) auf Streaming-Websites an, um sich in den Trump-Jahren in eine Kuscheldecke zu hüllen. Sie erkannten in Martin Sheen als Präsidenten und Wirtschaftsnobelpreisträger Jed Bartlett die Führungspersönlichkeit, die sie haben wollten, aber nicht haben konnten. »The West Wing« verkörperte das Ideal einer prinzipientreueren, intelligenteren Politik. Wie die *Washington Post* es ausdrückte: »Das Wiedersehen mit der Serie auf Netflix bedeutet ein Wiedersehen mit Mäßigung, Kollegialität, Prinzipien statt Parteilichkeit.«[75] Das Trost-TV als Therapie für eine Trump-Präsidentschaft entspricht dieser Sehnsucht nach moralisch aufrechten Führern, nach den prinzipientreusten Menschen, die die besten Entscheidungen aus den besten Gründen treffen.[76] Moralische Erklärungen, die auf »allgemeinem Anstand« beruhen, treten an die Stelle einer Analyse der Machtverhältnisse.

Dies hängt mit der Art und Weise zusammen, wie das liberale Establishment wenig, wenn überhaupt, an politische Kausalität glaubt. Stattdessen passieren die Dinge einfach, ein politisches Ereignis folgt dem anderen nach einem zufälligen Muster. Für den NOBS-geplagten Liberalen ist die jüngste politische Geschichte einfach nur ein verfluchtes Ereignis nach dem anderen, eine Katastrophe, bei der sich Trümmer auf Trümmer stapeln. Dabei wird die Verantwortung auf externe Akteure abgewälzt, mit dem Ergebnis, dass zunehmend verschwörerische Erklärungen in den Vordergrund treten. Behauptungen über ausländische Einmischung – die normalerweise als Paranoia belächelt werden, wenn sie etwa von Serben oder Venezolanern über ihre eigenen politischen Systeme geäußert werden – sind zu einer akzeptierten Erklärung für politische Ereignisse in den Vereinigten Staaten, dem mächtigsten Land der Erde, geworden.

Dies zeigt sich am deutlichsten in der erstaunlichen Langlebigkeit der Berichte über die Einmischung Russlands in die US-Präsidentschaftswahlen 2016. Diese weithin akzeptierte Erklärung für die Wahl von Trump begann sich erst zu zerstreuen, als Anfang 2019 der bis dahin heldenhafte Anti-Trump-Krieger Robert Mueller berichtete, dass es keine Einmischung gegeben habe. Mit der Covid-19-Krise schien »Russiagate« vorbei zu sein, doch die Proteste als Reaktion auf den Polizistenmord an George Floyd im Jahr 2020 boten eine weitere Gelegenheit, Redewendungen des Kalten Krieges wiederzubeleben. Susan Rice, eine der ehemaligen Nationalen Sicherheitsberaterinnen Obamas, erklärte, dass sie »nicht überrascht wäre, wenn ich erführe, dass [die Russen] einige dieser Extremisten auf beiden Seiten über die sozialen Medien angeheizt hätten.«[77]

In der US-Politik ist es üblich, den Kreml als Koordinationsstelle einer außerordentlich ausgeklügelten Kampagne von Bots und Social-Media-Sabotage darzustellen und von Trumps »Unterwürfigkeit« gegenüber Putin zu sprechen.[78] Gleichzeitig besteht eine der wahren Stärken dieser Analyse darin, dass jedes Ereignis oder jede Handlung Trumps – ebenso wie das Verfahren zu seiner Amtsenthebung – nur ein weiterer Beweis für die russische Macht ist.[79] Es handelt sich um eine unbeweisbare Theorie.

Ein weiteres Erklärungsversagen findet sich in der Wahlkampagne von Hillary Rodham Clinton. Die obsessiven Umfragen und statistischen Modellierungen von Clintons Wahlkampfmanager Robby Mook führten zu einer Strategie, die im Widerspruch zu den Ratschlägen der AktivistInnen vor Ort stand, einschließlich der Empfehlung, dass Clinton ihren Wahlkampf in Arizona und nicht in Wisconsin beenden sollte. Mook kam zu dem Schluss, es sei eine »Zeit- und Energieverschwendung«, zu versuchen, unentschlossene Wähler zu überzeugen oder ländliche Gebiete zu besuchen.[80] Die überlegene Weisheit des Algorithmus tritt an die Stelle jeglichen politischen Verständnisses. Handeln und politische Ursachen werden zugunsten von Verschwörungstheorien oder alternativ einer Reihe von Korrelationen und Regressionsanalysen verworfen.

Den einzigen wirklichen Erklärungsfaktor in einer NOBS-geplagten Vision der heutigen Politik stellen die Medien dar. Da Liberale dazu neigen, den Medien mehr Vertrauen zu schenken als der breiten Öffentlichkeit,[81] neigen sie auch dazu, deren Einfluss zu überschätzen. So kommt es, dass das liberale Establishment Desinformation fetischisiert, etwa wenn es die Manipulation sozialer Medien für politische Ereignisse verantwortlich macht. Das Syndrom hat die Gehirne der Kommentatoren in einem solchen Ausmaß verwüstet, dass sie bereit sind, selbst zentrale Ideale der Aufklärung wie Wahrheit und Fakten zu verwerfen. Als Ausdruck einer breiteren kulturellen Tendenz unmittelbar nach Brexit und Trump erklärte das Oxford English Dictionary »post-truth« zum internationalen Wort des Jahres 2016, während die Gesellschaft für deutsche Sprache diesem Beispiel folgte und »postfaktisch« dazu auserkor.[82] Dies ging einher mit einer aufkeimenden pop-politischen Literatur zum Thema »Post-Wahrheit« sowie mit akademischen Untersuchungen zu diesem Thema.[83] Eine Art moralische Panik erfasste die gesamte Expertenklasse mit dem Cambridge-Analytica-Skandal, bei dem das Unternehmen ausgewertete Facebook-Daten verwendet hatte, um psychografische Profile von Nutzern zu erstellen, auf die politische Werbung ausgerichtet werden sollte. Es gab eine Reihe von Vorschlägen, um auf diese Panik zu reagieren, darunter Macrons Plan für eine europäische Agentur zur Bekämpfung von Fake News auf kontinentaler Ebene – obwohl das Thema natürlich auch für Macron selbst von Bedeutung ist, nachdem seine E-Mails in den letzten Stunden des französischen Präsidentschaftswahlkampfs gehackt wurden.[84]

Es versteht sich von selbst, dass dem Ganzen eine Sichtweise zugrunde liegt, die den Medienkonsumenten als leichtgläubig, leicht zu betrügen und im Grunde genommen handlungsunfähig betrachtet. Diejenigen, die diese kognitiven Theorien vertreten, haben sich wahrscheinlich nie gefragt, ob sie von politischer Werbung beeinflusst wurden, während sie untätig auf Facebook scrollten; die Antwort wäre sicherlich nein. Aber sie würden den meisten BürgerInnen nicht dasselbe Vertrauen entgegenbringen. Die Vorstellung, dass man den Bürgern zutrauen kann, »richtig« zu wählen, gerät ebenfalls unter Druck. Diese elitären Einstellungen haben es Epistokraten und Gnosokraten – also jenen, die glauben, dass die Gesellschaft von ihren kenntnisreichsten und intelligentesten Bürgern (d. h. von ihnen selbst) regiert werden sollte – ermöglicht, aus dem Schatten zu treten und feierlich zu schlussfolgern, dass politische Wissenstests leider eingeführt werden müssen, um die Demokratie vor sich selbst zu retten. Ohne zu bemerken, wie sehr ihre eigenen Argumente die ehrwürdige Linie der Anti-Wahlrechts-Argumente des Establishments widerspiegeln.[85]

4.3 Die Unfähigkeit, auf politische Veränderungen zu reagieren

Wenn der politische Wandel weder akzeptiert noch erklärt wird, ist es fast unmöglich, eine kohärente Antwort darauf zu formulieren. Das liberale Establishment hat es vorgezogen, die zeitgenössische Politik als ein »teuflisches Spiel« darzustellen, in dem sie die missbrauchten und geschädigten Opfer sind. Hier treffen wir auf ein weiteres charakteristisches Symptom von NOBS: einen Verfolgungskomplex bei einigen der einflussreicheren und wohlhabenderen Mitglieder der Gesellschaft.

Im US-amerikanischen Kontext können wir zum Beispiel die Vorstellung von »Bernie Bro« als gefährliche Bedrohung für die Anhänger von Hillary Clinton im Jahr 2016 – oder Elizabeth Warren im Jahr 2020 sehen. Wir beobachten die Selbstidealisierung des Anti-Trump-Liberalismus als #Resistance, der sich auf die Autorität des antifaschistischen Guerillakampfes beruft. In Großbritannien entwickelten Abgeordnete ihren eigenen Komplex: Demonstranten, die die ehemalige Tory-Abgeordnete Anna Soubry vor dem Parlament als Nazi, Verräterin und Faschistin bezeichneten, mussten sich schuldig bekennen, die einstige Vorsitzende der »Unabhängigen Gruppe für den Wandel« »belästigt, verängstigt oder in Bedrängnis gebracht« zu haben.[86] Auf diese Weise werden Sprechakte hysterisch als Drohungen auf der gleichen Ebene wie physische Gewalt und Einschüchterung umcodiert. Dieser Darstellung der Elite als Opfer folgt, dass relativ privilegierte Mitglieder der Gesellschaft ihre tatsächliche wirtschaftliche und politische Macht verschleiern und sich stattdessen als der Sympathie der Bevölkerung würdig darstellen können. Dieser »Verfolgungswahn der Elite« äußert sich weiter in einer Überempfindlichkeit gegenüber jeglicher Art von Kritik. Die Politik ist seit jeher ein hartes Pflaster; nur die Post-Politik des Endes der Geschichte erlaubte es der Intelligenz, zu glauben, dass es nicht so war oder nicht so sein sollte.

Die psychologische Flucht vor dieser neuen Situation führt zu einer Nostalgie nach der jüngsten Vergangenheit. Wohlhabende Liberale sehen sich nicht als Gewinner, sondern eher als Kritiker, die der Macht mutig die Wahrheit sagen. So erlauben sie sich die Sehnsucht nach einer Zeit, in der das Regieren reibungsloser und ruhiger verlief. Im Vereinigten Königreich werden die Olympischen Spiele 2012 oft nebulös als »ein Höhepunkt für ein selbstbewusstes und nach außen gerichtetes Großbritannien« beschrieben.[87] Der Wunsch der amerikanischen Liberalen nach einer Rückkehr der Obama-Jahre ist ein wiederkehrendes Thema. Eine prominente Journalistin meinte, dass Obama im Mai 2020 zur Beruhigung der Unruhen nach dem Tod von George Floyd eingesetzt werden sollte – in Unkenntnis der Tatsache, dass Black Lives Matters unter ähnlichen Umständen während Obamas Präsidentschaft entstanden war.[88]

Trotz ihrer zeitlichen Nähe ist es unmöglich, an diese erträumte jüngste Vergangenheit anzuknüpfen. Stattdessen greifen die Liberalen, die in tiefem Pessimismus versinken, zu schwülstigen Erklärungen über die Schrecklichkeit der Gegenwart. Der ehemalige Schachgroßmeister und ausgesprochene Liberale Garri Kasparow erklomm die Höhen des absurden Katastrophismus und behauptete im Juli 2018: »Ich gehe so weit, dies die dunkelste Stunde in der Geschichte der amerikanischen Präsidentschaft zu nennen. Lassen Sie es mich wissen, wenn Ihnen etwas Schlimmeres einfällt.«[89] Nostalgie gegenüber der Vergangenheit und düstere Zukunftsfantasien veranlassten die Remainers in Großbritannien dazu, die Vorstellung zu vertreten, der Brexit würde die Schulausspeisungen bedrohen, Todesfälle aufgrund von Insulinmangel verursachen, die Wirtschaft in einem einzigen Jahr um 8 Prozent schrumpfen lassen und zu einer Verknappung von Speck und Mozzarella führen.[90] Wer hätte gedacht, dass es möglich ist, sich gleichzeitig pessimistisch und ausgelutscht zu äußern?

Verbunden mit Nostalgie und Katastrophismus ist ein Wiederholungszwang, bei dem Liberale wichtige politische Prozesse (oft in komisch anmutender ähnlicher Form) wiederholen, in der Hoffnung auf ein anderes Ergebnis. Dieser Mechanismus war eindeutig bei den Forderungen nach einem zweiten Referendum im Vereinigten Königreich am Werk und kann bei der italienischen Partito Democratico beobachtet werden, die die offensichtlich gescheiterte Strategie der US-Demokraten nachahmt: Verdoppelung des Liberalismus des Establishments, während ihre Basis in der Arbeiterklasse verkümmert. Das Schicksal anderer ehemals sozialdemokratischer Parteien in ganz Europa spricht ebenfalls eine deutliche Sprache. In der Tat sind viele der in diesem Kapitel angeführten Beispiele einer pathologischen Wiederholung unterworfen, ohne Rücksicht auf die Konsequenzen – sie sind Teil einer politischen Zwangsstörung.

Anstelle einer »politischen« Antwort auf den politischen Wandel war in den letzten Jahren ein auffälliger Infantilismus des liberalen Establishments zu beobachten. Dazu gehören Kindereien (die ständigen Anspielungen auf Harry Potter[91] oder die Donald-Trump-Baby-Luftballons bei den Protesten in London) und Infantilismus (z. B. profane Slogans wie »Bollocks to Brexit« oder »Fuck Boris«). In einem bildlicheren – und gefährlicheren – Sinne äußert sich der Infantilismus in dem Wunsch nach einer externen Autorität zur Lösung politischer Probleme. NOBS-Betroffene wenden sich an nicht gewählte Persönlichkeiten wie den ehemaligen FBI-Direktor James Comey oder die Richterin am Obersten Gerichtshof des Vereinigten Königreichs Lady Hale, die beide für ihren Mut gefeiert werden, sich gegen die politischen Feinde des etablierten Liberalismus zu stellen. Eine ähnliche Reaktion zeigt sich in dem Wunsch, Facebook möge die moralische Panik vor Fake News durch strengere Kontrollen lösen. Die traditionellen Gatekeeper spüren, wie ihnen die Welt durch die Finger gleitet, und appellieren daher an jede Autorität, auch an den oligarchischen Social-Media-Riesen, um den Strom einzudämmen. Die Kindlichkeit und Kleinlichkeit wirkt wie eine Weigerung, Politik ernst zu nehmen, und steht in schmerzlichem Widerspruch zu den hysterischen Warnungen vor dem drohenden Untergang. Schlapphüte gegen Faschismus? Echt jetzt?

Eine Abwehrhaltung, die in dem Gefühl des eigenen schwindenden Einflusses wurzelt, führt oft zu einer moralisierenden Reaktion: nicht nur zu Vorwürfen und Schuldzuweisungen, sondern auch zu Herablassung. In ihrer einzigen wirklich poetischen Formulierung hat Hillary Clintons berühmter »trauriger Haufen«,[92] wie sie die (Hälfte der) Trump-Anhänger nannte, dies wunderbar eingefangen. In den USA, wie auch im Rest der Welt, sehen wir dieselben traurigen Haufen. Die linksliberale Journalistin Laurie Penny machte nach dem Referendum von 2016 das »verängstigte, engstirnige Eidechsenhirn« der Leave-Wähler verantwortlich, während Paul Mason das Wahlergebnis 2019 in Großbritannien zu einem »Sieg der Alten über die Jungen, der Rassisten über die Schwarzen, des Egoismus über den Planeten«[93] erklärte. Es ist ein altmodischer Elitismus, der mit »woken« Argumenten gerechtfertigt wird. Da das Volk im Grunde nur aus idiotischen Trotteln besteht, kann man seine Meinung heruntermachen. Wie Clinton es ausdrückte, sind sie »rassistisch, sexistisch, homophob, fremdenfeindlich – islamophobisch – was auch immer«.[94] Wenn diese Positionen anhalten, anstatt zu versuchen, die Menschen vom Gegenteil zu überzeugen – oder zu fragen, warum diese Vorurteile bestehen –, ist die selbstgefällige Ablehnung die gewählte (Nicht-)Handlungsweise. Der Liberale kann aus reinem Gewissen *selbst* hassen und ist ermächtigt, die Menschen für ihre Rückständigkeit zu bestrafen – wirtschaftlich, politisch oder kulturell. Der Gedanke, dass die Unterdrückung des Hasses, der politischen Leidenschaften, eine Rolle bei den Ausbrüchen von Bigotterie spielen könnte, wird nie in Erwägung gezogen (wie im vorherigen Kapitel erläutert).

Zusammenfassend können wir also die Kernsymptome von NOBS skizzieren: eine Unfähigkeit des liberalen Establishments, den politischen Wandel zu *akzeptieren*, was zu Ungläubigkeit, Leugnung und der Weigerung, Verantwortung zu übernehmen, führt; eine Unfähigkeit, den politischen Wandel zu *erklären*, wobei jedes glaubwürdige Verständnis der politischen Ursachen durch eine oberflächliche Fetischisierung der Desinformation oder des mangelnden Wissens der Wähler ersetzt wird; eine Unfähigkeit, auf den politischen Wandel zu *reagieren*, wobei die Reaktionen in unterschiedlicher Weise durch einen Verfolgungswahn der Elite, Nostalgie für die jüngste Vergangenheit, Katastrophismus, Wiederholungszwang, Infantilisierung und Moralisierung gekennzeichnet sind.

4.4 Definition des Syndrom des Zusammenbruchs der neoliberalen Ordnung

Um NOBS zu erklären, müssen wir uns weiter in die Denkweise der Liberalen in den glücklichen Jahren vor 2016 hineinversetzen. Wie wir in der Einleitung gesehen haben, bot damals die geistige Welt wenig Anregung. Das Ende der Geschichte war von einer »Retromanie« geprägt, in der Musik, Kunst, Fernsehen und Film von Nostalgie, Wiederverwertung und Wiederholung durchdrungen und von einem leisen und zynischen Pessimismus geprägt waren. Ein Autor charakterisierte die Landschaft scharfsinnig als »Endlosigkeit und Innerlichkeit« und bezog sich damit beispielsweise auf die Art und Weise, wie in lange laufenden Fernsehserien oder Franchise-Filmen immer wieder dieselben Figuren und fiktiven Universen auftauchen.[95] Kurzum, es gab nichts Neues mehr: Uns waren die Ideen ausgegangen. Und so suchten wir rückwärts nach Formen der Zerstreuung oder nach dem bevorstehenden Weltuntergang, um kulturelle Einfälle zu erzeugen.

Während die langweilige, sich wiederholende Kultur während des Endes der Geschichte scharf diagnostiziert wurde, kann diese Analyse nicht so sehr die Gründe für diese kulturelle Erschöpfung erklären und sie mit der Welt der Politik in Verbindung bringen. Beim Rückblick auf die ersten

Jahrzehnte des 21. Jahrhunderts wird deutlich, dass die Kultur Westeuropas und insbesondere Nordamerikas durch die Abwesenheit eines Geschichtshorizonts und des Potenzials einer grundlegenden Veränderung der gesellschaftlichen Organisation bestimmt (und verzerrt) wurde. Die Hoffnungen auf Sozialismus und Kommunismus versprachen eine andere Zukunft; Utopien existierten, wenn auch – zumindest – nur in unseren Köpfen. Das Fehlen einer anderen, höheren Ebene der Geschichte vor uns bedeutete, wir würden in einer ewigen Gegenwart festsitzen.

Vielleicht müssen wir gar nicht so weit ausholen. Allein die Abwesenheit unterschiedlicher *kapitalistischer* Regime jenseits des herrschenden Neoliberalismus reichte aus, um die Fantasie in der westlichen Blase zu ersticken. Der Ausschluss von Wettbewerb führte zu einer abstumpfenden Stabilität. Wenn man nach links tendierte, konnte man vielleicht sehen, wie sich die Dinge langsam verschlechterten, während wir der Öko-Apokalypse entgegen schlitterten. Wenn man sich auf der wirtschaftsfreundlichen Rechten befand, sah man, wie die Statistiken über den Welthandel und die sinkende Kindersterblichkeit langsam und langsam besser wurden. So oder so, es war kein Drama. Die Errungenschaften, die wir damals hatten, waren für immer.

Sogar die Kategorien, die zum Verständnis von Politik verwendet werden, gerieten zu zombiehaften Worthülsen. Anstatt von der Gesellschaft auszugehen, wie sie ist, von den tatsächlichen Frustrationen, Hoffnungen und Interessen der Menschen, betrachteten die Liberalen die Dinge von oben nach unten und verwendeten dieselben Marketing-Kategorien, die für die maschinelle Politik zur Stimmenmaximierung geschaffen wurden. So ging man beispielsweise davon aus, dass ein typischer Labour-Wähler ein städtischer Liberaler, ein Industriearbeiter oder ein Angehöriger einer ethnischen Minderheit sei; oder er war ein Nichtwähler und daher völlig unwichtig. Es gab vorgefertigte Schubladen, in die die Bevölkerung passte. Durch Meinungsumfragen und Fokusgruppen wurden die Bedürfnisse des »Kunden« verstanden, und so konnte die politische Partei als Marke ihre Botschaften entsprechend auf die Zielgruppe ausrichten. Das zusammengesetzte Bild aus vergangenem Verhalten und aktuellen Präferenzen sagte das zukünftige Verhalten voraus. Politik war also ein Prozess, bei dem es darum ging, unrealistische Erwartungen der Wähler zu erfüllen und gleichzeitig offensichtlich mittelmäßige Technokraten als Pragmatiker zu feiern, die darüber Bescheid wissen, was möglich ist und was nicht.

In dem Maße, wie die politischen Parteien zunehmend vom Staat und nicht mehr von der Zivilgesellschaft abhängig wurden, wuchs die Distanz zwischen den Parteien und den Wählern, während die Distanz zwischen den Parteien selbst abnahm. Um es mit den Worten von Peter Mair zu sagen: »Die Parteien werden zum Vertreter der Regierung in der Gesellschaft und nicht mehr zum Brückenkopf der Gesellschaft im Staat.«[96] Politische Kommentatoren gewöhnten sich an eine eigentümliche Art von Politik: nahezu einhellige Zustimmung der politischen Klasse, eine distanzierte und desinteressierte Bürgerschaft und ein immer größerer Fokus auf geografisch konzentrierte Regierungszentren (»Westminster«, »Washington«, »Brüssel«). Die hitzige Diskussion über die »Polarisierung« in der US-Politik war reine Augenwischerei für eine engstirnige Parteipolitik, oder es handelte sich um kulturelle, nicht um politische Spaltungen. Natürlich waren es nicht nur politische Kommentatoren, sondern eine ganze Reihe von ExpertInnen, die in Nichtregierungsorganisationen, elitären Kultureinrichtungen, in der Wissenschaft usw. arbeiteten, die die Gesellschaft auf diese Weise von oben nach unten betrachteten: die Gesellschaft als passives, manipulierbares Objekt.

Gleichzeitig füllte eine bestimmte Vorstellung vom »richtigen Weg, Politik zu machen«, die den Interessen und Neigungen der liberalen Experten entsprach, die gähnende Leere zwischen den WählerInnen und der offiziellen Politik. Es war im Wesentlichen die Denkweise des cleveren Oxbridge-PPE-Absolventen, des Énarque- oder Beltway-Typs,[97] der als Schlüsselband-tragender Sonderberater oder austauschbarer PR-Berater und Anzugträger als Politiker die Politik jener Zeit dominierte. In diesem Kontext wurde die politische Partei auf einen Ort reduziert, an dem ehrgeizige junge Hochschulabsolventen Karriere machen konnten, die zu faul oder zu dumm waren, um Investmentbanker zu werden. Im gleichen Atemzug, in dem die Kompetenz gefeiert wurde, kam die Erwartung einer bürgerlichen Etikette, die feierlichen Professionalismus und Anstand mit sich brachte. Die Wut wurde aus der Reihe der legitimen politischen Affekte ausgeschlossen, weshalb das, was die Schriftstellerin Amber A'Lee Frost die »Drecksack-Linke« nannte, so viel Abscheu erregte: Sie sahen aus, als ob sie Höflichkeit und Nüchternheit im Ton ablehnten und sich stattdessen der Vulgarität hingaben.[98]

In den vorangegangenen Kapiteln haben wir die Besorgnis der Eliten über die Apathie der Bevölkerung erörtert. Die Kritik am massenhaften fehlenden Engagement hatte in der Regel einen moralischen Unterton und suggerierte, jeder, der von Blair- oder Clinton-Plattitüden nicht genug angespornt wurde, um wählen zu gehen, verpasse nicht nur die Chance, seine Meinung zu sagen, sondern lasse auch alle anderen im Stich, weil er ein schlechter Bürger sei.[99] Der Zusammenbruch der neoliberalen Ordnung und die seltsame Politik, die sie hervorgebracht hat, führt dazu, dass viele es zweifellos vorziehen würden, wenn die BürgerInnen wieder einfach nur »schlecht« wären, anstatt wütend, irrational und undiszipliniert, wie man sie zurzeit charakterisiert.

Die liberalen Institutionen, die in den ruhigen Gewässern einer Politik ohne Volk und einer Kultur ohne Geschichte schwimmen, sind durch die Rückkehr der Politik gründlich erschüttert worden. Die Tatsache, dass die Politik als *Anti*-Politik wieder auftaucht, ist besonders bedrohlich, weil sie den Status und die beruflichen Interessen desjenigen Teils der Gesellschaft in Frage stellt, der die größten affektiven Investitionen in die diskreditierten liberalen Institutionen getätigt hat. Die Massen haben sich selbst aus dem Spiel genommen; die Wirtschaftseliten sind letztlich am Gewinn interessiert, weshalb die politischen Eliten und die Angehörigen der Mittelschicht verzweifelt versuchen, sich in einer postpolitischen Welt zu halten, die ihnen entgleitet.

KAPITEL 5

Politik gegen sich selbst: Spielarten der Anti-Politik

Obwohl die »Anti-Politik« auf dem Vormarsch schien, sorgte die erste Phase der Covid-19-Krise für eine kurze Unterbrechung des neoliberalen Zusammenbruchsyndroms. Die Autorität der wissenschaftlichen Expertise wurde durch die Pandemie gestärkt. Dies erwies sich jedoch als kurzlebig, und die Rückkehr der Technokratie wirkte eher wie eine Art Endzeit-Rallye.[100] Anti-politische Bewegungen forderten das politische Establishment weiterhin heraus, und der auf dem Höhepunkt der Krise entstandene Effekt der »Gemeinsamkeit« wurde kurz darauf von Massenprotesten abgelöst. Es liegt jedoch in der Natur der Anti-Politik, dass sie die politische Autorität noch zusätzlich schwächt, weil die Politiker und Bewegungen, die sie ausüben, sich oft weigern, selbst die Autorität zu übernehmen.

Der Übergang vom Ende der Geschichte zum Ende des Endes der Geschichte ist in gewissem Sinne die Geschichte einer Anti-Politik, die die Oberhand über die Post-Politik gewinnt. Wie in Kapitel 3 dargestellt, haben die traditionellen Eliten panische Angst vor dem Populismus. Dies lässt sich am besten als Anti-Politik »von oben« verstehen. Wir behaupten hingegen, die Anti-Politik kommt vor allem »von unten«, von den Bürgern. Sie kann verschiedene Formen annehmen, von rechts über links bis hin zu politisch amorph. Wenn diese anti-politischen Energien von politischen Abenteurern aufgegriffen werden, insbesondere von solchen, die bereits

Verbindungen zur offiziellen Politik haben, handelt es sich um Anti-Politik von oben: Populismus. Im Folgenden werden wir die verschiedenen Formen der Anti-Politik katalogisieren, wobei wir uns hauptsächlich auf die Anti-Politik von unten konzentrieren.

Die Erklärung »sie sind alle korrupt« ist vielleicht der wesentlichste Ausdruck der heutigen Anti-Politik. Diese politisch ambivalente Klage passt zu den postideologischen Zeiten der Welt nach dem Kalten Krieg. Darüber hinaus bedeutet ihre Fähigkeit, die Demokratie von jeder Autorität zu befreien – denn politische Autonomie steht ebenso für die Freiheit, korrupt zu sein – auch, dass sie gefährliche Auswirkungen zeitigen kann. Wir argumentieren, dass Anti-Korruptionspolitik zwei mögliche Endresultate hat: entweder Post-Politik oder Autoritarismus. Angesichts der zentralen Bedeutung der Korruptionsanklagen für die Anti-Politik und ihrer wichtigen Folgen beginnen wir das Kapitel mit der Untersuchung der Anti-Korruption und räumen ihr den größten Raum ein. Die nächsten drei Formen, mit denen wir uns befassen, sind Erscheinungen in der politischen Linken, die wir »Horizontalismus«, »Revolutionismus« und »linken Defätismus« nennen. Schließlich wenden wir uns der Anti-Politik von oben zu und untersuchen, wie sich in verschiedenen Ländern der Welt Gegeneliten bildeten, die sich antipolitische Energien aneigneten, um national-populistische Projekte voranzutreiben.

5.1 Korruptionsbekämpfung

Foreign Policy bezeichnete 2019 als »Jahr des globalen Protests« und verwies auf die Welle »führerloser« Bewegungen in Ecuador, Bolivien, Chile, Haiti, Frankreich, Irak, Iran, Sudan, Hongkong, Indonesien und darüber hinaus. Obwohl jede Demonstration durch unterschiedliche soziale Phänomene ausgelöst wurde, nennt das Magazin universelle Ziele: »Korruption, politische Dysfunktion und eine allgemeine Unzufriedenheit mit der wirtschaftlichen Führung, die einer verlorenen Generation wenig Hoffnung zu bieten scheint.«[101] Die *BBC* versuchte davon getrennt herauszufinden, was die Proteste des Jahres 2019 gemeinsam haben. Korruption wurde ebenso genannt wie Ungleichheit, das Klima und die Freiheit.[102]

Schon lange vor 2019 war Italien Vorreiter für neue Formen der Proteste gegen Korruption; schließlich bringt das Land die zeitgenössischen, degenerativen politischen Tendenzen früher und besser zum Ausdruck als andere Länder. Die Erste Italienische Republik (1946 bis 1994) wurde Anfang der 1990er-Jahre durch Korruptionsermittlungen und den darauffolgenden Skandal zu Fall gebracht und ebnete den Weg für Silvio Berlusconi (siehe Kapitel 6 für einen vollständigen Bericht). Einer der Erben dieses antipolitischen, korruptionsfeindlichen Moments war ein merkwürdiges Phänomen namens Fünf-Sterne-Bewegung (M5S), die von einem politischen Kabarettisten, Beppe Grillo, gegründet wurde.

Zwei Jahre vor der Gründung der Partei rief Grillo den so genannten »V-Tag« am 8. September 2007 ins Leben. Fünf Millionen Menschen sollen an der Veranstaltung teilgenommen haben, bei der es um drei politische Forderungen ging: ein Wahlsystem, das es den Wählern ermöglicht, die Abgeordneten direkt zu wählen, anstatt für Parteilisten zu stimmen, eine Begrenzung der Amtszeit auf zwei Jahre und eine »Säuberung des Parlaments«, bei der straffällig gewordene Kandidaten von den Ämtern ausgeschlossen würden. Mehr als 300.000 Unterschriften wurden gesammelt. Der V-Tag – V für *vaffanculo*, also »Fick dich selbst« – war als Protest gegen Berlusconi und den Berlusconismus gedacht. Dennoch sahen sich die Organisatoren mit Vorwürfen der Demagogie, des Populismus und der Anti-Politik konfrontiert – exakt einige der Vorwürfe, die Berlusconi selbst regelmäßig gemacht werden. Grillo entgegnete diesen Behauptungen mit der Aussage, er sei lediglich gegen die politische Klasse und nicht gegen die Politik an sich. Dennoch verweigerte Grillo, sich mit der Linken oder der Rechten zu identifizieren, und stellte sich stattdessen als Vermittler vor, der das ganze Volk gegen die korrupte Elite vertritt.

In einer ironischen – oder deprimierend vorhersehbaren – Wendung der Ereignisse fand sich die M5S ein Jahrzehnt später in einer Regierung mit der Lega wieder, einer Partei, die in den frühen 1990er-Jahren

Pionierarbeit im Anti-Korruptions-Populismus geleistet hatte, wenn auch mit einem ganz anderen Hintergrund als die M5S.[103] Im Jahr 2019, ein Jahr nach der Wahl, aus der die anti-politische Lega-M5S-Regierungskoalition hervorging, schlug der Lega-Vorsitzende Matteo Salvini Neuwahlen vor, da die Lega in den Umfragen auf Kosten der M5S gestiegen war (möglicherweise weil letztere nicht mehr als Sammelbecken für Proteste fungierte). Grillo lehnte Neuwahlen ab und argumentierte, die M5S müsse sich stattdessen »den Barbaren« (d. h. der einwanderungsfeindlichen Lega) widersetzen, indem sie sich mit dem ehemaligen Feind der M5S, den etablierten Mitte-Links-Demokraten, verbünde. Der Kampf der Fünf Sterne gegen die Korruption und die politische Klasse endete damit, dass Grillos Baby ein Teil davon wurde. Die »Korruptionsbekämpfung« hatte sich als keine solide Grundlage für den Aufbau von (Gegen)Macht erwiesen.

Aber die Politik der Korruptionsbekämpfung war nicht immer ein solcher post-ideologischer Sammelbegriff für die Unzufriedenheit der Bevölkerung. Während des gesamten Kalten Krieges wurde die Politisierung der Korruption als Waffe der sozialistischen oder nationalen Befreiungsbewegungen gegen die Eliten betrachtet; folglich wurde sie von den westlichen Mächten weitgehend ignoriert, da sie befürchteten, es handle sich um ein gefährliches Instrument. Im Ostblock hingegen war der Anti-Korruptionsdiskurs weit verbreitet, aber gerade, weil er ungefährlich war. Er wurde als eine entpolitisierte Form der Kritik an der Regierung angesehen. Man mag anmerken, dass die Aktualität der Korruptionsbekämpfung im heutigen China auf die gleiche Weise erklärt werden könnte.

Erst mit dem Ende des Kalten Krieges trat die Korruptionsbekämpfung aus ihrer Vorgeschichte hervor. Westliche kapitalistische Interessen instrumentalisierten den Diskurs als Mittel zur Zerschlagung des sowjetischen Systems. Korruption wurde von der »Neuen Weltordnung« als eine Form des Protektionismus betrachtet: Ein Arrangement, bei dem enge persönliche Beziehungen zwischen staatlichen Vertretern und Unternehmen erforderlich sind, um Geschäfte zu tätigen, ist für Außenstehende unattraktiv. Um westliche Wirtschaftsinteressen zu fördern, mussten die von der postsowjetischen Nomenklatura aufrechterhaltenen Verbindungen zerschlagen werden. Der Anti-Korruptionsdiskurs am Ende der Geschichte wurde so zu einem Instrument des Neoliberalismus. »Transparenz« ist das Schlagwort, ein Code für marktfreundliche Regelungen, die verhindern, dass die öffentliche Macht von den Unternehmen Gewinne abschöpft. Sie ist ein Mittel zur Einschränkung des interventionistischen oder entwicklungsorientierten Staates. Obwohl sie ein selbstverständliches Gut zu sein scheint, garantiert »Transparenz« nicht die politische Autonomie, sondern die Autonomie des Kapitals.

Aber was hat das mit unserem Anliegen hier zu tun – Korruptionsbekämpfung als eine Form der Anti-Politik von unten? Nun, durch eine List der Geschichte neigen die Proteste der Bevölkerung gegen Korruption dazu, genau die Art von postpolitischem und technokratischem Management hervorzubringen, die von Institutionen wie dem IWF und der Weltbank bevorzugt wird. Das ist natürlich nicht immer das Ergebnis. In anderen Fällen führt die Delegitimierung der politischen Klasse durch die Korruptionsbekämpfung dazu, dass die demokratische politische Autorität als solche zerstört wird. Autoritäre Populisten kommen dann an die Macht. Im Folgenden werden wir mehrere Fälle betrachten, von denen die meisten zu einem dieser beiden Ergebnisse führten.

Osteuropa ist heute der Hauptschauplatz dieser Dynamiken. Das sollte nicht überraschen, wenn man die Vorgeschichte der Korruptionsbekämpfung im Ostblock bedenkt, gefolgt von der Bewaffnung der Korruptionsbekämpfung durch den Westen in den frühen 1990er-Jahren. Die verhassten »Privilegien«, die sich die Nomenklatura im real existierenden Sozialismus selbst gewährte, wurden in der postkommunistischen Welt zur »Korruption«. Und die Schuldige war oft dieselbe Nomenklatura, die sich an die neue Welt angepasst hatte, indem sie ihre Beziehung zum Staat zu ihrem eigenen Vorteil ausnutzte.

Korruption kann hier ganz offen als eine Folge der Privatisierung von Staatsvermögen gesehen werden. Abstrakter ausgedrückt kann sie vielleicht auch als Privatisierung der Politik verstanden werden: Die Bürger ziehen sich von den öffentlichen Einrichtungen zurück, und reiche Eliten machen die öffentliche Verwaltung zu ihrem persönlichen Spielball. Ein polnischer Privatisierungsminister aus den frühen 1990er-Jahren beschrieb den Prozess folgendermaßen: »Wenn jemand, der nicht weiß, wer der wirkliche Eigentümer ist und nicht weiß, was es wirklich wert ist, etwas an jemanden verkauft, der kein Geld hat«.[104] Als Reaktion auf diese historischen Entwicklungen glauben die Bürger in diesen Ländern, es gebe heute viel mehr Korruption als vor 1991. Nach dem Korruptionswahrnehmungsindex von Transparency International erreichen alle Länder bis auf eines in der Region Osteuropa/Zentralasien den Wert 45 oder darunter (wobei 100 für besonders sauber steht), während sich die Aussichten in den meisten von ihnen in den letzten Jahren verschlechtert haben. Gerade in diesen Gesellschaften sind die Proteste gegen Korruption am häufigsten ausgebrochen.

In Moldawien führte ein Bankbetrug in Höhe von 1,5 Mrd. US-Dollar im Jahr 2015 zu den größten Demonstrationen seit der Unabhängigkeit des Landes von der Sowjetunion im Jahr 1991. Es gab zwar unterschiedliche Tendenzen, darunter eine linke Präsenz und eine Partei, die eine Vereinigung mit Rumänien befürwortete, aber viele schwenkten EU-Fahnen. Die aus den Demonstrationen hervorgegangene Partei »Plattform Würde und Wahrheit«, deren Kern die Demonstrationen zu Beginn mobilisiert hatte, vertritt eine Mitte-Rechts-Position und sympathisiert mit der EU. Die Korruptionsbekämpfung zielte darauf ab, ein »normales Land« in der EU zu werden. Die Anti-Politik der Korruptionsbekämpfung eignet sich für die Post-Politik. Anstatt die Institutionen zu stürzen, besteht die Lösung darin, sie durch den äußeren Druck der EU-Mitgliedschaft zu verändern.

Im Jahr 2017 kam es in Rumänien zu Massenprotesten, bei denen landesweit bis zu einer halben Million Menschen auf die Straße gingen – die größten Proteste seit dem Sturz Ceaușescus. Die Mitte-Links-Regierung versuchte, die Gesetze zur Korruptionsbekämpfung zu verwässern, um, wie sie argumentierte, »die überfüllten Gefängnisse zu entlasten«. Die Proteste führten zunächst zu einem Diskurs über ein »neues« Rumänien, in dem die Jugend, die Leistungsgesellschaft, das Expertentum, die Achtung der

Regeln, der Multikulturalismus usw. gegen die alten klientelistischen und korrupten Praktiken hervorgehoben wurden. Die Proteste richteten sich gegen die regierende PSD, die als »Rote Pest« bezeichnet wurde, weil sie die politische Klasse verkörperte.[105] Aber die Demonstranten machten sich auch über die PSD-Wähler lustig, weil sich diese von der Sozialagenda der Partei in Bezug auf Renten und soziale Sicherheit kaufen ließen. Gleichzeitig entstand eine deutlichere »populistische« Tendenz, die alle Parteien für gleich korrupt erklärte.[106] Diese Sammelproteste fassen somit beide der Korruptionsbekämpfung innewohnenden Tendenzen zusammen: eine, die auf eine »modernisierende« postpolitische Agenda abzielt, und eine andere mit explizit antipolitischen Zügen.[107]

Der vielleicht auffälligste Fall ereignete sich in Ungarn. In der berüchtigten »Őszöd-Rede« des damaligen Ministerpräsidenten Ferenc Gyurcsány im Jahr 2006 gab der Vorsitzende der Sozialistischen Partei zu, systematisch zu lügen und in den vier Jahren seiner Amtszeit nichts Nennenswertes erreicht zu haben. Die darauffolgenden Massenproteste, die ersten ihrer Art seit 1989, führten zur Delegitimierung der post-sowjetischen linksliberalen Regierungen. Die Fidesz-Partei von Viktor Orbán erlangte schließlich 2010 die absolute Mehrheit. Hier schuf die Anti-Politik die Grundlage dafür, dass Orbán zur Leitfigur der »illiberalen Demokratie« in Europa wurde und anderen autoritären Populisten als Vorbild diente.

Zuletzt wählte die Slowakei Anfang 2020 einen unkonventionellen Anti-Korruptions-Kämpfer, der sich durch verschiedene öffentliche Auftritte einen Namen gemacht hatte, die darauf abzielten, politische Straffreiheit unter Beweis zu stellen. Seine (anti-)politische Partei könnte keinen offenkundigeren Namen tragen: die Partei der gewöhnlichen Menschen.[108]

Natürlich ist die Politik der Korruptionsbekämpfung nicht auf Osteuropa beschränkt, und auch nicht alle Fälle sind notwendigerweise antipolitisch. Im Vorfeld des Wahlsiegs von Andrés Manuel López Obrador in Mexiko beispielsweise wetterte AMLO – wie er genannt wird – gegen eine korrupte und raffgierige Minderheit von Geschäftsleuten. Doch der Kontext der brüchigen Legitimität des mexikanischen Staates und seiner

Verflechtung mit den Drogenkartellen sowie AMLOs eigenes linkes Programm führten dazu, dass seine Opposition gegen die »Mafia der Macht« eine entschiedenere politische Form annahm, die sich sowohl post-politischen als auch anti-politischen Tendenzen zu entziehen schien.

Die nigerianische Politik wurde ebenfalls von der Korruptionsbekämpfung dominiert, wobei die Wahlen 2019 von einer ethnisch-kulturellen Rechten gegen eine technokratische Mitte, vertreten durch Muhammadu Buhari bzw. Atiku Abubakar, geprägt waren. Beide hatten sich jedoch auf die Korruptionsbekämpfung konzentriert, folglich man meinen könnte, dass die beiden wichtigsten politischen Kräfte eine einzige ideologische Position vertraten.[109] Die Korruptionsbekämpfung dient hier offensichtlich post-politischen Zwecken, um ideologische Auseinandersetzungen zu vermeiden, aber auch offensichtlicheren zynischen Zwecken, wie zum Beispiel, als Präsident Buhari (der 2019 wiedergewählt wurde) mit einer Anti-Korruptionsrhetorik gegen die Zivilgesellschaft vorging. Proteste von unten, die auf Maßnahmen gegen die Korruption drängten, waren nicht in der Lage, über diese begrenzte Politik hinauszugehen, und eine Gelegenheit zur Politisierung blieb ungenutzt.

Der Begriff »State Capture« (»Unterwanderung des Staates«) wurde zuerst in Bezug auf die postsowjetischen zentralasiatischen Republiken verwendet und bezeichnet eine systemische politische Korruption, bei der private Interessen die Entscheidungsfindung des Staates in erheblichem Maße beeinflussen können, doch in Südafrika fand er in jüngster Zeit seine schamloseste Ausprägung. Die Guptas, eine reiche indische Familie, bauten eine äußerst enge Beziehung zu Präsident Jacob Zuma auf. Die zivilgesellschaftliche Kampagne »Save South Africa« protestierte gegen die Vereinnahmung durch den Staat und drängte auf Rechenschaftspflicht und Transparenz. Der Versuch, das Land von Zuma und seiner korrupten Herrschaft zu befreien, brachte jedoch nie eine alternative Vision hervor. Sie wurde durch die Schwäche der Opposition, die Demobilisierung und Bürokratisierung der Gewerkschaften und die Stagnation und Korruption des Afrikanischen Nationalkongresses (ANC) gelähmt. Stattdessen reduzierte die Opposition ihre Politik auf das einzige Ziel, Zuma loszuwerden, indem sie seine Korruption aufdeckte. Die Post-Zuma-Ära stellt somit keine wesentliche Veränderung gegenüber dem Status quo ante dar, und die südafrikanische Gesellschaft ist weiterhin auf Talfahrt.[110]

Ständige Skandalisierung kann demoralisierend wirken. Sie ist wohl eine der Hauptfolgen der Korruption selbst, und vielleicht auch eines ihrer Ziele. Der italienische Marxist Antonio Gramsci sah in der Korruption ein Mittel zur Ausübung von Klassenmacht: »Zwischen Konsens und Zwang steht Korruption-Betrug (die für bestimmte Situationen schwieriger Ausübungen der hegemonialen Funktion bezeichnend ist, wenn die Gewaltanwendung zu viele Gefahren mit sich bringt), also die Zermürbung und Lähmung, die dem Antagonisten oder den Antagonisten zugefügt wird, indem deren Führer heimlich oder, bei auftretender Gefahr, offen gekauft werden, um Verwirrung und Unordnung in den Reihen der Antagonisten zu stiften.«[111] Indem man Menschen kauft, um seine Ziele zu erreichen, wird der öffentliche Raum privatisiert. Die Hoffnung, dass sich das öffentliche Leben verbessern könnte, wird dadurch zunichte gemacht; die Bürger ziehen sich aus der politischen Beteiligung zurück.

Auf diese Weise behindern Korruption und Korruptionsbekämpfung gemeinsam die Politisierung. Erstere wirkt, indem sie der Bevölkerung die Erwartung nimmt, dass ein progressiver Wandel möglich ist; letztere erklärt Politik für inhärent korrupt und damit das Problem für unlösbar. Die Antikorruptionspolitik neigt dann dazu, technokratische Lösungen (»Transparenz«) vorzuschlagen, die die Distanz zwischen den Menschen und der Politik nur noch vergrößern. Wenn die Korruptionsbekämpfung stattdessen ein eher populistisches Gewand annimmt, tendiert sie zum Autoritarismus. Wie in Italien, wo Liberale und Linke davon besessen waren, Berlusconi zu beseitigen, schuf die Konzentration auf Zuma in Südafrika keine neue Kraft, sondern förderte nur die Entpolitisierung. Vielleicht sollte es aber auch nicht überraschen, dass das Thema Korruption heute mit solcher Beständigkeit wiederkehrt, wenn die ideologischen Rahmen der Vergangenheit – im Falle Südafrikas der Sozialismus und die nationale Befreiung – leere Hüllen geworden sind. Die Proteste gegen Korruption beziehen sich nicht nur auf die Veruntreuung öffentlicher Gelder, sondern – direkt oder indirekt – auf die Vorstellung, dass Politiker nicht im öffentlichen Interesse handeln, sei es, weil sie von *privaten* Interessen vereinnahmt wurden, sei es, weil sie sich für den Ausverkauf entschieden haben. Der Korruptionsvorwurf dient somit regelmäßig als Metapher für die Anprangerung der Kluft zwischen Politikern und Bürgern und vermittelt die Vorstellung, dass erstere eine Klasse für sich sind. Die post-politische Ära öffnet somit die Tür für den Korruptionsdiskurs.

An dieser Stelle lohnt es sich, zu untersuchen, was »Korruption« in der modernen Welt wirklich bedeutet. Das Konzept basiert auf der Trennung von öffentlichen und privaten Interessen. Private Interessen in der Marktgesellschaft werden gemeinhin nicht als pathologisch angesehen; tatsächlich beruht das kapitalistische System auf der freien Verfolgung dieser Interessen. Das Eindringen privater Interessen in den öffentlichen Bereich von Staat und Regierung ist jedoch theoretisch verboten – man nennt es Korruption. Doch in der Marktgesellschaft ist es unmöglich, einen wirklich interesselosen öffentlichen Bereich zu schaffen und zu schützen, der ausschließlich von republikanischen Tugenden geleitet wird. Tatsächlich wird ein Großteil der Korruption toleriert und sogar legalisiert – siehe z. B. Lobbyismus. Außerdem ist es unmöglich zu wissen, wie viel Korruption es gibt; sie ist von Natur aus geheimnisvoll. Die Menschen sind zwar zu Recht schockiert über Korruptionsskandale, aber es gibt kaum eine Möglichkeit, den Volkszorn mit dem Vorhandensein von Korruption in Verbindung zu bringen. Ersterer ist relativ unabhängig vom letzteren, d. h. der Protest gegen Korruption wird nicht durch die Existenz von Korruption an sich ausgelöst (auch wenn schockierende Enthüllungen oft den Anstoß dazu geben).

Umgekehrt kann die Empörung über Korruption in der Politik sogar ein Zeichen für eine gesunde demokratische Einstellung sein. Wenn die Bürgerinnen und Bürger davon ausgehen, dass Politikerinnen und Politiker im Allgemeinen im Sinne des Gemeinwohls handeln sollten – welche anderen Kompromisse es auch gegeben haben mag – so deutet die Enthüllung, dass sie es *nicht getan haben*, auf eine öffentliche Erwartung hin, dass sie es *tun sollten*. Aber was passiert, wenn diese Erwartung bis zum Äußersten strapaziert wird? Oder wenn die Enthüllung von Korruption nicht nur das Vertrauensverhältnis (zwischen BürgerInnen und Regierung und zwischen Regierung und Republik) erschüttert, sondern auch als Bestätigung des Zynismus wirkt? Wenn die Politik der Korruptionsbekämpfung auf dieser Grundlage funktioniert, gibt sie die Meinung aus, es könne keine gute Regierung geben. Hier wird die Möglichkeit einer glaubwürdigen politischen Vertretung in Frage gestellt, und die legitime politische Autorität verliert jede Grundlage.

Ein Beispiel für diese Dynamik stellt die epochale politische Krise in Brasilien dar, die mit den »Junitagen« 2013 begann, die zu den größten Straßendemonstrationen in der Geschichte des Landes gehören. Die Krise hat noch kein Enddatum – eine neue Krise folgt nur auf eine andere.[112] Wir können uns jedoch über das Ergebnis im Klaren sein: Die Korruptionsbekämpfung führt zu einem rechtsgerichteten, autoritären Populismus.

Anfang Juni 2013 fanden in São Paulo, der größten Stadt Südamerikas, eine Reihe von Demonstrationen statt, um gegen eine Erhöhung der U-Bahn- und Bustarife zu protestieren. Die Proteste, die von einer autonomen, für den kostenlosen öffentlichen Verkehr eintretenden Gruppe (Movimento Passe Livre) organisiert wurden, begannen im Kleinen. Doch wie bei so vielen ähnlichen Ereignissen rund um den Globus führte eine breitere Empörung über die starke polizeiliche Unterdrückung dazu, dass die Demonstrationen größer wurden – sowohl in Bezug auf die absolute Zahl als auch auf die beteiligten Sektoren und Gesellschaftsschichten. Innerhalb weniger Wochen gingen über 2 Millionen Menschen in ganz Brasilien auf die Straße.

Die Forderungen weiteten sich auf die Finanzierung des Gesundheits- und Bildungswesens, Maßnahmen zur Korruptionsbekämpfung, die Rechte von Homosexuellen und politische Reformen aus. Zusammenfassend lässt sich sagen, dass eine Krise der Repräsentation eintrat, weil die gestiegenen Erwartungen, die mit dem brasilianischen Boom des vorangegangenen Jahrzehnts einhergegangen waren, nicht mehr erfüllt werden konnten. Allerdings handelte es sich um Massen, die sich aus verschiedenen Gruppen zusammensetzten, von denen sich einige einer bestimmten politischen Tendenz zuordnen ließen, die meisten jedoch nicht. Die Linke war zersplittert in eine Arbeiterpartei (PT), die über ein Jahrzehnt lang die Regierung stellte und den Protesten skeptisch gegenüberstand, sowie verschiedene Parteien, Gewerkschaften und Bewegungen, die nicht der PT angehören. Bei den Demonstrationen setzte sich eine stark anti-politische Tendenz durch, da Parteisymbole und Flaggen (insbesondere die rote der PT) für unerwünscht erklärt wurden.

Im Laufe der nächsten zwei Jahre sollte sich die im Juni 2013 ausgelöste Mobilisierungswelle erheblich verändern. Eine moralistische Anti-Korruptionsagenda – die bereits 2013 präsent war und der zufolge Politiker und die politische Klasse mit dem Etikett »alle gleich« bedacht wurden und »rausgeschmissen« werden sollten – übermannte die Proteste. Gleichzeitig wurden die größten Korruptionsermittlungen in der Geschichte des Landes eingeleitet, die einen massiven Bestechungsskandal im Zusammenhang mit dem staatlichen Erdölunternehmen Petrobras aufdeckten. Nach dem Sieg der PT bei den Parlamentswahlen im Oktober 2014 verwandelten sich die Demonstrationen und der weit verbreitete Volkszorn in ein Phänomen, das als *Antipetismo* (oder Anti-PT-Stimmung) bekannt wurde. Die Partei, die bis 2005 weithin als prinzipientreue, ethische Kraft galt, wurde mit dem Establishment, Korruption und/oder der Instrumentalisierung des Staates für parteipolitische Interessen gleichgesetzt. Die schwerste Rezession in der Geschichte Brasiliens, die 2015 begann, und die von Präsidentin Dilma Rousseff (PT) eingeleiteten Sparmaßnahmen zur Beschwichtigung der Märkte trugen dazu bei, die politische Krise zu verschlimmern.

Im Jahr 2015 traten nationalistische Themen in den Vordergrund, eine Folge davon, dass die Mobilisierungen von der Mittel- und Oberschicht angeführt wurden. »Meine Partei ist mein Land« wurde zu einem gängigen Slogan, und die Demonstranten trugen ausschließlich die grün-goldene

Nationalflagge. Die größte Kraft dieser Anti-Parteien-Haltung richtete sich gegen die PT und damit gegen die Linke insgesamt, da sie mit der Politik als solcher identifiziert wurde. In dieser Zeit tauchte ein neuer Held auf: Sergio Moro, der Ermittlungsrichter der »Operation Car Wash«, die sich gegen die illegalen Verbindungen zwischen Bauunternehmen, Petrobras und der politischen Klasse richtete. Damals hatte man den Eindruck, dass die Ermittlungen die gesamte Regierung aus dem Weg räumen könnten. Gegen zwei Drittel des Kongresses wurde wegen der einen oder anderen illegalen Aktivität ermittelt.

Was ansonsten eine proto-revolutionäre Situation hätte sein können, begann sich stattdessen wie eine Wiederholung des Italiens der frühen 1990er-Jahre und des Sturzes der Ersten Republik zu entpuppen (siehe Kapitel 6). In einem Land mit einer nicht lange zurückliegenden Geschichte rechter Diktaturen könnte dies sogar der Vorbote für eine weitaus schlimmere Entwicklung sein. Die rechten Mobilisierungen auf der Straße forderten ein Amtsenthebungsverfahren gegen Dilma Rousseff, die sich schließlich den parlamentarischen Machenschaften zu ihrer Absetzung beugte – ein sanfter Staatsstreich sozusagen. Die Autorität des traditionellen Establishments brach zusammen, während die Linke zersplittert blieb und nicht in der Lage war, die Situation zu ihren Gunsten zu politisieren. Die PT hielt an ihrer Strategie der Klassenversöhnung und des Kompromisses (Post-Politik) zu einer Zeit fest, als die politische Mitte bereits den Boden unter den Füßen verloren hatte und die Wirtschaftskrise führte dazu, dass die Rede von »Jeder gewinnt« der 2000er-Jahre unrealistisch wurde. Die radikale Linke war unterdessen zu schwach und zersplittert, um die Situation zu nutzen, und wurde ohnehin als die politischste Kraft innerhalb der Politik verteufelt – und damit als unpatriotisch; und als korrumpierender Einfluss.[113]

Bei den Wahlen 2018 stellte die traditionelle Mitte-Rechts-Partei fest, dass sie ihr die Bodenhaftung abhanden gekommen war, und die ganze Dynamik lag bei Jair Bolsonaro, einem rechtsextremen Kongressabgeordneten mit sieben absolvierten Legislaturperioden, der sich als unbestechlicher

Außenseiter präsentierte. Die PT trat als gemäßigte Sozialdemokratie an und versprach eine Rückkehr zu den guten Zeiten der Boomjahre – d. h. zum Status quo ante – und verlor.[114]

Natürlich ist Brasilien kaum der Dreh- und Angelpunkt des globalen Systems und hat ohnehin eine ganz eigene Geschichte, deren Dynamik sich nicht auf die Länder des globalen Nordens übertragen lässt. Dennoch bietet es uns das kristallklarste Beispiel für Anti-Politik – und insbesondere für ihre Anti-Korruptionsvariante. Der brasilianische Fall veranschaulicht den hier wiederholten Punkt, dass die Korruptionsbekämpfung zwei gegenläufige Tendenzen hat. Zum einen entzieht sie den politischen Vertretern ihre Glaubwürdigkeit und Legitimität und drängt auf eine vorrangige Rolle einer mehrheitsfeindlichen Institution (z. B. die Einsetzung nicht gewählter Richter, die als einzige in der Lage sind, Politiker zur Rechenschaft zu ziehen – ein Prozess, der als Justizialisierung der Politik bekannt ist). Die Entmachtung der politischen Vertreter kann auch in Form einer neoliberalen Privatisierungsagenda erfolgen, bei der staatliche Eingriffe in die Wirtschaft (einschließlich, aber nicht beschränkt auf staatliche Unternehmen) als zwangsläufig anfällig für Korruption angesehen werden. Die Privatisierung wird wahrscheinlich über den bloßen Verkauf staatlicher Unternehmen hinausgehen, da auch die Fähigkeit des Staates, Dienstleistungen zu erbringen, infrage gestellt wird. Die private Bereitstellung von Dienstleistungen im Verkehrs-, Gesundheits- und Bildungssektor steht somit auf der Tagesordnung. Es ist eine tragische Ironie, dass die Bekämpfung des Phänomens der Korruption (im Grunde die Privatisierung der Politik) zu einer verstärkten Privatisierung führt.

In einer zweiten Tendenz tritt ein vermeintlich reines, ungeteiltes Volk auf, um eine korrupte politische Klasse zu bekämpfen. Die Politik wird durch die Kraft der Anti-Korruptions-Militanz so sehr schlecht gemacht, dass die vom politischen Bereich ausgehenden Spaltungen – Parteien, Ideologien – ebenfalls als korrupt angesehen werden. Doch anstatt dass das Volk (oder die Arbeiterklasse) sich selbst vertraut und die Macht ergreift, entwickelt sich ein Szenario des allgemeinen Misstrauens, in dem alle Trennungen beseitigt werden müssen, um die ethische Integrität der Nation zu gewährleisten.

Die Korruptionsbekämpfung als eine Form der Anti-Politik führt also entweder zu einer Post-Politik (Verrechtlichung der Politik, neoliberale Technokratie) oder zu einem autoritären, nationalistischen Populismus. Das Beispiel Brasiliens zeigt, dass diese beiden Folgen sogar nebeneinander bestehen können. Bolsonaros nationalistische Rhetorik, die Unterdrückung von Minderheiten und der Hass auf die Linke werden von einer neoliberalen Wirtschaftspolitik, dem Ausverkauf von Staatsvermögen an ausländische Interessen und der Verherrlichung der Justiz als Mittel zur Korruptionsbekämpfung begleitet. Auf gesellschaftlicher Ebene schlägt sich dies in der Entpolitisierung und Privatisierung des Erfahrenen nieder. Wenn die Politik keine Hoffnung mehr bietet, sucht man am besten Zuflucht in der Familie und im Glauben, um das zu verteidigen, was einem lieb und teuer ist – notfalls auch mit Waffen.

Die mangelnde Bereitschaft der Linken, sich grundlegend zu politisieren, mit einem postpolitischen Status quo zu brechen, der erfolgreich von der PT verwaltet worden war, leitete die unvollständige Revolte vom Juni 2013 zu ihrer endgültigen Auflösung in der Wahl von Jair Bolsonaro 2018. Die oberflächliche Anti-Politik in ihrer populistischen Formulierung (»die Eliten sind alle korrupt und schauen nur auf sich selbst, wir, das Volk, sind in der Opposition vereint«) wurde im letzten Jahrzehnt immer wieder von der Linken aufgegriffen. Sie hat keine Früchte getragen und in einigen Fällen, wie etwa in Brasilien, zur Katastrophe geführt.

5.2 Horizontalismus und Teilnahme

Wachsende Ungleichheit und Prekarität sowie der Zusammenbruch der neoliberalen Ordnung haben in den letzten zehn Jahren weltweit zu wiederholten Volksaufständen geführt – viele von ihnen sind ein Beispiel für die zweite Art der Anti-Politik von unten. In Ermangelung einer angemessenen ideologischen Sprache – und der Organisationen und Institutionen, die diese spezifischen Ideen vertreten – haben die Massen ihre Empörung direkt und unverblümt gegen die Autorität der politischen Klasse und manchmal der Elite als Ganzes zum Ausdruck gebracht.

Vor den eingangs erwähnten Aufständen im Jahr 2019 gab es das Jahr 2013. *The Economist* setzte dieses Jahr in eine Reihe mit den weltgeschichtlichen Revolutionen von 1848, 1968 und 1989 auf die Titelseite der Zeitschrift im Juli 2013. Doch im Gegensatz zu den Ereignissen des 19. und 20. Jahrhunderts, die nach Ansicht der Zeitschrift auf Europa beschränkt waren, fanden die Revolten von 2013 angeblich »überall« statt. Ihr wesentliches Merkmal war die Anti-Politik der »Führerlosigkeit«.

Die Rückkehr der »Revolution« in den allgemeinen Diskurs erfolgte sogar noch früher, nämlich mit dem Beginn des Arabischen Frühlings im Jahr 2011. Die Aktions- und Organisationsformen sowie die Symbolik dieser Aufstände im Nahen Osten und in Nordafrika bildeten die Vorlage für die Aufstände in der ersten Hälfte des Jahrzehnts. Die Einnahme von Plätzen und die Errichtung von Zeltlagern, die Organisation über soziale Medien, die V-für-Vendetta-Masken, die jugendliche Energie und die antipolitischen Slogans … all das wiederholte sich auch anderswo. Zuerst bei Occupy Wall Street, dann in so unterschiedlichen Kontexten wie Spanien, Bulgarien, Brasilien, Großbritannien, in der Ukraine und in der Türkei. Der Politikwissenschaftler Ivan Krastev bemerkte, dass diese Aufstände eine »seltsame Art von Revolution« darstellen.[115] Sie tragen weder ein ideologisches Etikett, noch präsentieren sie neue Ideologien; auch charismatische Führer sind weitgehend abwesend. Man erinnert sich an sie wegen ihrer Videos und nicht wegen ihrer Manifeste – ein sehr postmoderner Triumph des Bildes über den Text.

Analysen, die zusammenfassen wollten, was diese verschiedenen Proteste angetrieben hat, scheiterten im Allgemeinen an der Tatsache, dass die Zusammenhänge, die Zusammensetzung, die Ziele und die Ergebnisse sehr unterschiedlich waren. Die Proteste brachten keinen besonderen Glauben an den Kapitalismus zum Ausdruck, aber sie waren sicherlich nicht sozialistisch. Einige sahen in den Ereignissen einen Aufstand der

»globalen Mittelklasse«, aber diese Analyse wirft mehr Probleme auf, als sie löst – viele waren deutlich proletarischer Natur und wurden nur deshalb als »Mittelklasse« bezeichnet, weil die Demonstranten besser ausgebildet waren und iPhones besaßen. Die Proteste sprachen sich fast durchweg für Demokratie aus, lehnten aber gleichzeitig jede Art von Repräsentation ab. »Die Revolutionäre kommen einem soziologischen Argument dann am nächsten, wenn sie die blutsaugenden Eliten der 1 Prozent anprangern. Die Regierung hingegen ist einfach eine Verschwörung an der Macht, die man zwar bekämpfen, aber nicht wirklich verstehen kann.«[116] Bei den weltweiten Protesten der frühen 2010er-Jahre – und bei vielen in den späten 2010er-Jahren – ging es vor allem um *Partizipation ohne Vertretung.*

Die Enttäuschungen der Occupy-Bewegung und der Organisationsform, für die sie das deutlichste Beispiel ist, sind endlos diskutiert worden. In ähnlicher Weise haben viele auf die Vorläufer der antineoliberalen Revolte in Argentinien im Jahr 2001 unter dem Eindruck der Schuldenkrise hingewiesen. Dort betonten Nachbarschaftsversammlungen und Fabrikbesetzungen die *horizontalidad* und riefen »¡Que se vayan todos!« (»Sie müssen alle gehen!«). Dennoch lohnt es sich, an dieser Stelle noch einmal darauf hinzuweisen, was die *horizontalidad* so attraktiv machte.

Die Anti-Politik der Demonstrationen besteht in der Betonung der Entscheidungsfindung durch Konsens, der Ablehnung jeglicher Hierarchie, der Verherrlichung der Führerlosigkeit und die Wertschätzung der Beteiligung um ihrer selbst willen. Die lockeren Strukturen und ihr offener Charakter ermöglichen es, dass sich die Proteste schnell ausweiten und neue Menschenmengen und verschiedene Teile der Gesellschaft anziehen, wobei jeder Einzelne seine eigenen Sorgen und Hoffnungen mitbringt. Der Mangel an Kohärenz im Hinblick auf eine bestimmte ideologische Ausrichtung – und in vielen Fällen sogar das Fehlen klarer politischer Forderungen – machen die Proteste zu einem Spielfeld für alle. Die Erfahrung, dabei zu sein, »etwas zu tun«, den eigenen Frustrationen eine Stimme zu geben, wurde zu ihrem wichtigsten Aspekt. In Verbindung mit dem Teilen von Bildern führte dies dazu, dass sie als narzisstische Proteste kritisiert wurden, bei denen es mehr um »dich« und »deine Gefühle« ging, als um das Erreichen politischer Ziele.

Heute ist klar, dass genau das, was diese horizontalistischen »Alle-sind-willkommen«-Proteste zu Massendemonstrationen ausweiten konnte, auch ihr Scheitern garantierte. Fast alle diese Aufstände, die nicht in der Lage waren, ihre Anti-Politik zu überwinden, endeten auf eine von vier Arten. Im ersten Fall lösten sich die Bewegungen auf, sobald die anfänglichen Energien verbraucht waren. Das Fehlen einer formellen Organisation bedeutete, dass es keine dauerhafte Instanz gab, die die Mobilisierung aufrechterhalten konnte, und dieses Fehlen bedeutete, dass alle neuen Ideen, die die Bewegungen aufbrachten, keine konkrete Umsetzung fanden. Die Gelbwesten steckten Frankreich ein Jahr lang (vom November 2018 bis Ende 2019) in Brand, aber sie erlahmten schließlich. Oder diese Bewegungen wurden besiegt, weil die Repression die Menschenmassen zerstreute, wie es in der Türkei geschah. In einem dritten Fall wurden sie vereinnahmt, da die anti-politischsten Teile der Bewegung von mächtigeren Kräften aufgegriffen wurden – wie in Brasilien. Oder, viertens und am tragischsten, sie führen zu einem Bürgerkrieg – siehe Syrien oder die Ukraine.

All dies soll kein Argument für charismatische Führung, für die Einbindung in die formale Politik des Staates oder für Hierarchien an sich sein, und es soll auch nicht die Bedeutung der Teilhabe schmälern. Es geht vielmehr darum, vor den Gefahren einer Anti-Politik zu warnen, die Trennung, Repräsentation und politische Autorität ablehnt. Wenn es Volksbewegungen von unten gelingen soll, die Macht zu übernehmen, ist es unerlässlich, repräsentative Strukturen zu schaffen. Die Massen mögen wütend auf die Straße gehen, aber eine reine, direkte Demokratie ist nicht nachhaltig. Die psychische Belohnung der Teilnahme – »sich als Teil von etwas zu fühlen« – mag universell sein, aber das bedeutet nicht, dass sich jeder ständig um organisatorische Kleinigkeiten kümmern will. Die Arbeiterklasse muss immer noch zur Arbeit gehen.

Die stärker politisierten Schichten, die den Horizontalismus predigen, verleugnen dabei auch ihre eigene Autorität. Anstatt sich um die Führung einer Bewegung zu bemühen, Ideen vorzuschlagen und diese offen anzufechten, verstecken sich die Horizontalisten hinter einer hyperdemokratischen Fassade des Konsenses und der ständigen Beteiligung.

Diese horizontalistische Periode scheint jedoch hinter uns zu liegen. Das Jahr 2011 war einer der wichtigsten Momente des Aufbruchs aus dem Ende der Geschichte. Die Menschen waren wieder auf der Straße, und plötzlich schien es, als sei die Zukunft nicht mehr selbstverständlich, sondern wieder offen – oder zumindest einen Spalt breit. Doch die Entpolitisierung der vorangegangenen Periode wirkte sich so stark aus, dass die Menschen dieselbe selbstzerstörerische Denkweise mit in die neue Ära brachten. Die Antiglobalisierungsbewegung der späten 1990er-/Anfang der 2000er-Jahre predigte, die Welt zu verändern, ohne die Macht zu übernehmen, und diese Haltung wurde von Occupy und verschiedenen anderen Bewegungen aufgegriffen. Der Vertrauensverlust in die offizielle Politik setzte sich fort, aber es entstand keine neue Ideologie zum Sturz des Staates oder gar des Status quo. Was wir stattdessen bekamen, war rohe Empörung, gepaart mit einer Abneigung gegen die Politik an sich.

All dies mag sich wie eine Sache der Vergangenheit anfühlen, insbesondere im globalen Norden. Das Scheitern des Horizontalismus hat dazu geführt, dass man sich wieder mit Macht und Repräsentation beschäftigt. Die Bewegungen auf den Plätzen in Spanien und Griechenland haben Podemos und Syriza hervorgebracht. Neu politisierte Millennials gruppierten sich um die Präsidentschaftskampagne von Bernie Sanders und den Corbynismus in Großbritannien. Doch die Niederlage des linken Populismus wirft die Frage auf: Wird die Enttäuschung linke Strömungen erneut von formalen Organisationen, von politischen Parteien, abhalten?

5.3 Revolutionismus

Während die Horizontalisten der politischen Autorität so sehr misstrauten, dass sie es nicht schafften, sich für die Macht zu organisieren, führte die Wiederbegegnung der Linken mit der Politik dazu, den Wahlkampf und den Reformismus mit offenen Armen zu empfangen. Natürlich waren es nicht die Teilnahme an Wahlen und der Kampf für Reformen, die dem linken Populismus zum Verhängnis wurden. Vielmehr war es das Versäumnis, mit den politischen Institutionen zu brechen (die EU im Falle von Corbyns Labour und Syriza; die Demokratische Partei im Falle von Bernie Sanders' Bewegung).

Als Antwort auf diese Probleme gibt es eine Strömung des radikalen Denkens, die die »Politik« (im Sinne der Institutionen des Staates) zugunsten des »Sozialen« – insbesondere des sozialen Aufstands – meidet. Obwohl diese Tendenz heute in der Linken marginal ist, geht sie von der Annahme aus, dass jegliches Engagement in staatlichen Strukturen – einschließlich des Versuchs, die Staatsmacht zu übernehmen – zu Kooptierung und Mäßigung führen wird, wodurch das »Politische« das »Soziale« dominieren würde. Diese Gegenposition des Sozialen zum Politischen basiert auf einer Lesart von Marx, nach der beispielsweise die Bekenntnisse zu Freiheit, Gleichheit und Brüderlichkeit lediglich politische Masken sind, um die Realität der Ausbeutung auf sozialer Ebene zu verschleiern. Anstatt zu versuchen, diese Werte innerhalb der bestehenden Institutionen zu verwirklichen (Reformismus), ginge es darum, diese Institutionen zu stürzen und die sozialen Beziehungen zu verändern, um eine Ära der wahren Freiheit einzuleiten.

Was diese Perspektive außer Acht lässt, ist der kranke Zustand des »Sozialen« heutzutage. Die in diesem Buch bereits untersuchten Trends – Entpolitisierung, mangelndes Vertrauen in Institutionen, soziale Desorganisation und abnehmende Bürgerbeteiligung – betreffen auch die Basisorganisationen, seien es Gewerkschaften, Arbeiterparteien oder soziale Bewegungen. Der revolutionäre Wunsch nach dem Umsturz des Politischen ist unter den heutigen Bedingungen eher ein aufrührerischer als ein revolutionärer Vorschlag. Damit schließt sich der Kreis zur Anti-Politik.

Diese Tendenz lässt sich anhand eines konkreten Beispiels veranschaulichen: des Brexits. Das radikallinke Argument für den Austritt Großbritanniens aus der EU basierte auf der Idee des Bruchs mit einer post-politischen

Institution, die die Politik ausschließen wollte. Die EU beeinflusst die politischen Beziehungen innerhalb des Nationalstaates ebenso wie die Beziehungen zwischen ihnen. Ein Austritt würde erstens die Macht an die nationalen Parlamente zurückgeben – die repräsentativer sind als die EU-Institutionen – und zweitens weitere demokratisierende Reformen innerhalb der Nationalstaaten auslösen, sobald die Pfeiler der entpolitisierenden EU wegfallen.

Für die Revolutionäre war die Idee eines »demokratischeren« nationalen Parlaments nur weiterer reformistischer Unsinn, ein Versuch, bürgerliche Institutionen zu adeln und die Politik in den untergegangenen Nationalstaat einzuschließen. In der Gegenwart einer kämpferischen und organisierten revolutionären Arbeiterbewegung könnte eine solche Position realistisch und äußerst politisch sein. Unter unseren Bedingungen führt sie nur in eine Sackgasse der Entmachtung, die die Aufgabe der Demokratisierung der Gesellschaft und des Staates zugunsten eines eschatologischen Endereignisses aufgibt, das ex nihilo entstehen würde.[117]

Es geht uns nicht darum, die Revolution zu verwerfen. Es geht vielmehr darum, dass der geringe Grad an gewerkschaftlicher Militanz, ganz zu schweigen von revolutionären Bewegungen, bedeutet, dass der Horizont der Revolution in weite Ferne gerückt ist. Die Herausforderung besteht heute darin, weder naiv noch zynisch zu sein. Die Unwissenden tun so, als ob die parlamentarische Demokratie zum Sozialismus führen könnte, wenn man nur die richtige Koalition zusammenschustern würde, die 51 Prozent der Wählerstimmen erreicht. Dabei werden viele Lehren aus der Vergangenheit vergessen, in der dies gescheitert ist. Diese Misserfolge der Vergangenheit wurden zumindest durch einen höheren Grad an gesellschaftlicher Organisation gestützt als heute. Der zynische Ausweg besteht möglicherweise darin, zu viel zu wissen. Im Bewusstsein dieser Misserfolge beschließt man, dass jede Beteiligung an der formellen Politik zum Scheitern verurteilt ist und dass die Gesellschaft sich nicht in die Politik einmischen sollte. Radikale Politisierung muss sich zwischen den Abgründen von Zynismus und Naivität bewegen.

5.4 Linker Defätismus

Das Scheitern der horizontalen »Volksmacht«-Bewegungen in der ersten Hälfte der 2010er-Jahre, gefolgt von der Niederlage des Linkspopulismus in der zweiten Hälfte, hat zu Defätismus geführt. Konfrontiert mit wiederholten populistischen Durchbrüchen in ganz Europa, aber unfähig, den Populismus für ihre eigenen Wahlziele einzusetzen, ist die Linke in einigen Fällen zu jener defätistischen Haltung zurückgekehrt, die während des Endes der Geschichte vorherrschte. In Großbritannien führten die kombinierten Auswirkungen des Brexits und der überwältigenden Wahlniederlage von Corbyns Labour-Partei Ende 2019 zu einer vorhersehbaren Reaktion: Die liberale Linke schrieb die Massen als hoffnungslos reaktionär oder zumindest als von den konservativen Medien gehirngewaschen ab.

Bereits 2017 erklärte Eliane Glaser, die in Kapitel 3 als vermeintliche Gegnerin der Anti-Politik zitiert wird, anlässlich des Brexits:

> Es war plötzlich klar, dass die direkte Demokratie nicht unbedingt besser ist; dass das Mehrheitsprinzip inhärente Probleme hat, die wir nicht wirklich vorhergesehen haben, weil – wie bei der großen Mehrheit der Kommentatoren, die vom Rechtspopulismus überrumpelt wurden – alle davon ausgingen, dass wir den Menschen nur mehr Macht geben müssten und alles würde seinen Gang gehen. Es ist nicht unbedingt eine fortschrittlichere Situation, wenn mehr Menschen wählen und diese mehrheitlich rechts sind und der »Wille des Volkes« gleichbedeutend damit ist, Ausbeutung und Entmachtung den Weg zu ebnen.[118]

Das Gespenst des Mehrheitswahlrechts ist nicht etwa ein Horror für das Establishment und eine Inspiration für die Linke, sondern macht am Ende beiden Angst. Die Beschwörung der 99 Prozent oder »der Vielen« durch die institutionelle Linke, das Beharren auf der Korruption der bestehenden Institutionen, die Notwendigkeit eines Bruchs und des Endes

des Neoliberalismus ... all dies erwies sich als hohles Geschwätz. Um die Linke zu retten, wird auf verschiedene dei ex machina zurückgegriffen. Die Covid-19-Krise ist nur der jüngste Fall dieser Art.[119]

Der demografische Wandel ist ein beliebter Ausweg. Konfrontiert mit dem Wissen, dass die unter 35-Jährigen im Vereinigten Königreich mit überwältigender Mehrheit für Labour gestimmt haben, oder mit der positiven Bewertung des »Sozialismus« durch die Generation Z in den USA oder mit der Unterstützung der deutschen Grünen durch die unter 25-Jährigen setzt die institutionelle Linke ihre Hoffnungen auf das Aussterben der älteren Generationen, um die erforderliche demografische Mehrheit zu erreichen. Eine andere Position sieht eher die ethnische Zugehörigkeit als die Generationenpolitik als treibende Kraft für unser demografisches Schicksal. In den USA führt das relative Schrumpfen der weißen Mehrheit und das Anwachsen der Latino-Wählerschaft zu dem Glauben, dass eine »blaue Welle«[120] vor der Tür steht.

Selbstverständlich ist dies keine Erfolgsgarantie: Junge Menschen sind, wenn sie älter werden, durchaus zum Konservatismus fähig, Latinos jeden Alters ebenso. Was noch schlimmer an dieser Haltung ist: Die Politisierung wird den Launen objektiver Faktoren überlassen, die nicht einmal direkt mit der Klasse zu tun haben. Anstatt zu versuchen, das Bewusstsein der Menschen für die Funktionsweise der Welt und für die immanente Macht, die die ArbeiterInnen haben (aber nicht ausüben), zu schärfen, verlässt sie sich darauf, dass der langsame Fortschritt der Zeit die Arbeit erledigen wird. Die Linke, die in der Zeit zwischen der Finanzkrise und der Covid-19-Krise entstanden ist, hat sich postpolitische Strategien zu eigen gemacht, bei denen die Menschen in Schubladen gesteckt werden, in Marketingsegmente, die aufgrund unpersönlicher Faktoren wachsen oder schrumpfen. Es werden keine Debatten gewonnen, es werden keine Arbeiter organisiert, und die Klasse wird zugunsten der Generationen- oder ethnischen Identität aufgegeben.

Eine ähnliche Fluchtmöglichkeit besteht darin, sich in der linken Subkultur zu verschanzen. Bei dieser Variante ziehen sich Linke in ihre

Hochburgen in den urbanen Zentren der Großstädte zurück und versuchen defensiv, die Integrität eines ethischen Kerns zu bewahren. Eine Koalition aus Hochschulabsolventen und einigen Mitgliedern der multiethnischen Arbeiterklasse ist dann nicht in der Lage, sich auf die Arbeiterklasse in den strukturschwachen Regionen auszudehnen. Die Geschichte ist in den USA, in Großbritannien und in weiten Teilen Westeuropas die gleiche. Dieser Ansatz spaltet die Arbeiterklasse entlang quasi-moralischer Linien – diejenigen, die weiterhin für die institutionelle Linke stimmen (die Guten) und diejenigen, die sich vom Rechtspopulismus beeinflussen lassen (die Bösen). Dies ist lediglich eine weitere Form der Identitätspolitik, aber anstelle von Markierungen der zugeschriebenen Merkmale (Rasse, Geschlecht usw.) werden stattdessen politisch-kulturelle Merkmale übernommen. Diese Haltung ist gerade deshalb *anti*-politisch, weil anstelle des universalisierenden Antriebs der Politisierung eine Logik der Kulturkämpfe tritt. Nach dieser Denkweise stehen sich zwei Lager gegenüber, deren Geschmäcker, Gewohnheiten, Hintergründe und politische Präferenzen übereinstimmen. Anstatt sich im Klassenkampf zu vereinen, der in der Lage ist, individuelle und gruppenspezifische Unterschiede zu überwinden, haben die Unterschiede Vorrang.[121]

5.5 Anti-Politik von oben

Das Aufkommen einer weit verbreiteten anti-politischen Stimmung hat den Anti-Politikern die Möglichkeit gegeben, diese Wut zu ihrem Vorteil zu nutzen. Am häufigsten wird dieser Versuch als Populismus bezeichnet. Er ist eine Waffe, die sowohl den traditionellen politischen Eliten als auch den neuen, aufstrebenden Eliten zur Verfügung steht.

Im Vereinigten Königreich, wo der Brexit die politische Klasse zu entthronen drohte – aber letztlich scheiterte –, haben eher traditionelle Eliten profitiert. Bereits im Juni 2016 wurde der konservative Justizminister Michael Gove – seit 2005 Abgeordneter und mehrfach Schattenkabinetts- und Kabinettsminister – aufgefordert, Ökonomen zu nennen, die den

Austritt aus der EU befürworten. Er verweigerte dies und erklärte: »Die Menschen in diesem Land haben genug von Experten.« Dieser Ansatz ist mehr als nur eine opportunistische Taktik in einem spezifischen Moment, sondern führte zu Boris Johnsons schockierenden Sieg im Dezember 2019.

Angesichts der Wut über die stockenden Brexit-Verhandlungen – und konfrontiert mit einer Labour-Partei, die es versäumt hatte, sich voll und ganz für das Ergebnis des Referendums einzusetzen, bevor sie sich fatalerweise zugunsten eines zweiten Referendums positionierte – erzielten Johnsons Konservative historische Siege in den Labour-Kerngebieten der niedergehenden postindustriellen Wahlkreise im Norden und in den Midlands. Das Versprechen der Tories, den Brexit »durchzuziehen«, verbunden mit dem Versprechen, die Staatsausgaben zu erhöhen, war gleichzeitig ein Akt, die populistische Revolte rund um den Brexit aufzugreifen, und ein Mittel, ihr Potenzial zu entschärfen (ein Akt der Post-Politik). Der patrizische Boris Johnson, der fälschlicherweise als britischer Trump bezeichnet wird, ist kein Anti-Politiker. Stattdessen stellt sein neu gestalteter Eine-Nation-Konservatismus einen Versuch dar, anti-politische Energien (Frustration und Erschöpfung angesichts des Brexits und im weiteren Sinne der gesamten politischen Klasse) zum Zweck des Wahlgewinns einzufangen und gleichzeitig die Grundlagen für die Relegitimierung der britischen politischen Klasse zu schaffen. Die Durchführung des Brexits würde somit eine explosive Situation verhindern.

Andernorts sind Anti-Politiker aus weniger traditionellen Milieus hervorgegangen und haben das politische Establishment ernsthafter herausgefordert, wobei die Funktionsweise des neoliberalen Kapitalismus weitgehend erhalten blieb. Es ist bemerkenswert, wie viele zeitgenössische »populistische« Anführer aus kulturell peripheren Milieus kommen, statt aus den traditionellen Milieus der politischen Elite – wenn auch selten aus der Arbeiterklasse selbst.

Jair Bolsonaro war zwar sieben Legislaturperioden lang Kongressabgeordneter, bevor er Präsident wurde, doch seine politischen Ursprünge gehen zurück auf seine Zeit als Hauptmann der Armee, dessen Positionen sich selbst für das antikommunistische brasilianische Militärestablishment als zu rechtsradikal erwiesen. Bolsonaro wuchs in einer Kleinstadt als Sohn eines Zahnarztes ohne Zulassung auf – nicht das Salz der Erde, aber weit entfernt vom Hintergrund der traditionellen politischen Elite Brasiliens. Viktor Orbán wurde in einer bürgerlichen Familie in einer armen Kleinstadt auf dem Land geboren, in der kaum Bücher und Zeitungen gelesen wurden. Ursprünglich ein Liberaler, war seine Begegnung mit der traditionellen Budapester Intelligenz eine negative. Die Literaten waren herablassend zu dem ungebildeten Orban, eine Erfahrung, die seinen Bruch mit dem Liberalismus provozierte. Recep Tayyip Erdoğan ist der Sohn eines Kapitäns der türkischen Küstenwache, der seine Kindheit zwischen einem Armenviertel Istanbuls und einer entfernten Provinzstadt an der Schwarzmeerküste verbrachte. Im Gegensatz zur traditionell säkularen intellektuellen und politischen Elite Istanbuls besuchte Erdoğan eine religiöse Berufsschule und nutzte seinen religiösen Konservatismus stets, um sich in der Provinz beliebt zu machen.

Dass diese Führungskräfte in der Lage sind, ihre persönlichen Biografien als Zeugnis für ihren Außenseiterstatus zu nutzen, liegt eher an einer kulturellen Andersartigkeit als an einer klassenbedingten. Sie gehören der Mittelschicht an, kommen aber selten aus der Hauptstadt oder der Metropole, sind keine Sprösslinge politischer, kultureller oder intellektueller Eliten und vertreten oft konservativere kulturelle Positionen als sie. Diese prägende Erfahrung ist der Eckpfeiler ihrer Popularität, was auch immer sie sonst sagen und tun mögen. Während der Aufstieg in die wirtschaftliche Elite für viele in weiter Ferne liegt, ist es vielleicht noch weniger vorstellbar, Teil der kulturellen Elite zu werden – vor allem in der Provinz (man kann, wenn auch nur vielleicht, Millionär werden, aber »dazugehören« ist eine andere Sache). Dieses Gefühl der Ausgrenzung kann das Rohmaterial für eine anti-politische Aussage liefern: »Auch ich bin ein ungehobelter Außenseiter, der sich einer rauen Sprache bedient, sich weigert, den etablierten Codes zu folgen, und der nicht an die Regelungen der traditionellen Politik gebunden ist.«

Aus diesem Grund fallen die Beteuerungen der Linken, »das sind keine wirklichen Außenseiter, sie verteidigen mächtige wirtschaftliche Interessen«, so wahr sie auch sein mögen, oft flach. Ja, der Rechtspopulismus ist im Allgemeinen nicht systemfeindlich. Auch können sich Rechtspopulisten in vielen Fällen nicht auf die Unterstützung der Mehrheit der Arbeiterklasse verlassen. Aber sie sind in der Lage, Teile dieser Klasse aufgrund ihrer oppositionellen Haltung gegenüber den traditionellen politischen Eliten für sich zu gewinnen. Währenddessen wird ein Großteil der Linken weiterhin mit den kulturellen Eliten identifiziert und tut sich daher schwer damit, anti-politische Energien anzusprechen und zu formen.

Letzteres erklärt auch, warum gerade die Linksliberalen den größten populistischen Zorn auf sich ziehen. Diese ideologische Gruppierung ist am stärksten mit den formalen Kodizes der Politik, mit den Medien als Institution, mit dem Rechtsapparat des Staates und vor allem mit der säkularen moralischen Orientierung der Gesellschaft verbunden. Die Rechtsliberalen (oder Neoliberalen) sind viel zynischer und nur dem Markt verpflichtet. Das erklärt, warum sie seltener zur Zielscheibe von Anti-Politik werden (weil sie relativ unpolitisch sind). Das ist auch der Grund, warum Neoliberale sich gerne mit Rechtspopulisten verbünden oder sie tolerieren: Keine der beiden stellt eine tödliche Bedrohung für die Autorität der anderen dar. So kann eine Gegen-Elite die Regierung übernehmen, aber es ändert sich nichts Wesentliches.

5.6 Zu links, zu populistisch

Die Anti-Politik stößt also weiterhin auf Sackgassen. Wir leben nicht in einem Zeitalter der Massen. Wäre dies der Fall, würde der langfristige Zerfall der Parteiensysteme in den westlichen liberalen Demokratien – und der jüngste Zusammenbruch der neoliberalen Ordnung – in einen Aufstand münden. Anti-Politik könnte zum revolutionären Umsturz führen.

In Ermangelung der Beteiligung der Massen hat die Anti-Politik von unten einen Pop-up-Charakter. Proteste sprießen, Tweets werden verschickt, neue Bewegungen werden aus der Taufe gehoben … und verpuffen dann. Die Energie kann von anderen Kräften absorbiert werden. Die post-politische Technokratie wird versuchen, korrupte Politiker durch Richter zu ersetzen. Autoritäre Nationalisten können mit dem Finger auf die Parteizugehörigkeit oder die liberale Zivilgesellschaft zeigen, woraufhin schnell ein hartes Durchgreifen erfolgt. So oder so, anti-politische Revolten, die den Bankrott der politischen Klasse anprangern, enden in einer weiteren politischen Stilllegung. Die »Lücke« zwischen Gesellschaft und Staat wird zugedeckt.

Auch linkspopulistische Versuche sind gescheitert – sie haben sich gleichzeitig als zu links und zu populistisch erwiesen.[122] Da sie zu eng mit »der Linken« verbunden waren, um verschiedene Bevölkerungsgruppen angemessen einzubeziehen, konnten sie nicht vom Zusammenbruch der Parteiensysteme profitieren, die seit dem Ende des Zweiten Weltkriegs hegemonial waren. Gleichzeitig erwiesen sie sich auch als zu populistisch: Sie widersetzten sich Organisationen und Strukturen als Kanäle für den Volkswillen. Darüber hinaus haben sie sich als spalterisch erwiesen, da sie sich der traditionellen ideologischen Klassenausrichtung widersetzten. Und auch wenn die Fälle von Land zu Land unterschiedlich sind (in Griechenland gab es eine echte Massenmobilisierung, die Syriza an die Macht brachte), so hat sich doch in der anhaltenden Dominanz linkspopulistischer Bestrebungen durch die Aktivisten und die Führungsriege der Manager-Klasse gezeigt, dass die Weltanschauungen und Interessen dieses Teils der Gesellschaft durchgesetzt werden.

Die Anti-Politik wird nicht verschwinden. Sie entstand und gedieh in einem post-ideologischen Zeitalter, in dem sich das seit langem schwindende Vertrauen in die politischen Institutionen zuspitzte. Die Belastungen durch den Zusammenbruch der neoliberalen Ordnung und die wachsende Ungleichheit erzeugen Wut und Frustration. Infolgedessen richtet sich die Ablehnung der derzeitigen Ordnung gegen die sichtbarsten Träger von Macht und Autorität: die politische Klasse.

Das politische Establishment und die Teile der Mittelschicht, die vom

Ende der Geschichte profitiert und sich damit abgefunden haben, sind darum bemüht, die »Politik« zu verteidigen. So wird der Begriff weiter besudelt, indem »Politik« mit hohler und undemokratischer »Post-Politik« in Verbindung gebracht wird. Dies ruft noch wütendere Reaktionen hervor. Um aus diesem Kreislauf auszubrechen, müssen sich die Volksbewegungen mit Repräsentation und politischer Autorität auseinandersetzen. Die Ablehnung einer politischen Elite, die ihre eigene Autorität verleugnet, weil sie zwar das Sagen hat, aber so tut, als ob es nicht so wäre, sollte für die Massen ein Ansporn sein, die politische Autorität selbst in die Hand zu nehmen.

KAPITEL 6

Italien – Das Land der Zukunft

Italien hat sich nicht in das Ende der Geschichte hineingeschlichen, sondern ist eher kopfüber hineingestürzt. Mit dem Ende des Kalten Krieges führten innenpolitische und regionale Ereignisse dazu, dass die in Italien seit dem Ende des Zweiten Weltkriegs aufgebauten Strukturen zusammenbrachen. Nirgendwo auf der Welt war der Übergang in das Ende der Geschichte abrupter – wenn man von den Gesellschaften absieht, in denen der real existierende Sozialismus über Nacht kollabierte – als auf der italienischen Halbinsel.

1991 beschloss die Kommunistische Partei Italiens, sich aufzulösen und in die Demokratische Partei der Linken (PDS) umzuwandeln. Sie war einst die größte kommunistische Partei im Westen gewesen, hatte nach dem Ende des Zweiten Weltkriegs mit 2,3 Millionen Mitgliedern ihren Höchststand erreicht und Mitte der 1970er-Jahre mehr als ein Drittel der Stimmen auf sich vereinigt. Selbst bei ihrer Auflösung behielt sie fast 1 Million Mitglieder. Plötzlich hatten die Christdemokraten, die Italien während der Ersten Republik fast ununterbrochen regiert hatten, ihre Daseinsberechtigung – den Antikommunismus – verloren.

Italien wollte nun ein »normales Land« werden. Kein Kommunismus, kein Terrorismus, keine Mafia, keine Korruption, keine Unordnung mehr. Dies bedeutete auch eine Änderung des italienischen Wirtschaftsmodells. Vor dem Zeitalter der Globalisierung galt Italien als einer der interventionistischsten Staaten des Westens, in dem große Teile der Wirtschaft vom staatlichen Konglomerat IRI kontrolliert wurden. IRI war ursprünglich unter dem Faschismus gegründet worden und spielte eine wichtige Rolle im italienischen Nachkriegsboom, indem es das Fehlen einer verlässlichen Großbourgeoisie in einem von kleinen Familienunternehmen dominierten Land kompensierte. Ein wichtiger Schritt auf dem Weg zu diesem Wandel war der Beitritt zur Europäischen Währungsunion. Voraussetzung dafür war die Erfüllung der 1992 in Maastricht festgelegten Konvergenzkriterien. Niedrige Inflation, niedrige Zinssätze, eine stabile Währung, ein begrenztes Haushaltsdefizit und eine reduzierte Staatsverschuldung lauteten die überlieferten Gebote. Italien hatte nur einen Weg zur Auswahl: Kürzung der öffentlichen Ausgaben und Flexibilisierung der Arbeitsmärkte. Italien wurde durch die Erfordernisse der Globalisierung diszipliniert, wie sie durch die europäische regionale Integration vermittelt wurde.

Wie in anderen europäischen Ländern zu dieser Zeit wurde auch die italienische Gesellschaft nach amerikanischem Vorbild zunehmend kommerzialisiert. Der privatisierte Konsumismus blühte auf und die visuelle Kultur verdrängte das geschriebene Wort. Das Fernsehen, das zuvor auf die langweiligen Programme der RAI, der staatlichen Rundfunkanstalt, beschränkt war, bekam plötzlich private Konkurrenten, die schrillere Sendungen zeigten. Hinter dieser Entwicklung stand ein ehemaliger Immobilienmogul, dessen Geschäftsimperium nun neben dem Fernsehen auch Werbung, Zeitungen, Verlage und Fußball umfasste: Silvio Berlusconi. Sein erklärtes Ziel war es, Unterhaltung, Werbung und Konsumgüter in die Wohnungen der Menschen zu bringen.[123]

Im Jahr 1992 begannen einige Mailänder Richter, die politische Korruption in der Mitte-Links-Partei der italienischen Sozialisten zu untersuchen. Die Ermittlungen wurden von einem Teil der Justiz geführt, der die Politik endgültig säubern wollte und sich als moralisches Zentrum Italiens verstand, im Gegensatz zum skrupellosen Kapital eines Großteils der Bourgeoisie und ihrer Komplizen in der Politik. Schon bald weitete sich die Untersuchung, die den Namen *Mani Pulite* (Saubere Hände) trug, auf spektakuläre Weise aus und deckte ein korruptes System auf, das als *Tangentopoli* oder »Bestechungsviertel« bezeichnet wurde. Dies führte zum Sturz zahlreicher Industrieller und Politiker von der rechten bis zur linken Mitte, von denen viele verhaftet, angeklagt und verurteilt wurden. Statt sich einer Anklage zu stellen, ging der mächtige Vorsitzende der Sozialistischen Partei und Freund von Berlusconi, Bettino Craxi, schließlich ins Exil nach Tunesien. Am Ende der Aktion »Saubere Hände« führten die Ermittlungen in nur 14 Prozent der Fälle zu Freisprüchen. Man kann gar nicht hoch genug einschätzen, was für eine Bombe der Anti-Korruptions-Kreuzzug war.

Die Entwicklung ging rasant vor sich. 1993 bekam Italien seine erste – aber wohl kaum seine letzte – Regierung aus technischen Experten. Bis zu den Wahlen im Jahr 1994 waren alle großen Parteien, die diese Technokratenregierung gebildet hatten, aufgelöst worden. Von den größten Parteien blieben nur die ehemaligen Kommunisten in ihrer neuen Form – der PDS – intakt. Da die Empörung über die Korruption immer noch groß war, sah es so aus, als würden sie die Wahlen 1994 gewinnen.

Doch in der Schlussphase gelang es einer brandneuen Partei, die mit Hilfe der fortschrittlichsten politischen Marketingtechniken der damaligen Zeit gegründet und lanciert wurde, in einer unwahrscheinlichen Rechtskoalition an die Macht zu gelangen. Silvio Berlusconi wurde Ministerpräsident an der Spitze seiner neu gegründeten Partei Forza Italia, unterstützt von einer postfaschistischen Partei, die noch immer öffentlich Mussolini verehrte (die Alleanza Nazionale – Nationale Allianz), und einer norditalienischen Separatistenpartei, die Fremdenfeindlichkeit, Rassismus, Korruptionsbekämpfung und Hass auf das politische Establishment in Rom propagierte (Lega Nord).

Die sehr populäre Anti-Korruptionskampagne, die von der Justiz angeführt wurde, schaffte es jedoch nicht, die Republik so zu remoralisieren, wie sie es vorgehabt hatte. Es gelang ihr auch nicht, die intime Verbindung zwischen Wirtschaft und Politik zu durchbrechen, die zu einem Merkmal des italienischen Kapitalismus geworden war und die bis dahin niemand anzutasten gewagt hatte, um den italienischen Staat nicht den

Kommunisten auszuliefern. Stattdessen entstand ein politisches Vakuum an der Stelle, wo einst die Massenparteien der Christdemokraten und der Sozialistischen Partei gestanden hatten, das von einem charismatischen Milliardär und Medienmogul ausgefüllt wurde, einem Ein-Mann-Unternehmens-Politik-Nexus. Obwohl die 1994 gewählte Regierung kurz darauf gestürzt wurde, sollte Berlusconi die folgenden Jahrzehnte in einer Weise dominieren, wie es noch nie eine einzelne Person in Italien getan hatte.

Berlusconis Partei war eine neue Erfindung. Ihr Name (der von einer Fokusgruppe genehmigt wurde) war einem Fußballgesang (»Vorwärts Italien!«) nachempfunden. Die Organisation wurde in schicken Sitzungszimmern ausgeheckt, um ihrem Anführer zu Wahlkampfzwecken zu dienen. Als sie zum ersten Mal ihre Sitze im Parlament einnahmen, waren 50 der Parlamentarier der Partei Angestellte von Publitalia, dem Werbezweig von Mediaset, einem Medienunternehmen im Besitz von Berlusconi. Es gab weder eine parteiinterne Demokratie noch irgendwelche Basis; sie existierte nur für das Fernsehen. Es handelte sich um keine herkömmliche politische Partei, sondern eine »Geschäftspartei« oder »Partei als Unternehmen«. Ihr Zusammenhalt hing ausschließlich von der charismatischen Figur an ihrer Spitze ab. »Wir Abgeordneten von Forza Italia haben keinen Führer, sondern einen Chef«, erklärte ein ehemaliger Parlamentarier, der der Partei beitrat, weil sie eine modernisierte Christdemokratie zu bieten schien. Später sollte er sich als Kritiker zu erweisen.[124]

Berlusconis erste Regierung stürzte nach nur wenigen Monaten, ausgelöst durch die Unzufriedenheit des Koalitionspartners Lega Nord. In einem symbolträchtigen Moment schlossen die wichtigsten Kräfte aus dem gesamten politischen Spektrum (die populistische und separatistische Lega, die Mitte-Links-PDS und die ehemaligen Christdemokraten der Volkspartei) einen Pakt, um Neuwahlen zu vermeiden und eine technokratische Regierung einzusetzen, die unter anderem Rentenkürzungen durchdrücken konnte.[125] Vor allem für die ehemaligen Kommunisten war dieser Moment symbolisch, da die Mitte-Links-Partei (wie sie sich nun nannte) begann, in Richtung neoliberaler Mitte-Rechts abzudriften und sich unter den Bannern der Rationalisierung, des Bürokratieabbaus und der Säuberung der Regierung zu versammeln.

Das damals gebildete technische Kabinett blieb bis zu den Wahlen von 1996 an der Macht, die die PDS gewann. Unter der Führung von Romano Prodi – Spitzname *Il Professore*, Wirtschaftsprofessor, Berater von Goldman Sachs und später Präsident der Europäischen Kommission – regierte die Olivenbaum-Koalition bis 2001. Zu diesem Zeitpunkt war Forza Italia auf 300.000 Mitglieder angewachsen, was jedoch nicht bedeutete, dass sie eine demokratische Massenpartei geworden war. Es gab keine festgelegten Entscheidungsprozesse, und die Regionalchefs wurden von ihrem Vorsitzenden ernannt. Berlusconi kehrte 2001 an die Macht zurück und regierte bis 2013, womit er Italiens dienstältester Premierminister der Nachkriegszeit wurde. Während dieser Zeit wurde seine Partei weder organischer noch demokratischer. Im Jahr 2007 änderte Forza Italia ihren Namen in Popolo della Libertà (»Volk der Freiheit«), ohne die Mitglieder und angeschlossenen Organisationen zu konsultieren.

Wenn also die Bürgerinnen und Bürger nur noch passive Empfänger der Politik waren, was bekamen sie für ihre Nicht-Teilnahme? Oder besser gesagt, was verkaufte ihnen Berlusconi? Vordergründig war es die Freiheit, wie seine verschiedenen Wahlkampagnen immer wieder betonten (der Pol der Freiheiten, das Haus der Freiheiten, das Volk der Freiheit). Aber es handelte sich dabei um eine ausschließlich negative Freiheit, die Freiheit, in Ruhe gelassen zu werden, dem Konsumvergnügen nachzugehen und von jeglicher staatsbürgerlichen Verantwortung entbunden zu sein. Sie war ausdrücklich gegen die Linke gerichtet, grenzte sich aber auch von der alten traditionalistischen Rechten ab, indem sie auf Modernität, Effizienz und Dynamik abzielte. Dies sprach einen Teil der Gesellschaft an, den man als unternehmerische Mittelschicht bezeichnen könnte, deren Ziele Marktreformen und Liberalisierung waren und die den Staat weniger stark in ihr Leben eingreifen lassen wollten.

Die große Zahl von Kleinunternehmen, Familienbetrieben und Familiengeschäften in Italien bildete die soziale Basis, für die der Steuerstaat ein Antagonist war. Berlusconis typisch neoliberale Betonung des Privaten gegenüber dem Öffentlichen und des Flexiblen gegenüber dem Unflexiblen (oder Bürokratischen) kam bei dieser Mittelschicht gut an. Er wetterte auch gegen die Justiz, denn obwohl er von der Entmachtung der alten politischen Klasse durch die Anti-Korruptions-Kampagne profitierte, spielte Berlusconi mit der Sympathie der Bevölkerung für das Biegen von Regeln. Der Kleinunternehmer hasste zwar die Bestechung zwischen Politikern und Großunternehmen, aber auch er musste über die Runden kommen; übereifrige Inspektoren waren ein Hindernis für seine Freiheit.

Berlusconi zeigte aber nicht nur das Gesicht des dynamischen, modernen Unternehmers, der eine marktfreundliche Politik verfolgt. Es gab auch ein hohes Maß an Patrimonialismus – das bedeutet die politische Verwaltung »wird als eine rein persönliche Angelegenheit des Herrschers, der Besitz und die Ausübung seiner politischen Macht als ein durch Abgaben und Sporteln[126] nutzbarer Bestandteil seines persönlichen Vermögens behandelt«.[127] Berlusconi war ein Medienmogul, der sein Geschäftsimperium in die Politik einbrachte. Die Säulen seiner Regierung waren seine persönliche Autorität und sein Charisma, die Raffgier, die das Wachstum seines Imperiums befeuerte, die willkürlichen Launen des Mäzens und die Gegenseitigkeit von Gefälligkeiten.[128]

Der Versuchung, diese Elemente mit Hilfe von Stereotypen über italienische Mafiosi wahrzunehmen, sollte widerstanden werden. Der passende Vergleich ist ein Mann wie Michael Bloomberg in den USA oder Thaksin Shinawatra in Thailand, beides megareiche Geschäftsleute, die zu Politikern wurden. In der Tat war dies das Zeitalter der Medienmogule. Rupert Murdoch in der anglophonen Welt oder Roberto Marinho und seine Erben in Brasilien sind vergleichbare Figuren, mit dem Unterschied, dass sie nur indirekt zu regieren versuchten. In der Tat wäre der französische Bernard Tapie – Geschäftsmogul, TV-Entertainer, Fußballklubbesitzer und Politiker – der treffendste Vergleich, obwohl die französische Justiz Tapies Karriere unterbrechen sollte. Man kann darüber spekulieren, was aus Frankreich geworden wäre, wenn Tapie seinen Aufstieg fortgesetzt hätte.

Patrimonialismus steht natürlich für die Korruption der Demokratie, aber es ist wichtig, sich daran zu erinnern, dass dies alles als eine neue Politik verkauft wurde, eine Politik der Neuerung, des Erfolgs und der Effizienz, die sich gegen das alte korrupte Establishment richtete. Abgesehen von zwei kurzen Unterbrechungen der Herrschaft Berlusconis, in denen Romano Prodi eine Regierung bildete, konnte die linke Mitte nicht Fuß fassen. Die PDS befand sich in einem Zwiespalt. Sie konnte die neoliberalen Vorgaben der neuen Politik nicht grundlegend anzweifeln, weil sie sich ihnen angeschlossen hatte. Stattdessen konzentrierte sie sich auf Berlusconis schlechte Umgangsformen.

Die politische Basis der linken Mitte war zu dieser Zeit das, was man die »bürgerliche Mittelschicht« nennen könnte. Aus diesem Teil der Gesellschaft zog *Il Cavaliere* den größten Widerstand auf sich. Sie traten für die Verteidigung der Rationalität und der republikanischen Tugenden ein und verteidigten den öffentlichen Raum gegen private Interessen. Straßenproteste wie im Jahr 2002, als Hunderttausende mit Pinocchio-Nasen auf die Straße gingen, um den Premierminister zu verhöhnen, mobilisierten Beschäftigte des öffentlichen Dienstes, Studenten und die Mittelschicht. Die Transparente der Opposition – die Verteidigung der Justiz und der öffentlichen Institutionen sowie der Demokratie, des verantwortungsvollen Konsums und der bürgerlichen Werte – würden Berlusconi im Laufe seiner Amtszeit nicht zu Fall bringen.

Das mag daran liegen, dass Berlusconis Wahlerfolg nicht nur auf neoliberales Managertum oder auf alte klientelistischen Beziehungen zurückzuführen ist, sondern auf einer spezifischen und neuen Art von Populismus. Es handelte sich um einen personalisierten Herrschaftsstil, der auf seinem Image als erfolgreicher Geschäftsmann, Showman und Jedermann beruhte – alles zur selben Zeit. Das Fernsehen war für diese Projektion unerlässlich, ein Medium, das die Grenzen zwischen Realität und Träumen aufhebt. Hier wurde Politik mit den Mitteln der Promi-Kultur gemacht: Figuren, die man nicht persönlich kennt und denen man sich dennoch eng verbunden fühlt; der Prominente ist zugleich übermenschlich und gewöhnlich.

Die Personalisierung der Politik ermöglichte es Berlusconi, dynamisch und entschlossen zu erscheinen, ein Mann mit Lösungen. So erklärte er 2011, als jeden Monat Tausende von Migranten aus Afrika auf der italienischen Insel Lampedusa landeten: »Ich verspreche, dass es innerhalb von drei Tagen keine Migranten mehr auf dieser Insel geben wird.« Als vermeintlichen Beweis für die Ernsthaftigkeit seiner Absichten und sein Vertrauen in den eigenen Erfolg fügte er hinzu, dass er gerade selbst ein Haus auf der Insel gekauft habe.[129]

Das Vertrauen der Bevölkerung in Berlusconi war nicht »politisch« im herkömmlichen Sinne. Es gab keine Loyalität, die auf der Zugehörigkeit zu einer Ideologie oder der Umsetzung politischer Werte beruhte. In der Tat fand sich in seinem Diskurs relativ wenig Bezug zu den Werten der Linken (Solidarität, Wohlfahrt) oder der Rechten (Ordnung, nationale Identität, Tradition). Es handelte sich vielmehr um eine Anti-Politik des Alltags. Berlusconi projizierte Vorstellungen von unmittelbarem Eigeninteresse, Erfolg, unerlaubtem Spaß und Vergnügen. Sein Publikum wurde von den traditionellen staatsbürgerlichen Pflichten entlastet, während sein Fehlverhalten und die Zurschaustellung von Vorurteilen nicht als Manko galten, sondern eher ein Beweis dafür waren, dass es sich bei ihm um einen Mensch wie du und ich handelte. Sogar seine Gesetzesübertretungen konnten als Erlaubnis verstanden werden: Jeder könne diese »besondere Freiheit« für sich beanspruchen.[130]

In Italiens neuer Republik waren die alten Loyalitäten verschwunden. Die zwei Kulturen, die das italienische Leben jahrzehntelang beherrscht hatten – die kommunistische und die katholische – mit ihren jeweiligen lokalen Organisationen, Institutionen und politischen Parteien, gab es nicht mehr. Was diese Kulturen gemeinsam hatten, war ein Sinn für soziale Solidarität, der sich entweder in Form von Wohlfahrt oder Wohltätigkeit ausdrückte. In ihrem Gefolge verschwanden kulturell konservative Haltungen, und der Individualismus trat auf die Bühne. In dieser zunehmend passiven und atomisierten »Publikumsdemokratie«,[131] in der die Italiener wenig Vertrauen in ihre politischen Institutionen zeigten, wurde die

Politik durch das Fernsehen vermittelt. Und das konnte nur einen Gewinner zur Folge haben, denn, wie es der Historiker Paul Ginsborg treffend formulierte, »das Fernsehen ist Berlusconi«.[132] Während die linke Mitte sich hinter den zunehmend diskreditierten und vertrauensunwürdigen Institutionen – und den bürgerlichen Tugenden, die sie von den Bürgern forderten – versammelte, sagte Berlusconi stattdessen einfach: »Ihr dürft«.

Bis Anfang der 2000er-Jahre konnte man sich fragen, ob *Il Cavaliere* ein Prototyp oder nur eine Ausnahme sein würde. Im Jahr 2011 kam eine Studie über den von Berlusconi eingeführten neuen Politikstil zu dem Schluss, dass er tatsächlich ein Prototyp war.[133] Möglicherweise früher als jeder andere Politiker – oder jedenfalls entschiedener – hat Berlusconi diese neue Politik synthetisiert. Der ehemalige deutsche Bundeskanzler Gerhard Schröder, der ehemalige US-Präsident Bill Clinton, der US-Präsidentschaftskandidat von 1992 Ross Perot, der ehemalige britische Premierminister Tony Blair, der ehemalige Gouverneur von Kalifornien Arnold Schwarzenegger, der ermordete niederländische Populist Pim Fortuyn, der ehemalige französische Präsident Nicolas Sarkozy – sie alle könnten als Verkörperung der Prominenz, der Personalisierung und der Kommerzialisierung der Politik gelten, die in Italien am Ende der Geschichte zur Schau gestellt wurde. Aber keiner hat so viele entscheidende Merkmale in einer Person und einem politischen Projekt zusammengefasst.

Die Start-up-Partei, die nach dem Modell eines Unternehmens geführt wird, die Nutzung von TV und Promipolitik, die gleichzeitige Aneignung von Anti-Korruption und Korruption, die Anti-Politik des Alltags, die Vorführung von Geschäftserfolg als Schlüsselattribut, all das findet sich in Berlusconis Projekt wieder. Außerdem geriet der Populismus nicht nur in Italien, sondern in allen konsolidierten Demokratien, zur »hegemonialen Form der demokratischen Politik selbst«.[134]

Nicht allein Berlusconi war der Prototyp für die Politik des Endes der Geschichte. Es war Italien selbst. Oder wenn »Prototyp« zu sehr nach bewusster Gestaltung klingt, dann war Italien vielleicht eine Prophezeiung (mit entsprechendem römischem Ursprung). Italien hat die Zukunft der »fortgeschrittenen Demokratien« am Ende der Geschichte vorausgesagt.

Der Zusammenbruch der alten Politik der Nachkriegszeit geschah in Italien unter der Führung von Mani Pulite besonders abrupt. Die historischen Blöcke der Rechten und der Linken lösten sich rasch auf. Wenn die gegenwärtige nationale Politik in ganz Europa dadurch gekennzeichnet ist, dass der Stimmenanteil des Mitte-Links- und des Mitte-Rechts-Blocks auf unter 50 Prozent sinkt, während sie früher eine gewaltige Mehrheit stellten, dann war es in Italien, wo die alten Abmachungen am frühesten und am schnellsten auseinanderfielen. An ihre Stelle trat eine von der Beteiligung der Massen abgekoppelte institutionelle Politik. Bereits im Jahr 1997 beschrieb ein Wissenschaftler den italienischen Staat als »hohl mit einer harten Schale«: hohl, weil die Zivilgesellschaft darum kämpfte, dass ihre Interessen vom Staat vertreten werden; hart, weil die Kapazitäten des Staates in Bereichen wie Einwanderung oder Recht und Ordnung erhalten blieben und sogar gestärkt wurden.[135] Auch auf der Ebene der Ideen war die Politik nicht mehr ideologisch und klassenmäßig gespalten, sondern diskutierte über »gemeinsame« Ziele der Rationalisierung und Effizienz, um Italien für den Wettbewerb auf dem europäischen und globalen Markt zu rüsten. Die neue Politik der Korruptionsbekämpfung kam in Italien erstmals zur Geltung, und die Verhaftung der Mächtigen wurde zu einem moralischen Spektakel. Auch die Praxis der »lawfare« – die Verwendung von Korruptionsvorwürfen zur Verfolgung politischer Ziele – wurde hier erprobt, bevor sie anderswo Verbreitung fand. Lange bevor Trump anfing, »Sperrt sie ein« zu skandieren,[136] wurde dieses Modell der spektakulären Anti-Korruptionspolitik in Brasilien von 2014–18 auf tragische Weise nachgespielt – und die Darsteller hielten sich wörtlich an das italienische Skript.[137]

Italiens Wunsch, ein »normales Land« zu werden, sich zu modernisieren, zu werden wie die Länder im Norden, endete mit dem Verlust seiner Zukunft. Das Land stagniert seit zwei Jahrzehnten. Seit 2000 sinkt das Wirtschaftswachstum, und das Pro-Kopf-BIP ist heute etwas niedriger als vor 20 Jahren. Niedrige Geburtenraten und die Abwanderung junger Menschen haben dazu geführt, dass die Zahl der in Italien lebenden italienischen Bürger zum ersten Mal seit 90 Jahren auf 55 Millionen gesunken ist. Italien lebt heute vom Erbe seiner Vergangenheit; es ist ein lebendes Museum.

Die Angst vor einem Bevölkerungsrückgang, insbesondere hinsichtlich der Demografie, könnte ein Grund für die einwanderungsfeindliche Haltung des Landes sein. Umfragen zeigen regelmäßig, dass das Land in Bezug auf die positive Einstellung gegenüber Einwanderern neben Ländern wie Griechenland und Ungarn – die beide ebenfalls niedrige Geburtenraten und hohe Auswanderungsraten aufweisen – am unteren Ende der Skala liegt. Dies hat fremdenfeindlichen Kräften das Rohmaterial geliefert, um rassistische Politik zu betreiben. Und da das Land in die Eurozone eingebunden und durch hohe Schulden belastet ist, verfügt es über keine institutionellen Möglichkeiten, sich aus seiner historischen Misere zu befreien.

Wirtschaftliche Stagnation und demografischer Rückgang sind heute in Europa allgegenwärtig. In Italien waren diese Trends jedoch schon viel früher zu beobachten, ebenso wie ihre politischen Folgen. Die Lega Nord kam erstmals 1994 mit Berlusconi an die Regierung und vertrat einen fremdenfeindlichen und anti-politischen Populismus. Als sie sich 2018 erneut in der Regierung wiederfand, blieb der historische Schock aus. Tatsächlich erlebte Italien in der Zwischenzeit sogar einen Populismus der linken Mitte, als Matteo Renzi versuchte, die Demokratische Partei »führerzentriert« zu gestalten (Renzi wurde sogar als »Berlusconi der Linken« bezeichnet). Außerdem ist mit der Fünf-Sterne-Bewegung eine »reine« populistische Partei entstanden, die 2018 eine Regierung mit der Lega (inzwischen keine regionalistische Partei mehr) bildete. Letztendlich war es eine passende historische Ironie, dass Berlusconis Versuch, 2018 als *Anti-Populist* zu kandidieren, wenig Unterstützung fand. Nachdem er zunächst den Grundstein dafür gelegt hatte, dass die offizielle Politik samt und sonders in populistischer Manier geführt wurde, fand er sich 25 Jahre später überflügelt.[138]

Eine letzte Dimension der italienischen Prophezeiung vom Ende der Geschichte findet sich in einer internen, strukturellen Beziehung: dem Nord-Süd-Gefälle des Landes. Die Akzeptanz dieser historischen Ungleichheit als dauerhafte Realität signalisiert das Ende des Entwicklungsstaates und seine Ablösung durch einen neoliberalen Staat. Darüber hinaus bringt sie Italien in eine zwiespältige Position in Bezug auf den europäischen »Kern« von Ländern wie Deutschland und den Niederlanden. Italien, das von Anfang an ein zentrales Mitglied der europäischen Integrationsbemühungen war, wird nun als Teil der europäischen Peripherie betrachtet, obwohl sein Norden eigentlich zum fortgeschrittenen europäischen Kern gehört. Das Land mag als Heimat von Patrimonialismus, Klientelismus, Korruption und allgemeiner Rückständigkeit in Politik, Wirtschaft und Gesellschaft verunglimpft werden – aber das sind die gleichen Begriffe, mit denen der Norden des Landes seinen Süden verunglimpft. Dafür gibt es sogar ein eigenes Wort: »Mezzogiornifikation« (nach dem Mezzogiorno, dem italienischen Süden), d. h. der Prozess, durch den Regionen oder Länder wirtschaftlich rückständig und abhängig von den reicheren, stärker industrialisierten werden. In Italien gibt es also einen Widerspruch – Kern und Peripherie –, der auf dem gesamten europäischen Kontinent, ja auf der ganzen Welt, sichtbar wird.

Doch einmal mehr erweist sich Italien als das Land der Zukunft. Das Nord-Süd-Gefälle findet zunehmend ein Echo in den regionalen Unterschieden in anderen Nationalstaaten. Siehe zum Beispiel die Rolle, die es beim Brexit oder bei der Wahl von Trump gespielt hat. Und auch in anderen Bereichen finden sich Spiegelbilder. Rückständige politische Praktiken wie Patrimonialismus, bei dem politische Autorität durch zwischenmenschliche Beziehungen erweitert wird, und Klientelismus, bei dem Loyalität gegenüber der Führung als Gegenleistung für Schutz und Gefälligkeiten gewährt wird, scheinen in die »moderne« Politik eingedrungen zu sein. Die Abhängigkeit der Regierung Bolsonaro von persönlicher Loyalität, die sich darin zeigt, dass der Präsident seine Söhne einsetzt und rechtsextreme Spinner in Ministerämter beruft, könnte als Rückständigkeit eines Landes an der Halbperipherie des Kapitalismus abgetan werden.

Das Gleiche gilt jedoch nicht für den globalen Hegemon, wo sich Trump bei der Besetzung von Schlüsselpositionen auf seine Familie und seine Gefolgsleute verließ. Diese Vermischung privater und öffentlicher Interessen und die Führung der Regierung als eine Art Haushalt sind ein klares Zeichen der Degeneration.

In den fortgeschrittenen Demokratien hat sich das Establishment immer sehr bemüht, die Illusion der Neutralität des Staates zu wahren. Aber wird das mittlerweile infrage gestellt? Wir beobachten zunehmend, dass Fraktionen der herrschenden Klasse den Staat angreifen und versuchen, ihn für parteipolitische Zwecke zu nutzen, mit Folgen wie der Politisierung der Justiz. Sind die Allianz der Demokratischen Partei mit dem Tiefen Staat und Robert Muellers Ermittlungen gegen Donald Trump nicht Beispiele dafür? Und ist dies nicht nur ein weiteres Beispiel für die *Italienisierung* der Politik? Der Baumagnat und »Mr. Television« Silvio Berlusconi nahm also den Baumagnaten und »Mr. Television« Donald Trump vorweg.

Als ob es nicht schon genug wäre, die zunehmende Auflösung der etablierten Politik und die Institutionalisierung des Populismus vorauszusagen, hatte Italien noch eine letzte Geschichte zu erzählen. Ganz am Ende des Endes der Geschichte war es das erste westliche Land, das mit einem massiven Ausbruch des Coronavirus konfrontiert wurde. Großbritannien, die USA und andere Länder reagierten nur zögerlich und glaubten nicht daran, dass die katastrophalen Ereignisse in Italien auch auf sie zukommen würden. Die darauffolgende Wirtschaftskrise in Italien war die schlimmste in Europa und erstickte eine ohnehin schon schwache Wirtschaft, die durch Schulden, hohe Arbeitslosigkeit und geringe Produktivität belastet war. Die kleinen Unternehmen, die einen großen Teil der italienischen Wirtschaft ausmachen, litten am stärksten darunter und diese Entwicklung war ein Vorbote der zunehmenden Kapitalkonzentration im gesamten Westen, bei der große Konzerne die kleinen Unternehmen schlucken. Das Vertrauen in die europäischen Institutionen ist rapide gesunken. Könnte Italien das erste Land sein, das die Eurozone verlässt – eine weitere italienische Prophezeiung?

KAPITEL 7

Parteien, Protest, Klasse und Kultur

Der Niedergang der Politik für die Massen entstellt immer noch unsere Gegenwart. Dennoch tun viele so, als sei die Politik im Großen und Ganzen dieselbe wie früher. Natürlich erkennen wir bestimmte Veränderungen, die stattgefunden haben: Die Medien haben sich verändert – weniger von Angesicht zu Angesicht, mehr digital; das ideologische Spektrum hat sich verschoben – seit den 1980er-Jahren nach rechts; wir sprechen von »Overton-Fenstern«[139] – der neoliberale Zusammenbruch hat zuvor vergessene Möglichkeiten eröffnet ...

Was die Metaphern der Verschiebung und des Öffnens/Schließens übersehen, ist ein wohl noch wichtigeres Phänomen: die Hohlheit. Unsere politische Welt hat ihr äußeres Erscheinungsbild beibehalten, aber wenn man die Schale aufbricht, ist drinnen gähnende Leere. Wir haben immer noch Parteien, Wahlen und Kampagnen. Gelegentlich gibt es große Proteste. Sogar die Gewerkschaften haben noch einige Mitglieder (ziemlich viele, wenn man in einem nordischen Land oder in Belgien lebt). Die Realität sieht jedoch so aus, dass die Zahl der Parteimitglieder zurückgegangen ist und die Wahlbeteiligung und der gewerkschaftliche Organisationsgrad stark abgenommen haben. Dort, wo »das Volk« sein sollte, herrscht ein Vakuum.

Während des Endes der Geschichte schien dies alles keine große Rolle zu spielen. Schließlich sollten wir all die Spannungen und Leidenschaften der Massenpolitik hinter uns gelassen haben. Die Rückkehr der Politik hat diese Lücke nicht ganz geschlossen. Es *sind* neue und manchmal seltsame politische Formen entstanden, die versuchen, dem Wunsch der Bevölkerung nach Partizipation zu entsprechen – aktive Subjekte zu sein, nicht nur passive Objekte der Politik. Oder auch einfach nur gehört werden: Wir sind noch da.

In diesem Kapitel werden wir die Art und Weise, wie die Massenpolitik zerfiel, noch einmal betrachten und uns dabei auf Parteien, Wahlen, Gewerkschaften und andere zivilgesellschaftliche Organisationen konzentrieren. Dann werden wir untersuchen, wie die Rückkehr der Politik zu neuen Parteiformen führte, die den neuen Willen zur Teilhabe und zur Gestaltung der Gesellschaft aufgreifen wollten. Das Wiedererstarken der Labour Party unter Jeremy Corbyn, die Rückkehr der Demokratischen Sozialisten Amerikas (DSA) und der populäre Impuls hinter Podemos und Syriza schienen allesamt neue Möglichkeiten für linke Politik zu verkörpern.

Danach werden wir uns informellen Formen der Beteiligung zuwenden, insbesondere dem Massenprotest. Trotz der fieberhaften Behauptungen des letzten Jahrzehnts über die Revolte der Jugend ist der Protest während des Endes der Geschichte tatsächlich nicht verschwunden. Anstelle von anderen Formen des Engagements gingen die Jugend und die Mittelschicht auf die Straße. Dies deutet auf eine Veränderung in der Klassenzusammensetzung der linken Politik hin. Eine der Auswirkungen war die Wiederbelebung der Kulturkämpfe. Wir stellen uns also eine schwierige Frage: Was wäre, wenn die jüngst entfachten Leidenschaften statt zu einer Rückkehr der Politik lediglich zu einer Rückkehr der verkrampften Kulturkämpfe führen?

7.1 Ende der Partei

Die Ära des Endes der Geschichte sah die volle Entfaltung einer langfristigen Dynamik: das Ende der Parteienherrschaft und ihrer Formen der Volkssouveränität.[140] Zwar blieben die alten Trägerorganisationen bestehen – oft, wie in Deutschland, Großbritannien und den USA, unter denselben Namen –, doch in den 1990er und 2000er-Jahren entledigten sich die Parteien ihrer eigentlichen Funktion, soziale Konflikte zu organisieren und die politische Teilung zu strukturieren. Sie wurden mehr zu Anhängseln des Staates – »Kartellparteien« in der Terminologie des Politikwissenschaftlers Peter Mair – als zu organischen gesellschaftlichen Institutionen.[141] Der verstorbene Mair kam zu dem Schluss: »Das Zeitalter der Parteiendemokratie ist vorbei. Die Parteien selbst sind zwar noch da, aber sie haben sich stark von der breiteren Gesellschaft abgekoppelt und verfolgen eine Form des Wettbewerbs, die so sinnentleert ist, dass sie nicht mehr in der Lage zu sein scheinen, die Demokratie in ihrer gegenwärtigen Form zu erhalten.«[142] Wir sind also am Ende des Endes der Geschichte angelangt, mit ausgehöhlten und zerfallenen politischen Parteien.

Die Unfähigkeit und mangelnde Bereitschaft der politischen Parteien, die Frustrationen der Bevölkerung zu lenken, führten zu der in Kapitel 5 beschriebenen Anti-Politik. Aber diese Entwicklung hat auch neue Parteien hervorgebracht, die versuchen, die Distanz zwischen »Politik« und »Volk« zu überwinden. Zwei bemerkenswerte Beispiele sind Podemos in Spanien und die Fünf-Sterne-Bewegung (M5S) in Italien, Parteien, deren »populistische« Elemente auf der Hand liegen: Sie sind gegen »das System«. Dies geht jedoch nicht so weit, dass sie antikapitalistisch agitieren oder für ein anderes System als die repräsentative Demokratie eintreten. Vielmehr richtet sich ihre Opposition gegen die »altmodischen« Koordinaten von links und rechts. An ihre Stelle tritt eine Anti-Establishment-Haltung »außerhalb« der Arrangements von Koalitionen und Parteienpluralismus; letztere werden als korrupt dargestellt. So wird uns ein binärer moralischer Konflikt zwischen einem ehrlichen Volk, das mit »gesundem Menschenverstand« ausgestattet ist, und dem »Krebsgeschwür, das unser Land zerfrisst und das Leben ehrlicher Menschen unmöglich macht«, präsentiert.[143] Gleichzeitig führt der Widerstand gegen jede ideologische Vision von Politik dazu, dass sowohl Podemos als auch M5S das Regieren als eine Frage der »Problemlösung« betrachten. Die Politik wird abwechselnd als technische Lösung oder als pragmatische, auf dem gesunden

Menschenverstand beruhende Lösung behandelt. Das Ergebnis ist dasselbe wie das ursprüngliche Problem: ein unpolitischer Ansatz, den wir als »technokratisch« bezeichnen würden.

Die Herausforderung, die der Populismus der Technokratie während des Endes der Geschichte gestellt hat, führte zu einer neuartigen Verbindung: dem Techno-Populismus. Die aufstrebenden technopopulistischen Parteien kanalisieren die Anti-Establishment-Energie und halten gleichzeitig an ihrer Opposition zur Ideologie und zum Links-Rechts-Schema fest. Sie bieten eine Synthese, die dem Ende des Endes der Geschichte auf traurige Weise angemessen erscheint – eine seltsame Kreatur, die einen wütenden, anti-politischen Antrieb hat, aber durch die abstumpfenden Formen der Vergangenheit eingeengt wird. Variationen dieses Themas finden sich auch auf der Rechten. Die neue extreme Rechte neigt dazu, sich eine Rhetorik des »weder links noch rechts« zu eigen zu machen (Marine Le Pens *Rassemblement National* in Frankreich; Geert Wilders' Freiheitspartei in den Niederlanden) und damit diese Parteien jenseits der traditionellen politischen Koordinaten zu positionieren. Emmanuel Macrons zentristische *La République en Marche*, die vermeintliche Verfechterin der neoliberalen Ordnung, ist ein Amalgam aus technokratischen und populistischen Elementen.

Technische Innovationen haben den Versuch erleichtert, die Parteipolitik wiederzubeleben. Durch die Nutzung sozialer Medien und neuer digitaler Plattformen versuchen die Technopopulisten, direkt mit den einfachen Mitgliedern in Kontakt zu treten, und zwar in einer Beziehung, die sich stark von älteren Formen der Parteiorganisation unterscheidet. Die »Rousseau«-Plattform von M5S ermöglicht es den Mitgliedern nicht nur, bei den Vorwahlen der Partei abzustimmen, sondern auch die zu beschließenden Maßnahmen auszuwählen und sogar an der Ausarbeitung von Gesetzen mitzuwirken. Andere Beispiele gibt es zuhauf: Podemos hat sein Partizipationssystem Consul, die Piratenparteien ihre Demokratie-App LiquidFeedback und La France Insoumise ihre Software NationBuilder. Alle versprechen eine direkte Beteiligung mit dem vorgeblichen

Ziel, bürokratische Apparate und den Karrierismus der Kader zu reduzieren. Dies ist ein Prozess, der als *Disintermediation* bezeichnet wird: das Ausschalten von Mittelsmännern zugunsten einer direkteren Verbindung zwischen Mitgliedern und Führungskräften.[144]

Doch wie bei kommerziellen digitalen Plattformen ist das Engagement individualisiert und bietet wenig Raum für kollektive Überlegungen. Während die Mitglieder also nicht mehr passiv und unbeteiligt sind – wie beispielsweise in der leblosen »Fernsehpartei«, die Berlusconi begründete –, sind sie jetzt nicht aktiv, sondern reaktiv. Das Engagement eines Mitglieds nimmt die Form einer »knappen und ad-hoc-Antwort auf die von oben kommenden Impulse an, manchmal unterstützend, manchmal kritisch und in anderen Fällen immer noch apathisch auf die von der Parteiführung lancierten Aufforderungen zu reagieren.«[145]

Diese Pseudodemokratie entlarvt sich im gezeigten Plebiszitärianismus: Die Anführer schreiben die Speisekarte, die Mitglieder werden bedient. Der Anführer in diesem Modell ist das, was Paolo Gerbaudo den *Hyperführer* genannt hat, die Mitglieder sind die *Superbasis*. Da es keine zwischengeschalteten und repräsentativen Parteistrukturen gibt, ist die Partei auf den charismatischen Hyperführer angewiesen, der ihr Form und Richtung gibt.

Diese Beziehung geht über die Frage der digitalen Plattformen hinaus. Beschreibt der Typ des Hyperleaders nicht Figuren wie Corbyn, Sanders, Iglesias oder Mélenchon – nicht einfach nur Parteiführer, sondern in gewisser Weise Verkörperungen der Hoffnungen und Träume aller Mitglieder? Die Verherrlichung dieser Figuren hat etwas von zeitgenössischer Celebrity- und Fankultur an sich. Man denke nur an die Bernie-Memes oder den Beifall für Corbyn als den »Absolute Boy« – ein halb ironischer Spitzname, der einem zurückhaltenden, undynamischen Politiker den Status eines Superhelden zu verleihen schien. Diese Politiker strahlen keinen Glamour aus, wie es bei traditionellen Berühmtheiten der Fall ist, sondern werden als Inkarnation der Authentizität, der Ehrlichkeit und der Zivilcourage angesehen, die weit über ihre profane Realität hinausgehen.

All dies soll die Rückkehr des politischen Enthusiasmus nicht abtun oder verunglimpfen. Es ist wichtig, an Dinge zu glauben – der Zynismus der Anti-Politik ist selbstzerstörerisch. Aber die unbeholfene, postmoderne, halbironische Vergötterung des populistischen Hyperleaders ist der Demokratie nicht förderlich. Die anhaltende Schwäche der Parteiform lässt die Zukunft also ungewiss erscheinen.

Stattdessen bietet die neue populistische Partei eine begrenzte Politisierung. Eine doppelte Bewegung vollzieht sich: Der anti-politische Angriff auf die Bürokratie und die Leere der neoliberalen Partei besagt, dass die Massen wichtig sind. Gleichzeitig zieht sie die Massen wieder weg, indem sie sie mit einer restriktiven, individualisierten Form der Beteiligung abspeist. Was sich also entwickelt hat, ist »eine technopopulistische Partei, die neue Formen der Teilhabe mit etablierteren Formen selbst ernannten, expertengesteuerten Regierens verbindet«.[146] Darüber hinaus könnte sich sogar ein eher demagogisches Verhältnis, eine Anbetung der Führer, herausbilden. So als würden wir das fehlende Vertrauen der Bevölkerung in die Politik überkompensieren und aus kompromittierten Führungspersönlichkeiten wie Bernie Sanders in den USA Idole machen. Zusammenfassend lässt sich sagen, dass das Ende des Endes der Geschichte den Linkspopulismus hervorbrachte, und dieser Zyklus ist nun zu Ende gegangen. In diesem Moment ist auch die Sozialdemokratie endgültig am Ende angelangt, und die traditionellen Parteien der linken Mitte setzen ihre Todesspirale fort. Die einzige Ausnahme, die britische Labour-Partei unter der Führung von Corbyn, hat sich nun wieder der sozialdemokratischen Meute angeschlossen. Wenn »Pasokifikation« zum gängigen Begriff für die Verstümmelung sozialdemokratischer Parteien[147] und »Syrizifikation« für den Aufschwung und Niedergang des Linkspopulismus geworden ist, so leidet Labour nun unter beidem gleichzeitig. Zumindest in den letzten Jahren – und anders als in den 1990er- und 2000er-Jahren – hatten wir das Gefühl, es könnte etwas verloren gehen.

Im nächsten Kapitel werden wir genauer untersuchen, was wahrscheinlich auf den Linkspopulismus und die Sozialdemokratie folgen wird. An dieser Stelle können wir festhalten, dass der Übergang vom anarchischen Widerstand zur parteipolitisch organisierten Politik der Linken ein wesentliches Merkmal der letzten Jahre war und einen unterbrochenen Versuch der Demokratisierung darstellt. In der folgenden Tabelle sind diese Verschiebungen vom Ende der Geschichte bis heute dargestellt.

Tabelle 7.1: Formen der Linken, 1989 bis 2020

Zeitraum	**Dominant**	**Modus des Widerstands**	**Politische Form**	**Beispiele**	**Sozialdemokratie**
1989–2015	Post-Politik	Neo-Anarchistisch	Führerlos, »Bewegung der Bewegungen«, NGOs	Globale Gerechtigkeitsbewegung, karnevalesker Protest, humanitäre Kampagnen	Rückgang
2016–2020	Anti-Politik	Linkspopulistisch	Linkspopulistische Parteien, Techno-Populismus	Podemos, Syriza, M5S, Corbyn, Sanders	Tod

7.2 Protestiere, soviel du willst

Die Aushöhlung der formalen Politik in den letzten Jahrzehnten – ein Prozess, der fast ein halbes Jahrhundert andauert – hat immer wieder zu der Behauptung geführt, die Politik würde anderswo stattfinden. Als die Wahlbeteiligung ab den späten 1960er-Jahren zu sinken begann und die Zahl der Parteimitglieder ab demselben Zeitpunkt noch deutlicher zurückging, übernahmen die Neuen Sozialen Bewegungen, die sich mit Rasse, Geschlecht, Sexualität und Ökologie befassten, diese Aufgabe. In den 1970er-Jahren gerieten die sozialdemokratischen und korporatistischen Strukturen unter Druck, als die offizielle Politik mit Forderungen von außen überflutet wurde. Das Argument, dass die Politik »anderswo« stattfand – jenseits von Parlamenten und Parteien – klang noch plausibel. Doch als die formale Partizipation am Ende des Kalten Krieges in den Abgrund stürzte, wurde die Vorstellung, dass die Politik einfach nur woanders hin verpflanzt worden war, immer weniger überzeugend. In den 1990er- und 2000er-Jahren wurden die Antiglobalisierungsbewegung, der Aktivismus der Konsumenten und verschiedene Formen des Protests emphatisch als die neue Politik gepriesen. Dabei wurde übersehen, was sich qualitativ verändert hatte: Die Politik für die Masse hatte sich verflüchtigt.

Ein Beispiel sind die Proteste gegen die Invasion des Irak im Jahr 2003. Bei den Demonstrationen gegen den Irak-Krieg erwiesen sich die außerparlamentarischen Formen der Beteiligung (einige der größten Proteste aller Zeiten) als flüchtig und führten kaum zum Aufbau von Organisationen, zu einer breiteren Radikalisierung oder gar zu politischen Auswirkungen (die Kriege des Westens im Nahen Osten wurden unvermindert fortgesetzt). In den schlimmsten Fällen war der Aktivismus hoffnungslos narzisstisch. Konsumaktivismus – wie ethischer Konsum – war nur das offensichtlichste Beispiel für eine neue Form der »Teilhabe«, die nie über eine individualisierte Lifestyle-Politik hinausging. Eine Anhäufung von atomisierten, ethisch motivierten Entscheidungen kam nie einer Massenpolitik gleich, egal wie viele Individuen daran teilnahmen (und meistens taten es die Massen nie).

Von den putzigen Fairtrade-Kampagnen bis hin zur militanten Wut der Demos gegen die Konzerne konnte die »Politik« in dieser Zeit weitgehend als »ethisches ›selving‹« charakterisiert werden – die Schaffung des Selbst als ethisches, moralisch gutes Subjekt. Nach innen gerichtet, bestand dessen sozialer Inhalt bestenfalls in der Schaffung radikaler Subkulturen. Der linke politische Aktivismus entfernte sich zunehmend von den Sorgen, Gewohnheiten und Ansichten der Mehrheit der Arbeiterklasse.

Wenn Politik per se öffentlich ist, kann man das dann überhaupt als Politik bezeichnen? Es handelte sich wohl eher um eine ästhetische

Angelegenheit. Da die Mittel- und Oberschicht stets eine stärkere Verbindung zur offiziellen Politik unterhielt, stammten die Teilnehmer der informellen Politik am Ende der Geschichte aus ihren Reihen. Der junge, politisierte Mittelständler konnte sich in das Gewand der (radikalen) Politik kleiden und eine Fantasie von der »Veränderung der Welt« ausleben, völlig losgelöst von Fragen der staatlichen Macht.

Intersektionalität, ursprünglich ein Versuch, verschiedene, aber ineinandergreifende Formen der Unterdrückung zusammenzufassen, ist zum vielleicht prominentesten Ausdruck eines als Politik getarnten öffentlichen Narzissmus geworden. Sie hat die Frage »Was wollen *wir erreichen*? aufgegeben, zugunsten der Frage »Wer bin *ich*?«. Statt zu fragen »Wohin gehen wir?« schreckt sie vor der Zukunft zurück und fragt sich: »Woher komme ich?« Diese Form der Nabelschau traf schließlich auf ihren bösen Zwilling in Form der Identitätspolitik der Rechten – doch beide hatten die gleiche Nabelschnur. Als sich die Identitätspolitik ihren Weg von den Universitäten zu den Mainstream-Medien, den Marketingabteilungen der Unternehmen und den internationalen Institutionen bahnte, wurde sie eher zu einer hegemonialen Kraft als zu einer radikalen Herausforderung.

Eine neue, »alternative« Rechte nutzte die Verwerfungen der globalen Finanzkrise, um »die Linke« und den Neoliberalismus in einen Topf zu werfen. Am Rande hat diese Neue Rechte sogar einen alten (antisemitischen) Begriff wiederbelebt und ihre Gegner als »Kulturmarxisten« bezeichnet. Auf diese Weise scherte sie alle über einen Kamm, von den Davoser »Globalisten« bis zu den linken Antirassisten. Infolgedessen stehen sich heute der »progressive Neoliberalismus« auf der einen Seite (vom »Davos Man« bis Black Lives Matters) und der »reaktionäre Populismus« auf der anderen Seite gegenüber.

Diese beiden Lager vertreten unterschiedliche Formen der Identitätspolitik. Progressive Neoliberale gruppieren Minderheitenidentitäten unter der Führung von »Globalisten«, während reaktionäre Populisten vorschlagen, für eine mehrheitliche »indigene« Identität in westlichen Staaten zu sprechen, die angeblich durch Migration bedroht ist.

Ein Grund für diese neue Uneinigkeit besteht darin, dass die neuen sozialen Bewegungen größtenteils das Ergebnis eines Aufschwungs der Mittelschicht sind. Um nicht missverstanden zu werden: Die weltweiten Proteste und sozialen Bewegungen in den 2010er-Jahren wurden nicht ausschließlich von Fach- und Führungskräften getragen, und auch nicht ausschließlich von Wohlhabenden. Oft umfassten diese Protestbewegungen viele prekär Beschäftigte und diejenigen, die wirtschaftlich nicht zuletzt mit den Immobilienpreisen in den Städten zu kämpfen hatten, unabhängig von der Art ihrer Arbeit. Wir wollen vielmehr vermitteln, dass die Politik dieser Bewegungen von der Mittelschicht *geprägt* war. Auch wenn Menschen aus der Arbeiterklasse an diesen Protesten teilgenommen haben, sprachen die Proteste selbst nicht *als* oder *für* die Arbeiterklasse. Die Proteste sind weder aus Kämpfen am Arbeitsplatz noch – mit einigen bemerkenswerten Ausnahmen – aus der Arbeiterklasse selbst hervorgegangen. Noch viel weniger wurden sie von selbstbewussten proletarischen Parteien oder Bewegungen organisiert. Von einigen Ausnahmen außerhalb Europas und Nordamerikas abgesehen, waren es auch keine Aufstände der Armen. Oft handelte es sich um Massen wütender Einzelpersonen aus allen Gesellschaftsschichten, die sich kurzzeitig auf der Straße – oder im Internet – zusammenfanden.

All dies wird durch die Daten zu den Arbeitskämpfen bestätigt (siehe Tabelle 7.2 unten). Seit dem Ende des Kalten Krieges ist die Militanz der ArbeitnehmerInnen fast überall stetig oder deutlich zurückgegangen. Selbst der Anstieg der Generalstreiks in Europa während der Krise in der Eurozone 2010–13 hat sich schnell wieder auf den langfristigen Durchschnitt zurückgeschraubt. Weder die Bewegung um Bernie Sanders noch der von Corbyn ausgelöste Zustrom neuer Mitglieder in die britische Labour Party gingen mit einem ernsthaften Anstieg der Arbeitskämpfe einher. Die linke Politik mag wieder da sein, aber es fehlt ihr der übliche Antrieb.

Man könnte argumentieren, dass die Fokussierung auf Arbeitskämpfe eine zu restriktive Definition von »richtiger Politik« ist und das Risiko birgt, neue Formen der Politisierung außer Acht zu lassen. Dennoch lohnt es sich, die historische Bedeutung der Beteiligung der Arbeiterklasse bei der Herausbildung der modernen Demokratie und Massenpolitik hervorzuheben. Eine aktuelle Studie über hundert Jahre Protest zeigt, dass sich demokratische Reformen viel leichter erreichen lassen, wenn die Arbeiterklasse bei den Protesten eine wichtige Rolle spielt.

Tabelle 7.2: Jährliche Durchschnittswerte der durch Arbeitskämpfe verlorenen Arbeitstage je 1000 Lohn- und Gehaltsempfänger, ausgewählte OECD-Länder

Land	1985	1990	1995	2000	2005	2010	2015
Australien	223	207	79	61	26	13	8
Chile	x	78	96	29	23	64	55
Frankreich	727	528	784	581	164	318	74
Deutschland	2	14	8	0	1	1	31
Italien	266	342	65	59	56	x	x
Großbritannien	304	84	19	21	9	15	6
USA	73	55	51	161	13	2	5

Wenn die Proteste dagegen überwiegend in der Mittelschicht ihren Ursprung haben, sind die Anzeichen für soziale und politische Verbesserungen weitaus zweideutiger.[148] Dies widerspricht den liberalen Annahmen, die Proteste von unten für organisch autoritär erachten und die gebildeten, besser gestellten Mittelschichten als Hort liberal-demokratischer Normen darstellen. Zusammenfassend lässt sich sagen: Ohne eine signifikante Beteiligung der Arbeiterklasse wird der Protest scheitern.

Deutet die zunehmende Häufigkeit der Proteste nicht darauf hin, dass aufgrund des Versagens der etablierten Politik, die Wünsche der Menschen zu vertreten, der Protest der Ausgangspunkt für eine neue Massenpolitik ist? Werfen wir einen Blick auf die Zusammensetzung der Proteste.

Systematische Studien zeigen, dass die Protestierenden in Europa jünger sind und eher der Mittelschicht angehören als die Allgemeinbevölkerung.[149] Es handelt sich dabei um dieselben gebildeten Experten, die klassischerweise als die Haupttteilnehmer der Neuen Sozialen Bewegungen identifiziert wurden. Natürlich gibt es Unterschiede je nach Art des Protests. Wirtschaftliche Proteste sind eher der Arbeiterklasse zuzuordnen und instrumentell ausgerichtet, während kulturelle Proteste eher der Mittelschicht zuzuordnen sind und auf eine Sensibilisierung abzielen. Im Großen und Ganzen sind es jedoch die Jugend und die Mittelschicht, die heute den Protest vorantreiben. Die Kluft ist nicht nur eine Frage der Generationen. Es gibt zwei Mittelschichten, die soziokulturell geteilt sind. Die eine ist dem öffentlichen Sektor zugewandt und besteht aus Akademikern, Managern und Fachleuten des öffentlichen Sektors, Anwälten, Beamten, Lehrern usw. – und die andere ist dem Markt zugewandt. Es ist die erstgenannte Gruppe, die nun zunehmend in linken Bewegungen mobilisiert wird.

Bevor wir dieses Spannungsverhältnis untersuchen, sollten wir auf einige wichtige Ausnahmen hinweisen. In Frankreich hat sich die Bewegung der »Gilets Jaunes« (Gelbwesten) nicht als Arbeitskampf, sondern als Konsumbewegung entwickelt. Da sie sich jedoch auf die Lebenshaltungskosten konzentrierte, war sie natürlich plebejischer als die anarchischen Anti-Globalisierungsproteste der 1990er- und frühen 2000er-Jahre. Dies zeigte sich auch in der Zusammensetzung der Bewegung, die nicht nur »von unten«, sondern auch »von außen« kam: Die Aktivisten stammten hauptsächlich aus dem Hinterland der Mittel- und Kleinstädte und den ländlichen Gebieten, wo die Bewegung ihren Ursprung hatte. Die Ungleichheit in Frankreich hat zunehmend einen geografischen Charakter: Die städtischen Metropolen saugen Reichtum, Ressourcen und Talente auf, während die Provinzen stagnieren. In Städten wie Paris schießen die Mieten und andere Kosten in die Höhe, und die Stadtzentren werden immer unerschwinglicher. Infolgedessen werden sie zur Heimat von gut situierten Fachkräften und der prekären Dienstleistungsklasse, die sich um deren Bedürfnisse kümmert. Die Linke hat in letzter Zeit dazu tendiert, vor allem die radikalisierten Mittelschichten oder Teile der eingewanderten Arbeiterklasse in den Großstädten anzusprechen, oft eher aus identitären als aus wirtschaftlichen Gründen. Gleichzeitig verlor die Linke den Anschluss an die breite Arbeiterklasse in den industriellen und insbesondere postindustriellen kleineren Städten. Doch gerade aus diesen letztgenannten »zurückgebliebenen« Gebieten sprangen die Gelbwesten auf die nationale Bühne.

Das Beispiel wird hier aus folgendem Grund angeführt: Wenn die Rückkehr der Politik ein echtes Massenphänomen werden soll, scheinen die Gelbwesten eine plausiblere Vision zu sein als Proteste wie der Klimastreik – um ein Beispiel zu nennen –, der von der Mittelschicht dominiert wird. Wenn der gewerkschaftliche Organisationsgrad auf einem historischen Tiefstand angelangt ist und großspurige Aufrufe zum Generalstreik eher Schwäche als Stärke zeigen, dann erscheinen soziale Bewegungen, die sich auf Verteilung und Konsum konzentrieren – und nicht auf die Produktion – vielversprechender.

Die Tatsache, dass die Gelbwesten von den Medien und der linksliberalen Intelligenz in Frankreich gemieden werden (sei es, weil sie maßlos sind, weil sie mit der umweltpolitischen Orthodoxie der höheren Treibstoffkosten brechen, oder weil sie »rassistisch« sind – das gängige Schimpfwort, wenn sich die Arbeiterklasse in Bewegung setzt), sollte zumindest auf das Potenzial dieser Bewegung hinweisen. Da sich dieser Protest gegen dieselbe Art von geografischen Ungleichheiten richtete, die in fast allen reichen Ländern des globalen Nordens so offensichtlich geworden sind, lässt er auf eine gewisse Wiederholbarkeit schließen.

7.3 Die radikalisierte Mitte

Die Entstehung einer neuen Linken, die sich um die Wahl Corbyns zum Vorsitzenden der Labour-Partei in Großbritannien und die Kampagne von Bernie Sanders zum demokratischen Anwärter auf die US-Präsidentschaft rankt, deutet auf eine Radikalisierung hin. Da diese Entwicklungen jedoch nicht von der Mobilisierung der ArbeiterInnen getragen wurden, stellt sich die Frage, was sie angetrieben hat. Eine häufig vorgebrachte Erklärung lautet, die nach unten mobilen Mitglieder der Mittelschicht, insbesondere die Millennials und Zoomers (d. h. die beiden nach 1981 geborenen

Generationen), hätten sich nach links gewandt. Die Figur des »Absolventen ohne Zukunft«, die durch die weggefallenen Beschäftigungsmöglichkeiten und die Belastung durch steigende Studienkredite und Wohnkosten in den Städten politisiert wurde, hat die neue Politik angetrieben. Die Vorzeigepolitik der Kampagnen von Bernie Sanders und Jeremy Corbyn für eine kostenlose Hochschulbildung ist ein Hinweis auf diesen Wandel.

Die Rolle der Bildung ist sicherlich einer der wichtigsten Dreh- und Angelpunkte der heutigen Politik. In den USA und in Großbritannien hat die Hochschulbildung in den vergangenen Jahrzehnten erheblich zugenommen. Die Zahl der Personen mit abgeschlossener Hochschulbildung stieg in den USA zwischen 1990 und 2010 von 20,7 % auf 26,8 %. Die Einschreibungsrate für die 18- bis 24-Jährigen ist zwischen 1990 und 2015 ebenfalls von 32 % auf 40,5 % gestiegen. Im Vereinigten Königreich erhöhte sich der Anteil der Personen mit abgeschlossener Hochschulbildung zwischen 1990 und 2010 von 9 % auf 15,3 %, und die Erwerbsquote (Personen mit Hochschulbildung bis zum Alter von 30 Jahren) erreichte im letzten Jahr, für das Zahlen verfügbar sind (2017/18), 50,2 %.[150]

Als die Informationstechnologie und andere Veränderungen der Arbeitsprozesse weniger qualifizierte Angestelltenjobs vernichteten, propagierten die politischen Eliten die Hochschulbildung als Mittel zur Vorbereitung der Arbeitskräfte auf die neue Wirtschaft. Das war natürlich eine Lüge, denn es gab nicht genügend neue, gut bezahlte Arbeitsplätze, um die neuen AbsolventInnen aufzufangen – vor allem nicht nach der Weltwirtschaftskrise. Eine Generation sah sich mit der Aussicht konfrontiert, schlechter gestellt zu sein als ihre Eltern, und die Geschichte zeigt, dass nichts so radikalisiert wie enttäuschte Erwartungen. Aber diese Begegnung von Teilen der Mittelschicht mit linker Politik fiel naturgemäß anders aus als die von ArbeiterInnen oder Randgruppen in früheren Epochen. Würden diese jungen Menschen aus der Mittelschicht eine ausreichend große Basis bilden, um eine neue radikale Politik aufzubauen? Und würden sie zu Verbündeten für die traditionelle ArbeiterInnenklasse werden? Klarheit kann eine Debatte bringen, die in jüngster Zeit über die Bedeutung und die politischen Neigungen der »professional-managerial class« (PMC) entstanden ist.

PMC wird zunehmend als Bezeichnung verwendet, um besser gestellte Progressive zu kritisieren, deren Engagement in der linken Politik verschiedene Spielarten spaltender Identitätspolitik und narzisstische Pathologien aufweist. Dabei wurde die »professional-managerial class« ursprünglich als soziologisches Konzept von Barbara und John Ehrenreich in den 1970er-Jahren entwickelt.[151] Die Ehrenreichs analysierten, wie sich die Neue Linke der 1960er- und 1970er-Jahre auf unterschiedliche Weise zur Arbeiterklasse verhielt, indem sie als Teil von ihr erschien, sich aber gleichzeitig von ihr abgrenzte. Was sie als die Klasse der Fach- und Führungskräfte bezeichneten, war weder die Großbourgeoisie (Kapitaleigner) noch die alte Mittelschicht der Selbstständigen wie Ärzte und Anwälte, kleine Handwerker, selbstständige Landwirte und so weiter. Oft waren sie in großen Unternehmen und Organisationen beschäftigt, wie die Arbeiterklasse, aber sie waren als Manager, Akademiker, Lehrer, Verwaltungsangestellte, technische Angestellte, Kulturproduzenten, Ärzte, Rechtsanwälte usw. tätig. Sie unterschieden sich also funktional von den Arbeitern. Wie die Ehrenreichs es ausdrückten, handelte es sich dabei um »angestellte geistige Arbeiter, die nicht im Besitz der Produktionsmittel sind und deren Hauptfunktion in der gesellschaftlichen Arbeitsteilung allgemein als die Reproduktion der kapitalistischen Kultur und der kapitalistischen Klassenbeziehungen beschrieben werden kann«.[152]

Die PMC ist also keine Klasse im eigentlichen Sinne. Sie hat weder ein strukturell antagonistisches Verhältnis zu Kapital oder Arbeit, noch ist sie ein Überbleibsel wie das Kleinbürgertum (Kleineigentümer, von denen viele in früheren Phasen der kapitalistischen Entwicklung ausgelöscht wurden); sie ist ein Produkt des Monopolkapitalismus. Diese zweideutige Position erlaubt es den Mitgliedern der PMC, sich je nach Kontext auf die eine oder andere Seite des Klassenkampfes zu stellen.

In fortgeschrittenen kapitalistischen Gesellschaften hat die Zunahme von Arbeitsplätzen im Dienstleistungssektor, die sich auf »immaterielle

Arbeit« in der »Wissensökonomie« stützen, größere Teile der Bevölkerung dazu veranlasst, eine Hochschulausbildung zu absolvieren, wodurch die Reihen der PMCs anwuchsen. Doch dann kam die Weltwirtschaftskrise und spaltete diese aufstrebende Schicht. In einer Reflexion aus dem Jahr 2013 stellte Barbara Ehrenreich fest, dass die Klasse nun in Trümmern liegt:

> Am wohlhabenderen Ende des Spektrums wechseln qualifizierte Fachkräfte zu lukrativeren Stellen im direkten Dienst des Kapitals: Wissenschaftler geben ihre Forschung auf, um »Quants« an der Wall Street zu werden; Ärzte können ihr Einkommen verdoppeln, indem sie als Investmentanalysten für die Finanzindustrie arbeiten oder »Concierge«-Praxen für Wohlhabende eröffnen. Am weniger begünstigten Ende des Spektrums landen Journalisten und promovierte Soziologen oder Literaturwissenschaftler in der Beschäftigung im Einzelhandel. Dazwischen finden Beschäftigte des Gesundheitswesens, Anwälte und Professoren ihr Arbeitsleben immer stärker eingeengt und durch unternehmensähnliche Betriebe geregelt.

Diese Abwärtsmobilität ist nichts anderes als das, was die alte industrielle Arbeiterklasse Jahrzehnte zuvor durch die Deindustrialisierung erlebt hatte. Alte sichere Arbeitsplätze werden vernichtet und erworbene Fähigkeiten werden überflüssig oder finden jedenfalls keine Wertschätzung mehr auf dem Markt. Die alte PMC, die von den Ehrenreichs analysiert wurde, war von einem Geist der Fachkompetenz motiviert und stellte sich eine Gesellschaft vor, die von der Vernunft regiert wird und in der sie die intellektuelle, wenn auch nicht politische Führung übernimmt. Doch wurde diese Abmachung nicht eingehalten.

Einerseits leiden daher die oberen Schichten der PMC, insbesondere diejenigen, die die politische Klasse bilden oder mit ihr verbündet sind, unter dem Syndrom des Zusammenbruchs der neoliberalen Ordnung. Die wirtschaftlichen Strömungen und politischen Beziehungen, die ihnen eine beneidenswerte Stellung in der Gesellschaft verschafft haben, haben sich als unhaltbar erwiesen, und nun stehen die Barbaren vor den Toren. Die Gesellschaft, von der sie glaubten, dass sie von der Vernunft regiert wird, muss auf diese Herausforderung reagieren. Daher die Panik vor »Fake News« und »Post-Wahrheit« – ein Vorwurf der Unvernunft, der all jenen entgegengeschleudert wird, die ihre bequeme Stellung und insbesondere ihre soziale und politische Autorität stören wollen. Auf der anderen Seite wurden die weniger mobilen Teile der PMC – und insbesondere die jüngeren Generationen, die von den steigenden Mieten und Studiengebühren stärker betroffen sind als die älteren Generationen, die eine Hochschulausbildung absolviert und Immobilien zu geringeren Kosten erworben haben – zu linker Politik getrieben. Dies hat in ganz Nordamerika und Westeuropa soziale Forderungen zu materiellen Fragen, insbesondere in den Bereichen Gesundheit, Wohnen und Bildung, gestärkt, die sich gegen die jahrzehntelange neoliberale Austerität richten.

Doch es gibt eine Kehrseite der Medaille: Sie bringt eine fragwürdige Politik mit sich. Amber A'Lee Frost hat diese Probleme so dargestellt, wie sie sich bei den Democratic Socialists of America (DSA) auswirken, jener Organisation, die am meisten von den soeben beschriebenen Veränderungen profitiert hat. »Im Gegensatz zu einer funktionierenden Gewerkschaft ist die DSA trotz ihrer angeblichen Feindschaft zum Kapitalismus nicht besonders feindlich gegenüber den Kapitalisten eingestellt. Sie produziert jedoch zahllose getrennte ›Arbeitsgruppen‹, mit Bindestrichen versehene Interessengruppen, eine umfangreiche Beschwerdepolitik und lange Listen von politischen Forderungen ohne Prioritäten, die alle an die Ängste der Mitglieder der PMC appellieren, von denen viele hingefallen sind – und nicht mehr aufstehen können.«[153] So ergibt sich eine Tendenz in der PMC, ihre Klasseninteressen nicht anzuerkennen, gerade weil sie die uneigennützige Expertise betont. Dies führt zu Pathologien, bei denen die PMC ihre Sorgen auf die Arbeiterklasse projiziert und sich als deren Beschützer aufspielt. Wenn dies auf wenig Gegenliebe stößt, kann die Reaktion böse ausfallen.

7.4 Den falschen Krieg führen

Leider geht der Aufschwung des linken Aktivismus Hand in Hand mit dem »großen Erwachen« (»great awokening«), wie der Journalist Matthew Yglesias es nannte. In den USA haben sich weiße Liberale in den letzten zehn Jahren in Bezug auf Rasse, Geschlecht und Sexualität erheblich radikalisiert.[154] »Intersektionalität« ist vor allem ein Mittel für hoch gebildete Liberale, sich zu profilieren, und für die Oberschicht von Minderheitengruppen, um sich in einflussreiche Positionen zu bringen. Noch schlimmer: Diese Haltung deutet materielle Beziehungen in symbolische um, sodass beispielsweise die Probleme einer schwarzen Frau nur eine Folge der Rassen- und Geschlechterunterdrückung sein können und nur auf ihre Existenz als schwarze Frau zurückzuführen sind. Solidarität über Rassen-/Geschlechts-/Sexualitätsgrenzen hinweg ist dann unmöglich oder unnötig. Sie wird nur als schwarze Frau angesprochen, niemals als Arbeitnehmerin oder Bürgerin. Die Radikalisierung des kulturellen Liberalismus ist so ausgeprägt, dass sogar ein Mitglied des Combahee River Collective, einer Gruppe schwarzer lesbischer Feministinnen der Neuen Linken, die den Begriff »Identitätspolitik« geprägt hat, gegen die Fragmentierung und Egozentrik Stellung bezog – und Bernie Sanders[155] unterstützte, einen Politiker, der von den PMC-Liberalen verleumdet wurde, weil er angeblich Rasse und Geschlecht nicht gebührend berücksichtigte.[156]

Eine damit zusammenhängende Entwicklung, die ebenfalls im Widerspruch zur Klassenpolitik steht, ist eine neue, wütende Generationenpolitik. Unter dem Motto »OK, Boomer« wird denjenigen, die in früheren Jahrzehnten erwachsen wurden, vorgeworfen, die nachfolgenden Generationen über Gebühr belastet zu haben. Die Baby-Boomer, die von billigerem Wohnraum und kostenlosem Studium profitierten, werden für die Ungleichheit zwischen den Generationen verantwortlich gemacht und dafür, dass sie den Planeten verwüstet und den jüngeren Generationen nichts hinterlassen haben.

So real die Ungleichheiten zwischen den Generationen auch sind, so wenig lässt sich daraus schließen, dass die *Generationenpolitik* eine Lösung bietet. Die Tatsache, dass die älteren Generationen relativ besser gestellt sind, macht sie nicht zu »Gewinnern« der gesellschaftlichen Entwicklung. Eine derartige Polarisierung entlang der Generationenlinien dient nur dazu, die Klasse als das grundlegende Verhältnis, das die Gesellschaft formt, zu verschleiern. In der Tat ist der Generationenkrieg heute eine spezifische Symptomatik der Mittelschicht. Dabei kritisiert ein Kind seine Eltern dafür, dass sie ihm nicht das geben, was ihm »zusteht«. Die Anspruchshaltung ist offensichtlich. Ausgelöst durch die Abwärtsmobilität, die Unfähigkeit, sich als Klasse zu reproduzieren oder auf individueller Ebene den Lebensstandard zu erreichen, den ihre Eltern hatten, wendet sich der Jugendflügel der PMC der Generationenpolitik zu, um seine Schwierigkeiten zu erklären.

Die hier skizzierten Entwicklungen deuten darauf hin, dass bedeutende politische Umschichtungen im Gange sind. Natürlich ist nicht jeder Mittelschichtler plötzlich links geworden, und auch die Arbeiterklasse ist nicht massenhaft rechts geworden – das hieße, die Propaganda der Rechtspopulisten zu übernehmen. Aber zu verstehen, wie sich die Mittelschicht verändert, wirft ein Licht auf die Politik unserer Zeit.

Joel Kotkin, ein amerikanischer Geograf, stellt den relativen Niedergang der traditionellen Mittelschicht von Kleinunternehmern fest, kleinen Grundbesitzern, Handwerkern und Kunsthandwerkern. Parallel dazu sehen wir den Aufstieg der (oberen) PMC. Für Kotkin ist dieses Klassenfragment die »neue Klerikalität«.[15] Mit der Wahl dieses Begriffs – in Anlehnung an Samuel Coleridge, der ihn in den 1830er-Jahren zur Beschreibung religiöser Orden verwendete – lenkt Kotkin unsere Aufmerksamkeit auf die *ideologische* Rolle, die diese Schicht spielt. Sie ist in öffentlichen und quasi-öffentlichen Einrichtungen wie Universitäten, Medien, Nichtregierungsorganisationen und der staatlichen Bürokratie zu finden und dient nicht in erster Linie der wirtschaftlichen Produktion, sondern der Produktion von Kultur und Moral. Der neue Klerus steht dem Staat im

Allgemeinen wohlwollend gegenüber und akzeptiert höhere Steuern und Regulierungen. Nach Angaben von Michael Lind macht diese Schicht etwa 15 Prozent der heutigen Gesellschaft in den USA aus.[158] Für Kotkin gibt es keinen strukturellen Gegensatz zur Oligarchie, da es letztere ist, die die NGOs, Universitäten und so weiter finanziert.

In Frankreich hat Christophe Guilluy ähnliche Tendenzen beobachtet. Für ihn ist die großstädtische, gebildete obere Mittelschicht davon überzeugt, dass es keine Klasse gibt. In der Vergangenheit waren sich ihre traditionellen Pendants des Klassenkampfes bewusst, benahmen sich daher elitärer und verteidigten Ordnung, Tradition und Moral. Heute schätzt diese neue Klasse vor allem Offenheit, Modernität und Vielfalt. Aber Vielfalt ist etwas, das sie für andere einfordert, während sie in den gentrifizierten Stadtkernen wohnt und somit keine echte Vielfalt in ihrem Umfeld akzeptiert. Diese relativ privilegierte Schicht geht von einer moralischen Überlegenheit aus, wobei sie die Existenz von Hierarchien nicht anerkennt.[159]

Es ist bemerkenswert, dass die antipolitischen Revolten vor allem auf diesen Teil der Mittelschicht abzielen, zu deren Bestürzung. Wie Amber A'Lee Frost bemerkt hat: Wenn diese Schicht hört, wie sich »die Phrase ›liberale Elite‹ auf die progressive PMC bezieht, geht sie davon aus, dass es sich dabei nur um eine Hundepfeife handeln kann, die den Unmut der Arbeiterklasse gegen sie selbst schüren soll.«[160] Im Gegenzug äußert sie: Warum nicht die Wirtschaftselite angreifen, denn sie ist für eure Probleme verantwortlich? Aber der Zorn gegen gebildete Liberale ist real. Die Unternehmerklasse und die Mitte-Rechts-Parteien, denen sie angehört, mag wirtschaftliche Macht besitzen und verteidigen, ist aber relativ amoralisch. Sie predigt Eigeninteresse und den Markt. Wenn man der Politik nicht traut, scheint es die sicherste Option zu sein, sich um sich selbst und die Seinen zu kümmern. Mitte-Rechts mag mit einer sparsamen Vision hausieren gehen, aber sie verspricht auch nicht mehr. Die linke Mitte nimmt sich selbst die moralische Aufgabe ab, die Gesellschaft fortschrittlicher zu machen. Ihre enge Identifikation mit der Politik legt nahe, dass ihr einziges Ziel darin besteht, über alle anderen zu herrschen.

Sollte diese Beschreibung unbegründet erscheinen, so sei auf die jüngsten Arbeiten des französischen Wirtschaftswissenschaftlers Thomas Piketty verwiesen. In einer mehrdimensionalen Analyse der Ungleichheit kommt Piketty zu dem Schluss, dass die Linke zur Partei der intellektuellen Elite geworden ist (was er als »brahmanische Linke« bezeichnet), während die Rechte als die Partei der Wirtschaftselite (oder »kaufmännische Rechte«) betrachtet werden kann. Auf der Grundlage von Nachwahlbefragungen in den USA, dem Vereinigten Königreich und Frankreich von der Nachkriegszeit bis heute zeigt Piketty, wie sich linke Parteien von Arbeiterparteien zu Parteien der Hochgebildeten entwickelt haben.[161]

Die Linke[162] verfügt heutzutage über einen höheren Stimmenanteil unter den Hochschulabsolventen als unter den Nicht-Hochschulabsolventen, und die Beteiligung der oberen 10 Prozent an der linken Wählerschaft übersteigt die der unteren 90 Prozent. Folglich lässt sich »links gegen rechts« nicht auf Klassenlinien abbilden. Stattdessen repräsentiert die Linke die Wähler mit hohem Bildungsniveau und die Rechte die Wähler mit niedrigem Bildungsniveau. Dies hat zu einem »Multi-Elite«-Parteiensystem geführt, in dem sich die intellektuelle Elite und die Wirtschaftselite gegenüberstehen, die jeweils Koalitionen aus dem Rest der Gesellschaft zusammenschustern.

Noch bemerkenswerter ist vielleicht, dass sich auch bei den Einkommensverhältnissen eine Umkehr vollzieht, sodass die Linke immer mehr Wähler mit hohem Einkommen und hohem Bildungsniveau anzieht, während die Rechte Wähler mit niedrigem Einkommen und niedrigem Bildungsniveau anzieht, was eine fast vollständige Neuausrichtung des Parteiensystems darstellt. Natürlich sind die als »links« eingestuften Parteien nicht besonders links, aber da der Anteil der radikalen Linken an den Wählerstimmen gering oder fast nicht vorhanden ist, haben wir es mit einer Wahl zwischen liberalen und konservativen Parteien zu tun, wobei erstere zunehmend die Partei der gut Betuchten und Gebildeten ist.

Als Folge dieser Neuausrichtung spielt sich die Politik nun häufig in den Kategorien Globalisten versus Nativisten ab. Da die Wahlbeteiligung am unteren Ende der Einkommens- und Bildungsskala sinkt, handelt es sich um eine Wahlpolarisierung, die sich vor allem in der Mittelschicht abspielt, im weitesten Sinne. So wie sich die junge, abwärts mobile PMC nach links radikalisiert hat, hat sich das alte, marktorientierte Kleinbürgertum hart gegen den Liberalismus gewandt und für Trump, die UKIP/Brexit Party oder Le Pens Rassemblement National gestimmt.[163]

Was wir also vorfinden, ist in erster Linie ein *Kultur*kampf. Der Zusammenbruch der neoliberalen Ordnung hat die Möglichkeit der Politik eröffnet. Die Verwerfungen können zur Klassenpolarisierung führen, zum Bewusstsein einer Gesellschaft, die in Arbeiter, die produzieren, und Kapitalisten, die die Früchte ernten, geteilt ist; aber unsere Epoche eröffnet auch andere Wege. Die kulturelle Polarisierung – der Kulturkampf – ist eine Abwärtsspirale, die sich vor uns aufgetan hat. Und da sie durchaus in der Lage ist, den Volkszorn einzufangen und zu organisieren, stellt sie eine echte Gefahr dar. Wie der Historiker der US-Kulturkämpfe, Andrew Hartman, feststellte, »haben sich kulturelle Konflikte mit klassenbasierten Unstimmigkeiten zu einer ungewöhnlich toxischen Politik verschmolzen«.[164] Die alten Kulturkämpfe, die die USA seit den 1960er-Jahren polarisierten, wurden über Sexualität, Religion und die Familie ausgetragen. Heute sind sie enger mit den sich verändernden wirtschaftlichen Bedingungen verbunden, wobei Globalisierung, Einwanderung und Identität die wichtigsten Trennlinien sind. Und das Internet hat diese Spannungen noch verschärft, wobei die kulturelle Linke eine bösartige Reaktion der postmodernen Rechten provoziert hat – wie in der Studie von Angela Nagle über die »Alt-Right« nachzulesen ist.[165]

In den USA gibt es kaum Anzeichen für eine Polarisierung in der breiten Masse der Bevölkerung. Was stattdessen stattgefunden hat, ist eine Sortierung der Parteien, sodass die Demokraten und Republikaner ideologisch homogener geworden sind und sich von den eher diffusen und breit aufgestellten »Sammelparteien« entfernt haben, die sie in der Vergangenheit waren. Aber nicht nur die Homogenität der politischen Positionen, sondern auch die Homogenität der geografischen religiösen Merkmale und jener von Verhalten, Einstellung und Bildung hat zugenommen. Die säkulare, küstennahe, sozial-liberale Frau mit Hochschulabschluss ist daher mit zunehmender Wahrscheinlichkeit eine Demokratin; dies ist kein bloßes Klischee. Die politische Polarisierung, von der die Unterstützung für Donald Trump und Bernie Sanders zeugt, ist also ein Produkt der Radikalisierung unter den bereits Politisierten.[166] Auch dies ist eine weitere Facette einer Mittelschicht, die sich in rivalisierende Lager aufgespalten hat, die sich entlang klassenbedingter, aber letztlich kultureller Grenzen streiten.

Nicht nur die USA sind von neuen Kulturkämpfen zerrissen, auch Großbritannien und sogar kontinentaleuropäische Länder sind in ähnliche Spaltungen verfallen. Man denke nur an Frankreichs Anti-Homosexuellen-Ehe-Bewegung oder, am auffälligsten, an die Proteste in Solidarität mit dem Tod von George Floyd, die von Großbritannien über Dänemark bis nach Neuseeland ausbrachen. Wokeness ist global geworden. In der Tat sind Kulturkämpfe weit über den entwickelten Westen hinaus ausgebrochen. 2015 wurde Südafrika von den Rhodes-Must-Fall-Protesten erschüttert.[167] Brasilien hat sich im Laufe des in Kapitel 5 näher beschriebenen Zeitraums zwischen dem *antipetistischen* und dem progressiven Lager polarisiert,[168] wobei das erstere schließlich 2018 Jair Bolsonaro wählte. Auch wenn sie sich der Sprache der Klasse bedienen, sind die Protagonisten in diesem Kampf nicht entlang der Klassenlinien gespalten – es handelt sich um einen Kulturkampf zwischen Lagern der Mittelschicht, die jeweils vorgeben, die Massen zu vertreten, wenn auch auf unterschiedliche Weise. Die Kulturkämpfe in der Türkei sind weithin diskutiert worden, aber auch sie scheinen auf zweideutige Weise mit der Klasse verknüpft zu sein. Die Proteste im Gezi-Park 2013 waren im Prinzip eine Ablehnung des Neoliberalismus, aber sie wurden von der gebildeten Mittelschicht dominiert, während Erdogans Basis das Kleinbürgertum in der Provinz ist.

Solange die Arbeiterklasse und die Gewerkschaften nicht anfangen, sich zu bewegen und mit ihrer eigenen Stimme zu sprechen, stehen wir leider vor einem Rätsel: Was sollen wir mit der linksgerichteten PMC machen, da sie in der Lage ist, sozialistische Politik abwechselnd zu unterstützen und zu sabotieren? Die Standardantwort lautet, dass die Parteien der linken Mitte die Unterstützung der Arbeiterklasse verloren haben, weil sie kulturell fortschrittliche Werte auf Kosten einer wirtschaftlichen Umverteilungspolitik vertraten (was zweifellos stimmt) –, also wird die Wiedereinbeziehung der materiellen Forderungen das Problem lösen. Und doch hat die Aufnahme einer Politik der Umverteilung die Arbeiter nicht zurückgewonnen, wovon Corbyns Scheitern zeugt.

Um zum Anfang dieses Kapitels zurückzukehren: Die »Leere« bleibt bestehen, und sie wird nicht allein durch politische Versprechen überbrückt werden. Der tatsächliche Schwund der vermittelnden Organisationen (Gewerkschaften, örtliche Parteisektionen, soziale Vereine) und die große kulturelle Distanz zwischen den BürgerInnen der Arbeiterklasse und den Aktivisten der Linken bedeuten, dass es nicht ausreicht, einfach »nach links« zu schwenken. Wenn das Vertrauen in die Politik so gering ist, sind Versprechen nur Worte auf einem Blatt Papier. Wenn sie aus den Reihen der fortschrittlichen PMC und über dieselben Parteien kommen, die die Arbeiterklasse zuvor im Stich gelassen haben, wäre es ein großer Vertrauensvorschuss, wenn man ihnen seine Zukunft anvertrauen würde.

Die Entflechtung des Gewirrs demografischer Spaltungen, die sich mit dem Zusammenbruch der neoliberalen Ordnung verschärft haben, ist daher von entscheidender Bedeutung, damit der echte Klassenantagonismus deutlich sichtbar wird. Die Tatsache, dass Äußerungen des Klassenantagonismus möglicherweise nicht den Erwartungen an die Höflichkeit entsprechen, die von den PMC-Liberalen in Online-Debatten gepflegt werden, wird zweifellos viele Linke abschrecken. Dies war bei der Reaktion auf die Gelbwesten oder den Brexit zu beobachten. Beide sind kein eindeutiger Ausdruck der Revolte der Arbeiterklasse, aber es liegt in der Natur des Endes des Endes der Geschichte, dass die Klassenpolitik in verschiedenen Formen auftauchen wird. Die Aufgabe der Linken besteht darin, den radikalen Kern aus der Schale zu holen.

KAPITEL 8

Ideologien der nahen Zukunft

Das bestimmende politische Merkmal unserer Zeit ist der Autoritätsverlust des politischen Establishments und die gleichzeitige Schwäche einer Linken, die nicht in der Lage ist, die Gunst der Stunde zu nutzen. Wenn die Anti-Politik heute die vorherrschende politische Kraft ist, dann wird die Art und Weise, wie die etablierten Kräfte darauf reagieren, die Gesellschaft prägen. Schon die Gestalt des Technopopulismus, die im vorigen Kapitel untersucht wurde, deutet auf eine kommende Synthese von Kräften hin, die bisher als antagonistisch galten: Populismus und Technokratie. Der Erfolg oder Misserfolg der Antworten des Establishments auf die Covid-19-Krise und auf den Zerfall des Neoliberalismus wird die Linien des politischen Antagonismus im nächsten Jahrzehnt bestimmen.

Wie wir in Kapitel 3 gesehen haben, ist es die Linke, die die Politik ins Leben ruft, indem sie das »business as usual« politisiert. Daher ist das Bewusstsein für die Schwäche der Linken wesentlich für das Verständnis unserer Zeit. Wir sollten hier kurz die wichtigsten Merkmale wiederholen. Die organisierte Arbeiterklasse wurde in den 1980er- und frühen 1990er-Jahren in der gesamten westlichen Welt und darüber hinaus besiegt. Dies war das wesentliche konstitutive Element der These vom »Ende der Geschichte«: das Fehlen einer organisierten Herausforderung des liberalen Kapitalismus durch die Arbeiterklasse. Durch eine Reihe langfristiger Prozesse des Rückzugs der Eliten vom Rest der Gesellschaft und den damit einhergehenden Rückzug der Bürger in die Privatsphäre wurde die zeitgenössische Politik durch eine *Leere* zwischen den Bürgern und der Politik definiert. Die Möglichkeiten, die Interessen des Volkes auf staatlicher Ebene zu vertreten, sind heute stark eingeschränkt. Auch wenn die Zeit des Kalten Krieges kein goldenes Zeitalter war, so ist der Kontrast zu unserer Zeit doch sehr groß: Die demokratische Beteiligung hat abgenommen, und die staatliche Macht tritt dementsprechend selbstherrlicher und unnahbarer auf.

In der Zeit des Endes der Geschichte haben die sozialdemokratischen Parteien in Europa aufgehört, nicht einmal mehr die wählerwirksamen Verwalter des Neoliberalismus zu stellen und verkamen zur Randerscheinung – sie wurden pasokifiziert.[169] In jüngster Zeit ist der linke Populismus, der sich als potenzieller Neustart für linke Politik in Europa anbot, am Felsen der EU zerbrochen und hat zu einer Welle von Niederlagen geführt, vom Kentern von Syriza bis zum Tod des Corbynismus.[170] Wir erleben nun eine ganze Reihe politischer Neuausrichtungen, die erstarrte Bündnisse aufbrechen, etwa zwischen der Arbeiterklasse und der Labour Party in Großbritannien.[171] In diesem Zusammenhang war das neue Coronavirus der Gnadenstoß für den Linkspopulismus, wobei die Mitte-Rechts-Kräfte ihre politischen Gegner nach der Pandemie überflügelten.

Wenn die Linke oft als eine Koalition zwischen fortschrittlichen Liberalen und Sozialisten auftrat, dann können wir über eine Reihe von verschiedenen Kontexten hinweg verallgemeinern und zu dem Schluss kommen, dass die Linke derzeit von ihrem liberalen Flügel dominiert wird. Traditionell verstand die Linke die Arbeiterklasse auf zwei miteinander verbundene, aber unterschiedliche Arten. Die Arbeiterklasse wurde als *Objekt* der Politik betrachtet, wobei das Wohlergehen der Mehrheit der Arbeiterklasse durch Umverteilung, große Sozialprojekte und wirtschaftliche Entwicklung verbessert werden sollte. Gleichzeitig wurde die Arbeiterklasse auch als *Subjekt* der Politik betrachtet, wobei das Ziel der Selbstverwaltung der Arbeiterklasse als das entscheidende Ziel der Politik und des Klassenkampfes galt. Im Großen und Ganzen können wir sagen, dass Letzteres einen sozialistischen Ansatz für die Arbeiterklasse ausmacht, der die Handlungsfähigkeit in den Vordergrund stellt, während Liberale und Reformer aller Couleur sich mit Ersterem wohler fühlen und den Schwerpunkt auf die Wohlfahrt legen. Die Bedeutung der liberalen Vorherrschaft in der Linken besteht darin, dass es heute nur noch sehr wenige Verfechter des Konzepts der Arbeiterklasse als *Subjekt* der Politik gibt, auch wenn sie oft in Kämpfen für Demokratie und bessere Arbeitsbedingungen zusammenarbeiten. In diese Lücke sind kulturelle Argumente getreten, bei denen es um Gemeinschaft, Zugehörigkeit und die Nation geht und die meist von der Rechten angeführt werden.

Die Covid-19-Krise hat eine ganze Reihe von anderen Themen aufgeworfen. Um nur einige zu nennen: die Belastbarkeit und Zweckmäßigkeit global integrierter Lieferketten; die Rentabilität und das Fortbestehen kleiner und mittlerer Unternehmen; die Rolle unabhängiger Zentralbanken bei der strengen Kontrolle der Geldmenge – und ihre Unabhängigkeit selbst; Arbeitsregelungen und Pendlerverkehr; oder relativ lockere Grenzkontrollen. Und das war, bevor sich die längerfristigen wirtschaftlichen und politischen Folgen voll bemerkbar machten. Natürlich ist die Erwartung, dass wirtschaftliche Rezession und Verwerfungen die Menschen radikalisieren werden, ein Irrtum. Die Covid-19-Krise war ein exogener Schock, der die Aufmerksamkeit darauf lenkte, wie die Politiker mit der Krise umgingen, und nicht auf die Funktionsweise des Kapitalismus selbst. Aber selbst wenn auf Covid-19 eine endogene Krise folgen würde – z. B. durch die Anhäufung von Schulden – wäre dies nicht unbedingt ein Vorteil für die Linke. Der Punkt ist vielmehr, dass die »große Mäßigung« der 1990er- und 2000er-Jahre längst vorbei ist – die Zukunft wird turbulent sein, und das verspricht zumindest neue Möglichkeiten.

Der Neoliberalismus zerfällt zusehends und ist in vielen Teilen der Welt bereits diskreditiert worden. Dies ist jedoch eher ein Produkt seiner inneren Widersprüche als eine Folge externer Herausforderungen. Die politische Autorität des Neoliberalismus ist geschwunden, da er sich als unfähig erwiesen hat, den Lebensstandard der Mehrheit zu erhöhen oder einen sinnvollen gesellschaftlichen Zweck zu erfüllen. Gegenwärtig scheint eine Reihe von Optionen für eine post-neoliberale Lösung möglich. Die Argumentation dieses Kapitels ist zum großen Teil ein Versuch, diese bestehende Desorganisation der Politik zu kartieren und drei neue Pole vorzuschlagen, die sich in Zukunft herausbilden könnten.

8.1 Reaktionen auf den Zusammenbruch der neoliberalen Ordnung

Die Pandemie hat eine doppelte Schwäche offenbart: die Schwäche der Staaten auf der ganzen Welt beim Umgang mit dem Coronavirus und beim Schutz ihrer Bürger, aber auch die Schwäche der linken Reaktion auf die Pandemie und die sehr realen Herausforderungen bei der Schaffung eines überzeugenden Alternative zu der vom Kapitalismus gebotenen.[172] Indem wir Trends aufzeigen, die der Covid-19-Krise vorausgingen – und in vielen Fällen durch sie beschleunigt wurden –, sagen wir voraus, dass die Politik des kommenden Jahrzehnts all jenen Beobachtern seltsam erscheinen wird, die davon ausgehen, dass das alte Links/Rechts-Schema der Ära des späten Kalten Krieges nach dem Ende des Endes der Geschichte wiederkehren wird. Tatsächlich könnten die Organisationen und Teile der Gesellschaft, die sich auf das Erbe der linken Mitte berufen, am Ende den Status quo ante verteidigen, während eine neue Rechte reformistische oder reaktionäre Herausforderungen für den liberalen Kapitalismus vorschlägt.

Indem wir Phänomene aus verschiedenen nationalen Kontexten synthetisieren – obwohl sie sich auf Europa und Nordamerika konzentrieren –, können wir drei verschiedene Antworten skizzieren. Die breite, postneoliberale Mitte wird sich auf ein eher staatskapitalistisches Modell zubewegen, das höhere öffentliche Ausgaben und Investitionen sowie die Aufmerksamkeit auf regionale Ungleichheiten vorantreibt, die sich in den letzten 30 Jahren in den fortgeschrittenen Industriegesellschaften entwickelt haben. Dieser postneoliberale Konservatismus wird einen plausiblen Vorstoß unternehmen, um die hegemoniale Ideologie des nächsten Jahrzehnts zu werden und die Grundlage für eine Regelung nach dem

Coronavirus zu bilden. Um dies zu erreichen, wird er Teile der Massen kooptieren müssen, seien es abwärts mobile Mittelschichten, die alte Arbeiterklasse oder neue, prekarisierte Arbeiter – oder höchstwahrscheinlich eine Kombination aus diesen. Ganz einfach ausgedrückt: Er wird sich wirtschaftlich »links« und in kulturellen Fragen »rechts« bewegen.

Das, was in Nordamerika »Liberalismus« genannt wird – in Europa die liberale Linke oder die institutionelle Linke –, wird wahrscheinlich Politik als einen Prozess der Konfliktbewältigung betrachten und seine Impulse für Veränderungen aus einem grundlegend wohltätigen, moralischen Impuls beziehen. Der Linksliberalismus des kommenden Jahrzehnts lässt sich daher am besten als »progressive Technokratie« verstehen. In dem Maße, in dem sich die technokratische Regierungsform von ihrer neoliberalen Hülle löst, wird die linke Mitte sie noch stärker annehmen, da sie nun nicht mehr mit der neoklassischen Wirtschaftslehre verbunden ist. Das ist nicht verwunderlich, denn diese »Linke« vertritt vor allem die Interessen der PMC, die sich durch ihr hohes kulturelles Kapital und ihr Bekenntnis zu uneigennütziger Rationalität auszeichnet. Es ist eine Ironie der Geschichte, dass im kommenden Jahrzehnt diejenigen, die sich mit der »Linken« identifizieren, am meisten für die Verteidigung und Ausweitung (der »progressiven« Aspekte) des Neoliberalismus tun werden – evidenzbasierte Politik, multikulturelle »Toleranz«, Globalisierung usw.

Wenn das neue Mitte-Rechts sowohl in ihrer Wirtschaftspolitik als auch in ihrem Diskurs nationalistischer wird, was wird dann aus der reaktionären extremen Rechten? Der Erfolg des neuen Establishments bei der Einbindung antipolitischer Energien wird über die Stärke der reaktionären Kräfte entscheiden. Wenn eine reformfreudigere rechte Mitte einen Versuch darstellt, den Kapitalismus auf Kosten einiger Zugeständnisse des Großbürgertums zu relegitimieren, dann könnten reaktionäre Ideologien für ein verärgertes Kleinbürgertum sprechen (vor allem, wenn die staatlichen Antworten auf die Covid-19-Krise nicht in der Lage sind, die langfristigen Aussichten von KleinunternehmerInnen zu verbessern). Obwohl es schwierig ist, die genauen Formen der Reaktion vorherzusagen, werden zwei Strömungen wahrscheinlich an Bedeutung gewinnen: eine Form des autoritären Populismus, der auf der Sehnsucht nach einem starken Führer und einem starken Staat basiert, um den Mangel an politischer Autorität zu kompensieren, und eine malthusianische Sichtweise, die die begrenzten Ressourcen hervorhebt und damit die Notwendigkeit, die überschüssige Bevölkerung zu reduzieren, indem Außenseiter und andere Elemente, die als korrumpierend für die »einheimische« Bevölkerung angesehen werden, entfernt werden.

Wie aus dieser Präsentation hervorgehen sollte, wird die Mainstream-Rechte innovativ sein, während die Linke stagnieren wird. Dies ist im Wesentlichen auf die linksliberale Abscheu vor der Nation und den Massen, die sie bilden, zurückzuführen. Da sie weder dem konservativen Wunsch nach Zugehörigkeit noch dem radikalen nach souveräner Demokratie nachkommen kann, wird die liberale Linke auf verschiedenen anderen Terrains Zuflucht suchen und nostalgisch auf das Zeitalter der Globalisierung zurückblicken.

8.2 Staatskapitalismus: das neue Mitte-Rechts

Es wird eine konservative und nationalistische Abkehr von den traditionellen Ordnungsmächten geben – was bereits der Fall ist. Nachdem sie den Neoliberalismus vor bis zu zwei Generationen übernommen haben, wird die Covid-19-Krise diese Kräfte dazu bringen, sich zu erneuern, um Wähler zu gewinnen: Nachdem sie ihre Unterstützer aus der PMC verloren haben, werden sie versuchen, Wähler aus der abwärts gerichteten Mittelklasse und der Arbeiterklasse zu gewinnen. Die funktionelle Folge davon wäre, die Legitimierung des Kapitalismus durch Schlüsselreformen neu zu beleben. Wir könnten die Entwicklung eines Modells des postneoliberalen Konservatismus erleben, das darauf abzielt, die traditionellen Klasseninteressen des Kapitals mit Teilen der Arbeiterklasse zu verbinden, die vom progressiven Neoliberalismus »zurückgelassen« wurden. Obwohl einige strenge neoliberale Politiken zweifellos beibehalten

Tabelle 8.1: Die Struktur der ideologischen Konflikte, 2020er-Jahre

Charakteristische Ideologie	Standort im Spektrum	Wichtige Ideen	Ton/Diskurs	Entsprechende Klasseninteressen
Staatskapitalismus /Postneoliberaler Konservatismus/ Korporatismus	Mitte bis Rechts	Staatlich gelenkte Investitionen, Abbau regionaler Ungleichheiten, Neuverhandlung der Globalisierung, Ethische/ soziale Zwänge für kapitalistische Unternehmen, Eingliederung von Teilen der Massen	sanft nationalistisch/ kommunitaristisch/ populistisch	Mittelschicht, Teile der Arbeiterklasse; Zugeständnisse der Kapitalistenklasse
Progressive Technokratie	Mitte-Links	Technologische Rettung, grüner Supranationalismus Intersektionalität, Antifaschismus/»Volksfront«, Moralischer Minoritarismus	Moralistisch/ technokratisch/ abwechselnd alarmistisch und oberflächlich optimistisch	PMC; »woke« Teile des Kapitals
Autoritärer Populismus	Rechtsextremismus	Einwanderungsfeindlicher Populismus, Organizismus (ökologisches Konzept der Nation), Stärkung des repressiven Staatsapparat,s Reaktion auf die »Krise der Autorität« durch die Ermächtigung einzelner Führungskräfte	Antipolitisch/ fremdenfeindlich	Kleinbürgertum, Teile der alten Arbeiterklasse

werden, werden sich die Betriebe auf ein staatskapitalistisches Modell zubewegen, das höhere öffentliche Ausgaben und Investitionen fördert. Die staatliche Kreditaufnahme und das Gelddrucken werden fortgesetzt, um das Wachstum zu fördern und Teile der Massen in dieses neue nationale Projekt einzubeziehen.

Da postneoliberale Konservative versuchen, hegemoniale Projekte zu etablieren, ist es wahrscheinlich, dass Visionen des »ethischen Kapitalismus«, die sich in einer früheren Ära auf den einzelnen Verbraucher konzentrierten, auf Unternehmensstrukturen und nationale Politiken angewendet werden. So hat beispielsweise die Gruppe der CEOs der größten amerikanischen Unternehmen, der Business Roundtable, im August 2019 Milton Friedmans berühmtes Diktum »shareholder first« aus ihrer Definition des Zwecks eines Unternehmens gestrichen. Stattdessen erklärten sie, dass Unternehmen darauf abzielen sollten, »die Gesellschaft zu verbessern« und gleichzeitig Mitarbeiter, die Umwelt und ihre Geschäftspraktiken ethisch zu behandeln.[173] Der gefühlte Mangel an Legitimität und Unterstützung in der Bevölkerung sowie die Furcht vor Aufständen werden dazu führen, dass die Unternehmen ihre »ethischen« Ansätze auf traditionellere, materielle Belange ausweiten.[174] Wie der Herausgeber der *Financial Times*, Lionel Barber, bei der Vorstellung der Markenplattform »New Agenda« im September 2019 formulierte: »Das langfristige Wohlergehen des Kapitalismus der freien Marktwirtschaft wird davon abhängen, ob man Gewinne mit einem Zweck erzielt.«[175] Eine Möglichkeit, dies zu unterstreichen, könnte darin bestehen, dass sie ihre Bemühungen um die Verlagerung von Arbeitsplätzen ins Ausland und die Schaffung von Arbeitsplätzen im Inland zur Schau stellen, anstatt dies aus liberalen Gründen in Bezug auf Geschlecht und Rasse zu tun.

Ein Modell für die neue, nationalistischere Mitte-Rechts-Politik ist die Konservative Partei von Boris Johnson im Vereinigten Königreich. Zu einem großen Teil hat der Brexit – und dann die Covid-19-Krise – dem postneoliberalen Konservatismus weitgehend den Weg gebahnt, indem sie die politische Notwendigkeit für groß angelegte staatliche Interventionen geschaffen haben, was zeigt, wie schnell Positionen der Austerität aufgegeben wurden. In Johnsons Ansatz können wir eine Kombination des »big government« mit antiliberalen Werten sehen, die eine Erneuerung eines alten Modells des »Eine-Nation-Konservatismus« darstellt. Wie einer der Autoren des Programms der Tories aus dem Jahr 2019 formulierte, ist es ein Appell an Menschen mit konservativen Werten (»sie wollen, dass Kriminelle bestraft werden«), die aber auch stark auf den Staat und seine Dienstleistungen angewiesen sind.[176] Dieser postneoliberale Konservatismus wird als Mittelweg zwischen den negativen Folgen der Hyperglobalisierung auf der einen Seite und einem rechtsextremen nationalistischen Populismus auf der anderen Seite angepriesen. Um ihn durchzusetzen, muss auch die Divergenz zwischen den Metropolen und den mittelgroßen Städten und ländlichen Gebieten verringert werden. Dadurch würde die rechte Mitte neue Wählerschichten gewinnen, in denen sie vielleicht nie Unterstützung gefunden hat, wie z. B. in der alten Arbeiterklasse in den »rust belts« der USA. Die Frage für die mittelfristige Lebensfähigkeit dieses Projekts besteht darin, inwieweit die Teile der Arbeiterklasse, die von diesem Projekt angezogen wurden, gehalten werden können; einer der Schlüsselfaktoren wird natürlich sein, ob die Linke bei ihren Versuchen, diese Kerngebiete zurückzugewinnen, erfolgreich ist, oder ob sie diese stattdessen als unrettbar verloren, rassistisch, fremdenfeindlich usw. markiert.[177]

Die Regierung Johnson ist nur ein Modell, das von der traditionellen Elite angeführt wird und versucht, den »harten, aber hohlen« Staat aufzuweichen. Die Republikanische Partei in den USA hat die meisten Mitglieder der Mittelschicht bereits abgestoßen und ist nun ein unsicheres Bündnis zwischen ihrer Spenderklasse (die nur mitmacht, »weil sie nicht klug genug ist, um zu erkennen, dass die Demokratische Partei einen weitaus effektiveren Rufwäscheservice bietet«)[178] und einer Wählerschaft, die diese Spender hasst. Die Partei wirkt also volkstümlicher als die Demokraten; sollte ein Arrangement mit ihrer Spenderbasis gefunden werden (z. B. Protektionismus für bestimmte Sektoren), könnte ihre Umwandlung in die vom Strategen Steve Bannon erträumte »Partei der

Arbeiterklasse« sich fortsetzen.[179] Trump hat diesen Prozess bereits eingeleitet, indem er anti-politische Stimmungen mobilisiert hat. Die derzeitige politische und klassenmäßige Neuausrichtung würde diese Dynamik verstärken. Sie könnte durchaus eine stärker nativistische Stoßrichtung haben, die darauf abzielt, loyale Untertanen auf rassistischer Grundlage in einem neuen Korporatismus mit Anklängen an autoritären Populismus (der dritte ideologische Pol, auf den weiter unten eingegangen wird) zu gewinnen – und auch zu erschaffen.

In Deutschland steht die CDU/CSU bereits unter internem Druck, nach rechts zu rücken. Während ein Nachgeben bei den strengen Sparmaßnahmen, die der europäischen Peripherie auferlegt wurden, nicht zu erwarten ist, könnte eine staatsfreundlichere und nationalistischere Einigung *im eigenen Land* durchaus möglich sein. In Frankreich könnte Macrons Abkehr von neoliberalen Reformen den Weg zu einem falschen Gaullismus weisen, bei dem eine *dirigistischere* Wirtschaftspolitik und Protektionismus die ständige Herausforderung durch Len Pens postfaschistische Gruppierung überflügelt. Die Abkehr von seinen Anhängern aus der Mittelschicht – oder deren Mitzerren – könnte sich im Vergleich zu den möglichen Gewinnen als vernachlässigbar erweisen.

8.3 Progressive Technokratie: die neue linke Mitte

Die institutionelle Linke wird sich in einer noch schwierigeren Lage befinden als jetzt. Es gibt eine Reihe von Gründen, warum die Linke leicht in die historisch paradoxe Lage geraten könnte, eine bröckelnde neoliberale Ordnung zu unterstützen. Schon jetzt zeichnet sich der Mitte-Links-Wähler vor allem durch sein höheres Bildungsniveau aus. Dies deutet darauf hin, dass eine umfassende Neuausrichtung im Gange ist, da das Klassenbündnis zwischen der staatsorientierten Mittelschicht und der organisierten Arbeiterklasse schwindet. Nominell »linke« Parteien und Bewegungen werden wahrscheinlich weiterhin stark von den Interessen, Anliegen und Werten der PMC beeinflusst werden. Natürlich gibt es noch andere relevante demografische Unterschiede: Die Linke ist jünger, weiblicher, städtischer und sozial und kulturell liberaler, aber keines dieser Merkmale wird ihr die gesellschaftliche Mehrheit verschaffen, die notwendig ist, um einen hegemonialen Block zu bilden oder auch nur zuverlässig Wahlen zu gewinnen – wenn sie nicht in der Lage ist, die Wähler aus Arbeiterschaft zu überzeugen, dass sie ihnen echte materielle Vorteile bieten kann. Die Zusammensetzung der Linken führt wohl eher dazu, dass sie Sympathien für die bestehenden Institutionen aufbaut und die Linke daran hindert, einen politischen Bruch anzustreben, der notwendig wäre, damit radikale Alternativen mehr als nur Worte sind.

Zweitens würde diese Linke keine unabhängige ideologische Ausrichtung haben. Die sozialdemokratischen Parteien sind durch ihre Anpassung an den Neoliberalismus weltweit diskreditiert worden. Der Linkspopulismus versprach eine Wiederbelebung dieser Parteien bzw. die Gründung neuer Parteien, die die alten Parteien an diesem Ende des Spektrums verdrängen würden. Obwohl wir durchgehend argumentiert haben, dass dieser Moment vorbei ist, kann der Wertewandel unter den Wählern der linken Mitte dazu führen, dass die bestehenden Parteien in bestimmten Fragen »nach links« rücken – aus intersektionellen Gründen, in Bezug auf die Umwelt oder bestimmte Aspekte der öffentlichen Dienstleistungen. Aber wir meinen mit mangelnder »Unabhängigkeit«, dass diese Positionierung parasitär auf den Schachzügen der neuen, nationalistischen Mitte aufbauen wird. Die linke Mitte wird nur moralische und technische Kritik an den herrschenden Parteien üben, anstatt sich auf einen Standpunkt zu stützen, der materiell gegen sie gerichtet ist.

Die Linke wird eine Kombination aus Management- und humanitärer Politik vorschlagen, die wir progressive Technokratie nennen. Es handelt sich um die Förderung einer »fortschrittlichen« Agenda, ohne die Interessen des Kapitals zu stören – ja, man könnte sogar sagen, dass sie die äußerste linke Flanke des Kapitals repräsentiert. Obwohl die fortschrittliche Technokratie bereits die offizielle Ideologie der institutionellen Mitte-Links-Parteien (wie der Demokratischen Partei) darstellt, wird sich diese Ideologie noch viel weiter ausbreiten, bis hin zur »sozialistischen« Linken. So wird es wahrscheinlich zu einer Verschmelzung zwischen diesen Lagern kommen.

Wir haben bereits gesehen, wie die Kampflinien über die sanitären Reaktionen auf die Pandemie gezogen wurden. Die Linke hat sich für die Technokratie stark gemacht: Sie bestand darauf, »der Wissenschaft zu folgen«, und auf Abriegelungsmaßnahmen. Gegenstimmen kamen hauptsächlich von der Rechten. Die linke Reaktion gegenüber den Regierungen bestand darin, auf einer besseren und intelligenteren Umsetzung der Politik zu bestehen oder die Politik für ihre ungleichen Folgen zu kritisieren (z. B. für negative Folgen, die ethnische Minderheiten stärker treffen). Dabei handelt es sich nicht um einen prinzipiellen Gegensatz, sondern um eine moralische und technische Feinabstimmung. Mitte-Rechts gibt die Melodie vor, Mitte-Links marschiert mit und korrigiert die Tonlage und das Tempo. Was wir hier sehen, ist in der Tat eine Generalprobe für die kommende Schlacht um die Klimapolitik.

Programme, die dem »Grünen New Deal« (GND) ähneln, werden nach Covid-19 wahrscheinlich zum Mainstream werden und könnten von Regierungen der Mitte und der Rechten umgesetzt werden. Natürlich werden sie sich wahrscheinlich als unzureichend erweisen, wenn es darum geht, die Emissionen deutlich zu reduzieren und eine saubere Energiewende voranzutreiben, aber da ihre Wählerbasis stärker in die direkte Produktion involviert ist (entweder als Arbeitnehmer oder als Eigentümer von Produktivkapital), wird sie empfindlich auf negative Auswirkungen auf den Lebensstandard reagieren. Die Mitte-Links-Bewegung, die im öffentlichen Sektor, im »Nichtregierungssektor« und in der »immateriellen« Produktion verwurzelt ist, wird keine derartigen Bedenken haben und kann aggressivere Emissionsziele durchsetzen, ohne sich um materielle Belange zu scheren. Die Folgen für die öffentliche Unterstützung werden negativ sein, wie die Herausforderung Macrons durch die Gilets Jaunes bewiesen hat. Wenn die linke Mitte erfolgreich die politischen Weichenstellungen beeinflusst, dann durch die Annahme von technischen Vorschlägen durch die Politiker oder indem sie den Umweltschutz durch Bestrafungen voranbringen will.

Die radikalen Elemente, die in zeitgenössischen »sozialistischen« Vorschlägen für einen GND zu finden sind – wie etwa ein Programm für garantierte Arbeitsplätze oder soziale Investitionen – werden keine Anhänger finden. Die Arbeiterklasse, die von den liberalen, unpopulären Aspekten der Umweltpolitik abgeschreckt wird, wird sich nicht hinter die radikalen Vorschläge des GND stellen. Die Umsetzung eines solchen Programms würde voraussetzen, dass die Linke ihre Forderungen in den materiellen Interessen der Massen verankert (z. B. für mehr Mobilität, für mehr Wohnraum, auch wenn das Suburbanisierung bedeutet, usw.). Die Abneigung der Linken gegen die Nation, gegen eine große Zahl ihrer Bürger, wird diese Forderungen verhindern; die sozialistische Linke wird bis zu ihrem Untergang an ihren liberalen Flügel gekettet bleiben.

Das Mantra wird stattdessen lauten, dass globale Probleme globale Lösungen erfordern. Nachdem es ihr nicht gelungen ist, die Exekutivgewalt auf nationaler Ebene zu erlangen, wird sie versuchen, auf supranationaler Ebene zu agieren, um so der Notwendigkeit zu entgehen, auf nationaler Ebene eine Mehrheit zu finden. Der Reiz besteht darin, dass vermeintliche Etappenerfolge oder bevorzugte Lösungen »eingeschlossen« (d. h. von demokratischen Eingaben abgeschirmt) werden könnten – insbesondere in der Umweltpolitik.[180] Das wiederholte Scheitern, auf dieser Ebene ernsthafte Fortschritte zu erzielen, und die Tatsache, dass andere Kräfte auf die nationale Ebene als wichtigste Ebene der Regierungsführung zurückkehren werden, wird die liberale Linke nicht aufhalten. Die Gründung der globalen Progressiven Internationale im Jahr 2020 geht auf die gescheiterten Versuchen von DiEM-25 zurück, auf europäischer Ebene Fuß zu fassen, und weist bereits den Weg in diese Richtung. Als Versuch, Bannons »Nationalistische Internationale« zu kontern, wird sie scheitern: Die Arbeiterklasse hat es jahrzehntelang nicht geschafft, den Nationalstaat zu erobern, warum sollte sie jetzt in der Lage sein, auf einer noch höheren Ebene zu handeln? Die Abkürzung über die Umgehung der nationalen Politik wird nicht erfolgreich sein. Stattdessen ist sie zum Scheitern verurteilt: Sie wird Teil eines umfassenderen Rückzugs aus dem Terrain des Nationalstaats und der nationalen Demokratie sein. Die antimajoritäre Tendenz könnte sogar dazu führen, dass sich die Linke an die Justiz als »neutralen« Schiedsrichter politischer Konflikte wendet, wenn sie feststellt, sie habe keinen Einfluss auf die (zunehmend ausgehöhlten) repräsentativen Organe.

Der Rückzug aus der Nation wird nicht nur »nach oben« und »seitwärts« erfolgen, sondern auch nach unten. Die linke Mitte wird eine Reihe von Maßnahmen vorschlagen, die das »staatsbürgerliche Engagement« oder die »Bürgerbeteiligung« fördern sollen. Es wurden bereits Bürgerversammlungen einberufen, um die britische Regierung in Klimafragen zu beraten.[181]

Bürgergipfel, Jurys und Panels zielen alle auf Partizipation statt auf Macht, auf die technokratische Einbindung der Menschen in die Politik, um Konflikte zu vermeiden. Auch die Beliebtheit beratender Formen des Engagements, beratender Stakeholder-Veranstaltungen oder Workshops sind charakteristische Instrumente von technokratischen Weltverbesserern, die den Anschein eines demokratischen Prozesses erwecken, in dem Menschen zusammenkommen, um eine scheinbar kollektive Lösung für ein Problem zu finden. Aber die Entscheidungen sind nicht verbindlich oder wurden bereits im Voraus getroffen. Auch wenn es der Linken nicht gelingt, auf transnationaler Ebene Fuß zu fassen, könnte sie in der Kommunalpolitik nach dem Beispiel Barcelonas in den 2010er-Jahren einige Erfolge erzielen.[182] Dies wird ein Mittel sein, um sich in den städtischen Zentren – den so genannten »Rebellenstädten« – zu verstecken, die die Hochburg der Linken sind.

Der »technologische« Aspekt der Technokratie kann auch von der linken Mitte akzentuiert werden, wie dies in den Visionen des »Fully Automated Luxury Communism« (FALC) oder in der zeitgenössischen Inkarnation der kalifornischen Ideologie deutlich wird.[183] Während der vorherrschende Ton dieser Linken düster und moralistisch ist, setzen diese Elemente einen optimistischen Kontrapunkt. In FALC sehen wir, wie durch eine Fortschreibung der heutigen technologischen Trends ein potenzielles Zeitalter des Überflusses konstruiert wird, in dem der Lebensstandard wesentlich höher ist als in der Gegenwart. Es handelt sich jedoch auch um eine entpolitisierte Vision, in der politischer Wandel nicht durch die Beteiligung der Massen, sondern durch technologisches Geschick erreicht wird. Eine Welt jenseits von Arbeit und Kapitalismus, aber eine, die durch Genmanipulation und erneuerbare Energien erreicht wird und nicht durch kollektiven politischen Kampf. Die Massen müssen keinen politischen Wandel herbeiführen und werden stattdessen mit materiellen Verbesserungen gewonnen, die wiederum den Mangel an individueller und kollektiver Kontrolle über die Lebens- und Arbeitsbedingungen *ausgleichen* sollen. Auch wenn es unwahrscheinlich ist, dass FALC realisiert wird, könnten verschiedene Ideen für ein Zeitalter nach der Arbeit aufblühen, wie z. B. ein universelles Grundeinkommen oder eine Arbeitszeitverkürzung. Diese könnten durchaus von den Regierungen aufgegriffen werden, aber ohne die Macht der Arbeiterklasse werden sie dazu dienen, die ArbeiterInnen zu beschwichtigen, die Arbeitslosigkeit zu kaschieren und/oder öffentliche Dienstleistungen zu kürzen. In dieser Vision ist nichts zu gut für die Arbeiterklasse – außer Selbstbestimmung.

In ähnlicher Weise können wir in der Ideologie des Silicon Valley eine Mischung aus Hippie- und Yuppie-Ideen in Verbindung mit dem Glauben an das befreiende Versprechen der Technologie sehen. Mit einem linken Einschlag wird versucht, soziale Probleme mit technischen Mitteln zu lösen und sich dabei die Unterstützung der Linken unter den Technikern zunutze zu machen. Doch wie Evgeny Morozov erklärt hat, enthält diese Logik einen erdrückenden Zirkelschluss: Nur die Probleme, die mit technischen Mitteln gelöst werden können, werden überhaupt als »Probleme« definiert.[184] Morozov nennt dies »Solutionismus«, und dieser zieht sich durch den charakteristischen Wunsch der Tech-Branche, zwei Probleme zu lösen: Menschen zu verbinden und Dinge des Alltags einfacher zu gestalten. Adam Greenfield beschreibt letzteres als die Förderung einer

»Ideologie der Leichtigkeit«, bei der jegliche Reibung bei alltäglichen Aufgaben – und insbesondere beim Einkaufen – beseitigt werden muss.[185]

Um dem »Techlash« (Feindseligkeit gegenüber Big-Tech-Unternehmen) auszuweichen, könnte dies auch auf nicht-marktwirtschaftliche Aktivitäten angewandt werden, wie z. B. die Lösung von Problemen in der Gemeinschaft, vielleicht auf der Ebene der Kommunalverwaltung. Aber ohne die Staatsmacht werden diese Initiativen eher ein »Notbehelf« als eine echte soziale Reform sein – von einer Revolution ganz zu schweigen. Diese Vision ist das Wesen der fortschrittlichen Technokratie: Sie versucht, das Leben der Menschen durch technische Lösungen zu verbessern und umgeht dabei die Notwendigkeit von politischem Kampf und Konfrontation.

Der kombinierte Effekt wird eine Linke sein, die die politischen und kulturellen Aspekte des Neoliberalismus verteidigt, den sie zu verachten vorgibt. Die historische Rolle von Persönlichkeiten wie Corbyn und Sanders wird darin bestehen, junge Menschen gegen wirklich radikale Politik zu immunisieren, indem sie deren scheinbare Unmöglichkeit aufzeigen. In der Folge werden sie den Übergang ihrer Parteien zu einer Position rechtfertigen, die die Beteiligung der Massen an Entscheidungsprozessen so weit wie möglich auszuschließen scheint. Souveräne, nationale Politik – die der Neoliberalismus abschaffen sollte – wird für die Linke unerreichbar bleiben. Die Progressiven werden es stattdessen vorziehen, auf kommunaler, alltäglicher oder supranationaler Ebene zu agieren – also genau dort, wohin der Neoliberalismus die Politik verlagern wollte – , wo sie keinen Schaden anrichten kann.

Schließlich wird die paradoxe Position einer »Linken«, die den Neoliberalismus verteidigt, mit dem Hinweis auf die Bedrohung durch den Faschismus gerechtfertigt. Der Faschismus im Europa des frühen 20. Jahrhunderts ist auf den Müllhaufen der Geschichte gewandert. Wie Marxisten von Trotzki bis Gramsci erkannten, ist eine wichtige Voraussetzung für den Faschismus eine revolutionäre Bedrohung der Bourgeoisie, das Gespenst der Arbeitermacht – etwas, das es heute nicht gibt. Der Antifaschismus der 2020er-Jahre wird das Abdriften des Zentrums in Richtung eines stärkeren Nationalismus (und Elemente der Unterstützung dieser Bewegung durch die Arbeiterklasse) nutzen, um fälschlicherweise zu behaupten, der Faschismus sei zurückgekehrt. Die organizistische Politik der extremen Rechten – zu der weiter unten mehr gesagt wird – dürfte die alarmistischen Behauptungen der Linken untermauern. Der Zweck dieses »Antifaschismus« ist rein ethischer Natur: Er verleiht der Linken Bedeutung, Dringlichkeit und moralische Legitimität, ganz gleich, gegen wen sie antritt oder wessen Interessen sie dient. Der postneoliberale Konservatismus, der im nächsten Jahrzehnt wahrscheinlich vorherrschen wird, ist kein faschistisches Projekt, wie nationalistisch oder autoritär er auch sein mag. Christophe Guilluy vertritt die Auffassung, dass der Antifaschismus heute im Grunde eine Waffe im Klassenkampf ist, die von der PMC gegen die Arbeiterklasse eingesetzt wird, um die Forderungen der Arbeiterklasse unabhängig von ihrem tatsächlichen Inhalt pauschal zu diskreditieren. Wie er in einer besonders kompromisslosen Passage meint, »ist das Ziel des heute modischen Antifaschismus die Arbeiterklasse, die mit dem Faschismus angeschwärzt werden muss, um die Anklagen einer unteren [Klasse] zu diskreditieren, […] die von der Krankheit des ›Populismus‹ befallen ist.«[186] Das politische Ergebnis werden ständige Versuche sein, eine »Volksfront« zwischen Liberalen, Linken und sogar einigen Konservativen aufzubauen – und damit die Aufgabe zu verzögern, eine radikale, unabhängige Politik der Arbeiterklasse zu schaffen.

8.4 Autoritärer Populismus: die extreme Rechte

Reaktionäre, bedrohliche Politik wird jedoch weiterhin vorkommen. Deren Ausmaß wird allerdings davon abhängen, inwieweit es der Mainstream-Politik gelingt (oder nicht gelingt), Teile der Massen in ein neues nationales Projekt zu integrieren und ihre anti-politischen Energien zu absorbieren. Wenn die neue nationalistische Mitte nicht in der Lage ist, die Anti-Establishment-Revolte zu besänftigen – und wenn die Linke nicht in der Lage ist, ihr eine Stimme zu geben – dann wird die rechtsextreme Politik davon profitieren. Vielleicht ist die US-amerikanische Alt-Right, wie sie in Angela Nagles »Kill All Normies« beschrieben wird, inzwischen erschöpft und ihre Aggressionen sind aufgebraucht. Aber es wird weiterhin entfremdete junge Menschen (und insbesondere junge Männer) in den USA und darüber hinaus geben, die versuchen könnten, die weiße (und männliche?) Identität zu politisieren.

Stattdessen wird die anhaltende Leere der politischen Gewalten die Rechtsextremen vielleicht dazu veranlassen, sich um eine »große Persönlichkeit« oder einen starken Mann zu scharen, der sich selbst als die Lösung für das Verschwinden des politischen Moments oder als Retter oder Erlöser der Nation präsentiert – insbesondere in den sich im Niedergang befindlichen USA. Dieser starke Populismus des 21. Jahrhunderts macht sich die Leere der politischen Gewalt zunutze und versucht, sie durch direkte Gewalt zu ersetzen. Wenn ein Teil der Bevölkerung den Zusammenbruch des Neoliberalismus als Folge eines *Überschusses* an Demokratie (entweder als repräsentative Institutionen oder als Institutionen gegen die Mehrheit) und nicht als Folge eines *Defizits* interpretiert, dann hat autoritäre Politik Konjunktur. Die Entwicklung Brasiliens in den späten 2010er-Jahren – die in Kapitel 5 untersucht wurde – liefert eine Vorlage dafür, weil die populistische Einbindung weit verbreiteter anti-politischer Gefühle zur Wahl Bolsonaros führte.[187] Wenn der neoliberale Staat »hart, aber hohl« ist, dann besteht die Lösung der extremen Rechten für politische Widerspenstigkeit darin, den »harten« Teil zu verstärken.

In einer weiteren Entwicklung könnten Fremdenfeindlichkeit und malthusianische Vorstellungen miteinander verschmelzen. Bereits jetzt sind bestimmte reaktionäre und antihumanistische Strömungen in der grünen Politik zu erkennen, die eine ausgesprochen strenge und einwanderungsfeindliche Färbung aufweisen. Angesichts einer globalen Pandemie besteht eine Denkrichtung darin, die katastrophalen Elemente hochzuspielen, den Menschen für das Virus verantwortlich zu machen und die Rache der Natur zu feiern. Eine nationalistische Interpretation würde eine energische Ablehnung von Globalisierung und Kosmopolitismus bedeuten: Der organische Körper der einheimischen Nation wird durch schädliche Einflüsse von außen bedroht, und die Begrenzung der Ressourcen macht deren Ausschluss erforderlich. In Österreich gibt es zum Beispiel bereits eine Koalition zwischen der konservativen Rechten und den Grünen. Ein weit verbreitetes und wachsendes ökologisches Bewusstsein könnte auf eine bestehende rechtspopulistische Politik treffen, insbesondere in Ländern wie Deutschland oder der Schweiz. Natürlich ist der Ökologismus – wie auch die Sorge um die Identität – immer eine reaktionäre Tradition gewesen. In der kommenden Periode wird er nach einem halben Jahrhundert unter den Fittichen der Neuen Linken in seine natürliche Heimat auf der Rechten zurückkehren.

In der gesamten Rechten wird das nächste Jahrzehnt also wahrscheinlich eine Kombination aus reformistischen und reaktionären Antworten auf den Zusammenbruch des Neoliberalismus bringen. Von diesen scheint ein postneoliberaler Konservatismus das praktikabelste Modell für ein kurzfristiges hegemoniales Projekt mit den geringsten Störungen zu sein, etwa in den am stärksten konsolidierten Demokratien wie dem Vereinigten Königreich. In anderen Ländern sind die Grenzen zwischen der extremen Rechten und der rechten Mitte möglicherweise unschärfer und die Situation weniger stabil. In der europäischen Peripherie – und auch in der globalen Semiperipherie – sind autoritärere Ergebnisse wahrscheinlich, und sie können die Fortsetzung einer repressiven neoliberalen Politik mit sich bringen.

Sollte sich diese neue Hegemonie einstellen, wird sie nicht auf der Stärke der Vision, sondern auf der Schwäche der linken Opposition beruhen. Diese Schwäche wird so lange bestehen bleiben, wie die Linke im »moralischen Minoritarianismus« verwurzelt ist (eine Vorliebe für moralische Argumente gegenüber dem Aufbau politischer Projekte, die darauf abzielen, die Macht durch mehrheitliche Entscheidungsprozesse zu erringen). Wenn die Rechte also eine Hegemonie erlangt, dann wird es eine bedingte Hegemonie sein, die von der Schwäche der Linken abhängt.

8.5 Nicht verzweifeln

Die ideologische Landkarte des nächsten Jahrzehnts wird davon bestimmt, inwieweit das Zentrum in der Lage ist, die Anti-Politik zu integrieren und darauf zu reagieren und neue Bedingungen für die Kapitalakkumulation zu schaffen. Sie wird versuchen, dies zu erreichen, indem sie ein Modell des Staatskapitalismus vorantreibt. Die institutionelle Linke wird, indem sie sich die progressive Technokratie zu eigen macht, möglicherweise die lautstärkste Verteidigerin einiger Aspekte des Status quo ante werden. Gegenüber der neuen Mitte wird sie als moralische und technische Kritikerin auftreten; gegenüber der extremen Rechten wird sie versuchen, eine Volksfront zu schaffen. Auf der extremen Rechten scheint eine Reihe unterschiedlicher reaktionärer Antworten auf den Zusammenbruch des Neoliberalismus möglich, die alle ein härteres Vorgehen des Staates (sei es an den Grenzen oder innerhalb der Gesellschaft) als Antwort auf die schwache Autorität des Zentrums fordern werden.

Wir sollten uns darüber im Klaren sein, dass dies kein Grund zur Verzweiflung für Sozialisten ist. Die Niederlage des Linkspopulismus und der endgültige Tod der Sozialdemokratie stellen eine Chance für eine Bewegung dar, die darauf abzielt, die Selbstverwaltung der Arbeiterklasse aufzubauen. Ungeachtet der außergewöhnlichen Reaktionen auf die Krise, die wir gerade erlebt haben, stagniert der globale Kapitalismus weiterhin. So wie der Neoliberalismus eine unzureichende Lösung für die Krise der 1970er-Jahre darstellte, so wird auch das, was als nächstes kommt, die Krisen der 2010er-Jahre nicht vollständig lösen. Wie wir herausgearbeitet haben, wird Mitte-Rechts keine neuen Ideen präsentieren, sondern eher einen wieder aufgewärmten Korporatismus servieren. Jetzt, da die alten Modelle gescheitert sind, gibt es vielleicht eine Chance für einen neuen Sozialismus am Ende des Endes der Geschichte.

KAPITEL 9

Schlussfolgerung

Das Ende der Geschichte fühlte sich wirklich so an, als würde es für immer bestehen bleiben. Aber die Tatsache, dass es so schnell und mit so wenig echter organisierter Opposition zerfiel, zeigte, wie zerbrechlich es geworden war. Der erste wirtschaftliche Schlag kam im Gefolge der globalen Finanzkrise von 2008, der politische Schlag im Jahr 2016 und der endgültige Zusammenbruch im Jahr 2020. All dies wurde durch die Covid-19-Pandemie beschleunigt, die genau die Institutionen zerschlug, die dazu beigetragen hatten, den Status quo ante zu rechtfertigen oder abzusichern: die ach so effizienten Just-in-Time-Lieferketten brachen zusammen, was zu Engpässen und Hamsterkäufen führte. Die nach Ostasien ausgelagerte Produktion ließ die Staaten mit ausgehöhlten Industriekapazitäten zurück und machte sie unfähig, eine grundlegende Gesundheitsinfrastruktur aufrechtzuerhalten, während die öffentlichen Gesundheitssysteme im Zuge der Marktorientierung immer weiter abgebaut und ihrer Ressourcen beraubt wurden. Die Flexibilität des Arbeitsmarktes, die mit dem Argument der Anpassungsfähigkeit gerechtfertigt wurde, verschärfte seinen Niedergang und die Massenarbeitslosigkeit und führte zum Zusammenbruch des US-Arbeitsmarktes auf breiter Front. Man kann die schrecklichen Kosten, die Maßnahmen zur Pandemiebekämpfung mit sich gebracht haben, kaum unterschätzen – nicht nur die tödlichen Folgen von Missmanagement auf Grundlage schlechter, uneinheitlicher und widersprüchlicher Daten, sondern auch die enorme Beeinträchtigung der bürgerlichen

Freiheiten durch ständige Lockdowns und Ausnahmezustände und – was auf lange Sicht noch schlimmer ist – den katastrophalen wirtschaftlichen Zusammenbruch.

Das Ergebnis ist eine minderwertige Dystopie. Überall in der westlichen Welt hat sich die Linke auf ein Wiedererstarken der extremen Rechten eingestellt, angeführt von autoritären, charismatischen Demagogen wie Donald Trump und Boris Johnson, die die verfassungsmäßige Ordnung untergraben und nationalistische Leidenschaften schüren würden, um ihre persönliche Macht zu festigen. Da die liberale Ordnung zerbröckelt ist, haben wir tatsächlich eine Dystopie, die in unsere Zeit passt – wenn auch nicht die, die wir erwartet haben. Donald Trump, der von einem Großteil der Linken so lange als potenzieller faschistischer Diktator bezeichnet wurde, hat die Gelegenheit einer beispiellosen Krise der öffentlichen Gesundheit nicht als seinen »Reichstagsmoment« genutzt, um durch die Verlängerung des Ausnahmezustands diktatorische Macht zu ergreifen. Der einzige westliche Staatschef, der den Ausnahmezustand rücksichtslos ausgenutzt hat, um seine persönliche Macht zu stärken, ist der liberale Machthaber und Liebling der Mitte, Emmanuel Macron, der die Notstandsgesetze, die er bereits verschärft hatte, dazu nutzte, um sein Image als Machthaber auszubauen und zu festigen, während er gleichzeitig eine nationalistische Politik verfolgte.

In Großbritannien zog sich Boris Johnson, der von einem großen Teil der Intelligenz als populistischer Herrscher der Unordnung dargestellt wurde, hinter Ausschüsse von Wissenschaftlern, Technokraten und Experten zurück, die er und seine Verbündeten bei ihrem Aufstieg an die Macht bis dahin verleumdet hatten. Es überrascht nicht, dass das Ergebnis chaotisch war, denn die Experten waren sich uneinig, als es darum ging, eine Pandemie zu bekämpfen, die durch ein neues, kaum verstandenes Virus ausgelöst wurde. Mit der Abdankung der britischen Führung kurz vor dem Auftreten von Covid-19 erlebten wir das letzte Aufflackern der technokratischen Herrschaft – selbst als sie in sich bekriegende akademische Fraktionen zerfiel, die sich auf konkurrierende Methodologien,

Annahmen und Modelle stützten. Die Unhaltbarkeit der Technokratie als Regierungsform zeigte sich deutlich in der Ungleichmäßigkeit und dem Missmanagement der Lockdown-Politik in der westlichen Welt.

Wenn das neue Coronavirus die Legitimität der Technokratie zerstört hat, hat es auch die Zerstörung der linkspopulistischen Revolte an den Wahlurnen vollendet. Wie wir im Laufe des Buches gesehen haben, ist der linke Populismus bei verschiedenen Wahlen zerfallen oder an seine Grenzen gestoßen – die Kapitulation von Senator Bernie Sanders vor Joe Biden bei den Vorwahlen der Demokraten 2020, die Wahlniederlage von Syriza im Jahr 2019 nach ihrer Kapitulation vor der EU im Jahr 2015, die Niederlage von Corbyn gegen Johnsons Tories im Jahr 2019, nachdem er ein zweites Referendum begrüßt hatte, das Abgleiten von Podemos in ein Bündnis mit Spaniens abgetakelter alter Sozialistischer Partei …

Covid-19 hat diesen Prozess abgeschlossen, indem es den ansonsten eher langwierigen Vorgang des Niedergangs eindampfte. Am deutlichsten wurde dies bei den wirtschaftspolitischen Notmaßnahmen, mit denen die Regierungen auf den Einbruch von Konsum und Investitionen reagierten, die ihrerseits durch die Reaktionen der Regierungen auf das Virus vorweggenommen wurden: ein Trump'sches Grundeinkommen in den USA und eine Wiederbelebung der Notmaßnahmen der Industriepolitik aus der Zeit des Kalten Krieges. In Großbritannien verstaatlichte der Staat nicht nur heimlich die Eisenbahn – ein lang gehegter Wunsch der Labour-Partei –, sondern auch den größten Teil der britischen Lohnkosten.

Besonders auffällig ist die Schnelligkeit, mit der Regierungen, die als rechtsextrem und marktfundamentalistisch verschrien waren, auf staatliche Kapazitäten und Ressourcen zurückgriffen, um die Pandemie zu bewältigen und die Wirtschaft drastisch zu demobilisieren. Es erübrigt sich zu sagen, dass nur wenig davon als wirklich fortschrittlich zu bezeichnen ist, sondern eher als korrupt, zögerlich und uneinheitlich. Zweifellos wird es politische Auseinandersetzungen über die Wiederherstellung der Normalität und den Umgang mit den sich daraus ergebenden Anstiegen bei der staatlichen Kreditaufnahme und den Ausgaben geben. Doch auch wenn die Linkspopulisten im Nachhinein pathetisch behaupten können, dass ihre favorisierte Wirtschaftspolitik gerechtfertigt ist, können sie keine erkennbare Alternative zur Rechten bieten, die sich das politische Terrain des Dirigismus bereits angeeignet hat, während die Dogmen des freien Marktes – die immer mehr durch ihre Verletzung als ihre Einhaltung hochgehalten wurden – abbröckeln. Sozialdemokraten und Linkspopulisten können sich nun als bessere Manager einer neuen politisch-ökonomischen Ordnung anbieten, aber der Zusammenbruch ihrer Anziehungskraft zwingt sie zurück auf den technokratischen Boden, wo sie sich als effektivere Verwalter dieser neuen Ordnung beweisen wollen, vielleicht mit zusätzlichen Schutzmaßnahmen und Vergünstigungen für die Schwachen.

Die Covid-19-Pandemie vollendete die Auflösung des Regimes vom Ende der Geschichte, und das unmittelbare Ergebnis war eine gemütliche Dystopie für die linke Intelligenz: eine drastische Eskalation von staatlicher Macht und Zwang und der staatlich gelenkte Zusammenbruch der kapitalistischen Marktmechanismen, wobei die Mittelschichten zu Hause bleiben mussten, ob sie nun aus der Ferne arbeiteten oder sich beurlauben ließen. Die Arbeiterklasse war in der Zwischenzeit – zumindest in den Bereichen Lieferdienste, Kochen, Lebensmittelverarbeitung, Landwirtschaft, Gesundheit und Pflege usw. – gezwungen, weiterzuarbeiten. Trotz der Kosten der Pandemie – Todesfälle, Leid, eingeschränkte bürgerliche Freiheiten und wirtschaftlicher Zusammenbruch – besteht die Möglichkeit, dass die Pandemie ein Wiederaufleben der Politik für das Volk und vielleicht sogar der Politik der Arbeiterklasse auslösen könnte. Auffallend ist, dass die Staaten zwar ganze Regionen und Länder in ihren Bemühungen, die Ausbreitung des Virus einzudämmen, demobilisiert haben, aber gleichzeitig gezwungen waren, ihre Bürger und WählerInnen auf eine neue Art und Weise einzubeziehen: Die staatliche Propaganda rund um die Lockdowns forderte alle Bürgerinnen und Bürger zur kollektiven Verantwortung für die öffentliche Gesundheit und zur kollektiven Beteiligung am Schutz der sozialen Interessen auf.

Es handelt sich zwar um eine minimale und abgesicherte Form der nationalen Politik, eine eingeschränkte Verkörperung der kollektiven Verantwortung – »Bleibt zu Hause« lautete die Botschaft vieler Regierungen. Ungeachtet der Form dieser kollektiven Vision unterscheidet sich der Inhalt von den hartnäckigen Bemühungen der Vergangenheit, die öffentliche Sphäre in den letzten drei Jahrzehnten einzuschränken und zu strangulieren, als die Öffentlichkeit aus dem kollektiven Leben verdrängt wurde, mit dem Ergebnis, dass die soziale Ordnung Anwälten, Aktivisten, abgehobenen Regierungsexperten in transnationalen Kommissionen, Zentralbankern, Technokraten, dem Markt, CEOs … anvertraut wurde – und nicht den normalen Bürgern. Es überrascht nicht, dass diese Ära mit dem Zeitalter des Konsumenten zusammenfiel – des privatisierten, apathischen Bürger-Wählers, der ermutigt wurde, von der niedrigen Inflation und den billigen Waren zu profitieren, die sich aus dem globalen Handel und den Lieferketten ergaben, und die Politik wiederum als ein ferngesteuertes, mediatisiertes Spektakel zu konsumieren, das verschiedene Marken von im Wesentlichen ähnlichen Produkten anbietet, während er sich nicht damit befasst, wie die Produktion funktioniert, organisiert oder verteilt wird. Das wurde den Managern der Lieferketten, den Investoren und den Verhandlungsführern überlassen, nicht den Gewerkschaften oder den Politikern. Die Tatsache, dass schmutzige, niedere und unbedeutende Arbeitsplätze als »unverzichtbar« ins öffentliche Bewusstsein gerückt wurden, deutet darauf hin, dass die Gesellschaft gezwungen sein wird, Fragen der Produktion neu zu überdenken.

Schließlich gab es bei all dem Elend, das mit der Pandemie verbunden war, auch einige ermutigende Momente, die auf die Möglichkeit eines neuen politischen Bewusstseins der ArbeiterInnen für ihre besonderen Interessen als Produzenten hinwiesen. Mit einem Schlag brachte die Pandemie die in den letzten 30 Jahren vorherrschende Arbeitshierarchie durcheinander, die CEOs, Börsenhändler, Unternehmer, Finanziers und Angehörige der Mittelschicht privilegierte. Die fortdauernde Abhängigkeit der Gesellschaft von »unverzichtbaren« Arbeitskräften – d. h. der

Arbeiterklasse – wurde offengelegt. Mancherorts rüsteten die ArbeiterInnen sogar spontan ihre Fabriken auf die Herstellung medizinischer Geräte um, während in anderen Ländern die Arbeiter mitten in der Pandemie gegen die beengten und unhygienischen Arbeitsbedingungen revoltierten. Während sich der Mittelstand zu Hause verkroch und die Oligarchen ihr Vermögen durch die staatlichen Bemühungen, die Wirtschaft am Leben zu erhalten, spontan vergrößern konnten, wurden die ArbeiterInnen zur Arbeit gezwungen. Vielleicht werden die ArbeiterInnen – und andere – zu einer größeren Wertschätzung ihres eigenen Handelns kommen, nicht nur bei der Aufrechterhaltung der Wirtschaft, sondern bei der Aufrechterhaltung der Gesellschaft selbst. Die Beschränkung liegt hierbei natürlich darin, dass die Solidarität und das Eigeninteresse der ArbeiterInnen sich auf den Schutz vor dem Virus orientierten und nicht auf die Übernahme der Kontrolle über die Gesellschaft selbst. Wenn die Politik wieder im Eigeninteresse der Produzenten verwurzelt werden soll, muss der Wille zur Selbstbestimmung die Politik der Angst überwinden, von der die Covid-19-Pandemie lebt. So gibt es inmitten all der Verwirrung, Zersplitterung und Hysterie – am Ende des Endes der Geschichte – immer noch Grund zur Hoffnung und Zuversicht.

Hinweise für die LeserInnen

Sie haben das Ende von »Das Ende des Endes der Geschichte« erreicht.

Die in dem Buch vorgestellten Ideen werden auf unserm Podcast »Aufhebunga Bunga« weiter diskutiert und entwickelt. Unser Ziel ist es, die Politik rund um den Globus zu erforschen – auf unterschiedlichen Ebenen, von internationalen Beziehungen bis hin zu subkulturellen Trends – und nach der Rückkehr der Politik zu suchen, während die neoliberale Ordnung zerbröckelt. Wir produzieren nicht nur lange Interviews und Diskussionen, sondern auch mehrteilige Doku-Serien, die bestimmte Themen vertiefen.

Etwa die Hälfte unserer Episoden sind nur für Spender erhältlich, darunter ein regelmäßiger Lesekreis und andere exklusive Inhalte. Sie können sich unter patreon.com/bungacast anmelden.

Episoden und schriftliche Inhalte finden Sie unter bungacast.com

Sie erreichen uns unter aufhebungabunga@gmail.com sowie über die sozialen Medien:

Facebook.com/bungacast, Twitter.com/bungacast, Instragram.com/bungacast

Danksagungen

Wie so viele junge Männer unserer Generation wurden auch wir tragischerweise dazu getrieben, einen Podcast zu starten. Da wir in der politischen Ödnis der 2000er-Jahre aufgewachsen sind, fühlten sich die Turbulenzen der mittleren 2010er-Jahre anregend an: die Politik war zurückgekehrt! Als wir mit »Aufhebunga Bunga« im April 2017 begannen, hatten wir keine klare Vorstellung davon, was wir erreichen wollten, obwohl die Idee, dass das langweilige Ende der Geschichte endlich zu Ende sein könnte, eine gemeinsame Prämisse war. Als sich der Podcast entwickelte, trafen wir den Entschluss, uns explizit mit den Konturen des neuen Zeitalters zu beschäftigen.

Wir sind vor allem unserem Podcast-Freund Lee Jones zu Dank verpflichtet, der uns Mitte 2019 ermutigte, dieses Buch zu schreiben. Der von Lee konzipierte und an der Queen-Mary-Universität in London unterrichtete Studiengang »Politics at the End of the End of History« (Politik am Ende des Endes der Geschichte) war ein weiterer Ansporn, die Rahmenbedingungen abzustecken, die sich bei der Produktion des Podcasts herauskristallisiert hatten.

Dankbar sind wir auch Catherine Liu für ihren anhaltenden Enthusiasmus und für die Einladung an die University of California in Irvine, an ihrem Graduierten-Seminar zum Thema »Wellness« teilzunehmen und Aufnahmen zu machen. Unsere »CaliBunga«-Serie über die kalifornische Ideologie entstand als Produkt dieser Reise und trug dazu bei, unsere Sichtweise weiter zu festigen.

Ein großes Dankeschön an alle, die die Kapitelentwürfe gelesen und wertvolle Kommentare dazu abgegeben haben: Benjamin Bradlow, Benjamin Fogel, Paolo Gerbaudo, Abby Gilbert, Lee Jones, Euan Marshall, Andresa Medeiros, Dan Taylor, Matthew Thompson, Sally Turner.

An alle unsere Podcast-Gäste der letzten Jahre: Wir sind euch zu großem Dank verpflichtet, dass ihr euch die Zeit genommen und an einem Austausch mitgewirkt habt, der sich als äußerst bereichernd erwiesen hat (für uns und hoffentlich auch für euch selbst und die HörerInnen). Die Gespräche haben sicherlich dazu beigetragen, unser Verständnis für die seltsamen Zeiten, in denen wir uns befinden, zu erweitern und zu vertiefen.

Vielen Dank auch an Jonny Mundey (jonnymundey.com), der die Titelmusik komponiert hat und Dewi Gonzalez (ramune.io) für die Gestaltung unseres Logos.

Und schließlich ein großes Dankeschön an alle unsere Hörer und insbesondere an unsere Abonnenten und Unterstützer.

Es versteht sich von selbst, dass wir die Verantwortung für alles, was hierin geschrieben steht, alleine tragen.

Anmerkungen

1 Um nur ein paar Nachrufe aus dem Jahr 2016 zu nennen: Leonard Cohen, David Bowie, Muhammad Ali, George Michael, Alan Rickman, Prince, Gene Wilder, Zsa Zsa Gabor. Obwohl einige von ihnen der »Silent Generation«, der Generation vor den »Baby Boomers« angehörten, besagt das Verschwinden von Ikonen der Populärkultur des Kalten Krieges etwas über das Vergehen einer Epoche in der westlichen Welt.

2 Eine Ausnahme mag hierbei Griechenland darstellen, wo eine erhebliche Massenmobilisierung Syriza als Regierungspartei unterstützte.

3 Eric J. Hobsbawm, *Das Zeitalter der Extreme. Weltgeschichte des 20. Jahrhunderts* (München: Dt. Taschenbuch-Verl., 1998). S. 693.

4 Ebd. S. 694.

5 In dem vierteiligen Dokumentarfilm »Century of the Self« untersuchte Adam Curtis die Zusammenhänge zwischen der Freud'schen Konzentration auf das Innenleben und die Psyche und dem Aufschwung von Public Relations und Werbung. Der Titel bezieht sich auf das zwanzigste Jahrhundert, aber es war in Wahrheit das Ende des Jahrhunderts, in dem das »Selbst« – insbesondere das konsumierende Selbst – unangefochten herrschte.

6 Gary S. Cross, *An All-Consuming Century* (New York: Columbia University Press, 2000).

7 Maren Thom (/100/ What Was the End of History?), Aufhebunga Bunga (Podcast). 10. Dezember 2019, https://aufhebungabunga.podbean.com/e/100-what-wasthe-end-of-history-ft-many-guests/.

8 Mark Fisher, *Kapitalistischer Realismus ohne Alternative? Eine Flugschrift* (Hamburg: VSA, 2013).

9 Andrew Calcutt, *Arrested Development. Pop Culture and the Erosion of Adulthood* (London/New York: Bloomsbury Academic, 2016). Greil Marcus wird darin zitiert.

10 Fisher, *Kapitalistischer Realismus ohne Alternative?* Höre auch: Aufhebunga Bunga (/46/ Exiting Capitalist Realism), Aufhebunga Bunga (Podcast). 30. August 2018. https://aufhebungabunga.podbean.com/e/46-exitingcapitalist-realism/.

11 J.G. Ballard, *Weißes Feuer* (München: Goldmann, 1998), S. 206. Höre auch: Simon Sellars (/109/ Bunga Goes Ballard), Aufhebunga Bunga (Podcast). 25. Februar 2020. https://aufhebungabunga.podbean.com/e/109-bunga-goes-ballard-ft-simon-sellars/.

12 Catherine Liu (/37/ The Ghosts of May '68), Aufhebunga Bunga (Podcast). 16. Mai 2018. https://aufhebungabunga.podbean.com/e/37-the-ghosts-of-may-68-ft-catherine-liu/

13 Luc Boltanski/Ève Chiapello, *Der neue Geist des Kapitalismus* (Konstanz: UVK-Verl.-Ges., 2003). Siehe auch: Alex Hochuli, »Is Contemporary Anti-Consumerism a Form of Romantic Anti-Capitalism?«, 2008, https://www.academia.edu/32436755/Is_contemporary_anti-consumerism_a_form_of_romantic_anti-capitalism

14 Simon Reynolds, *Retromania. Warum Pop nicht von seiner Vergangenheit lassen kann* (Mainz: Ventil-Verlag, 2012).

15 In einer bizarren Wiederholung spielt die in den letzten Jahren entstandene »Extinction Rebellion« der Umweltschützer dieselben Tropen von vor über einem Jahrzehnt nach, als hätte es die 2000er-Jahre nie gegeben. Höre: Leigh Phillips (/91/ Exhaustion Revealing), Aufhebunga

Bunga (Podcast). 10. Oktober 2019, https://aufhebungabunga.podbean.com/e/91-exhaustion-revealing-ft-leigh-phillips/

16 Alex Hochuli (/47/Woke Consumerism), Aufhebunga Bunga (Podcast). 13. September 2018. https://aufhebungabunga. podbean.com/e/47-woke-consumerism/.

17 Bei«Kony 2012« handelte es sich um eine Kampagne, die sich für die Verhaftung des ugandischen Rebellenführers Joseph Kony einsetzte und in den sozialen Medien schnell populär wurde. Laut dem Fernsehsender *arte* diente sie aber vor allem dazu, die Politik der USA in Uganda zu decken. Anm. d. Ü.

18 Als die Sowjetunion sich als ein gewaltiger technologischer und militärischer Rivale der USA ankündigte. Siehe: Branko Milanovic, »Is the Pandemic China's Sputnik Moment?«, *Foreign Affairs*, 13. Mai 2020. https://www.foreignaffairs.com/articles/united-states/2020-05-12/pandemic-chinas-sputnik-moment.

19 Man könnte hinzufügen, dass der Irak Osteuropa in Bezug auf die Gewalt, mit der die Einführung einer liberalen Demokratie versucht wurde, übertroffen hat. Und (zufällig?) gibt es im Irak heute erhebliche Massenproteste gegen die Korruption.

20 Eine Bezeichnung für Sex-Partys in der Villa von Premier Berlusconi während seiner Amtszeit.

21 Francis Fukuyama, »Das Ende der Geschichte?«, *The National Interest*, Nr. 16 (Sommer 1989): 3–18. https://www.jstor.org/stable/24027184.

22 Der Kalte Krieg kam zu einem, auch wenn man ihn nicht wollte. Diejenigen Länder, die einen unabhängigen Entwicklungsweg anstrebten, landeten schnell – ob über Verlockungen oder durch gewaltsame Abstoßung – in den Armen des einen oder anderen Lagers. Höre: Vincent Bevins. (/121/Those Murdering Bastards), Aufhebunga Bunga (Podcast), 5. Mai 2020. https://aufhebungabunga podbean.com/e/121-those-murdering-bastards-ft-vincent-bevins/.

23 Siehe Fukuyamas spätere Bücher, insbesondere Francis Fukuyama, *Political Order and Political Decay. From the Industrial Revolution to the Globalization of Democracy* (London: Profile Books, 2014).

24 Francis Fukuyama, *Das Ende der Geschichte. Wo stehen wir?* (München: Kindler, 1992).

25 Mandelson bezog sich dabei speziell auf die Wähler von South Wales, aber der Punkt ist allgemeiner Natur. Zitiert in: Ellie Mae O'Hagan, »A political earthquake – that's what it takes for the press to notice Wales«, *The Guardian*, 26. April 2017. https://www.theguardian.com/commentisfree/2017/apr/26/press-wales-labour-meltdown-heartland.

26 Im englischen Originaldokument verwenden die Autoren häufig den Begriff »zentristisch« als Bezeichnung für die politische (liberale) Mitte. Für ein besseres Verständnis wird er hier auf Deutsch auch mit »Mitte« oder »Mittelschicht« wiedergegeben. Anm. d. Ü.

27 Dieser Abschnitt stützt sich auf die Arbeiten von Adam Tooze. Siehe: Adam Tooze, *Crashed. Wie zehn Jahre Finanzkrise die Welt verändert haben* (München: Siedler, 2018).

28 Jean Jaurès (1859–1914), bekannter französischer (Früh-)Sozialist, der am Vorabend des Ersten Weltkriegs ermordet wurde.

29 Chris Bickerton, »Labour's Lost Working-Class Voters Have Gone for Good.« *The Guardian*, 19. Dezember 2019. https://www.theguardian.com/commentisfree/2019/dec/19/labour-working-class-voters-brexit.

30 Fareed Zakaria, »The End of The End of History«, *Newsweek*, 23. September 2001. https://www.newsweek. com/end-end-history-152075.

31 Robert Kagan, *Die Demokratie und ihre Feinde. Wer gestaltet die neue Weltordnung?* (München: Siedler, 2008). Azar Gat, »The Return of Authoritarian Great Powers«, *Foreign Affairs*, Juli/August 2007. https://www.foreignaffairs.com/articles/china/2007-07-01/return-authoritarian-great-powers.

32 Russell Jacoby, *The End of Utopia. Politics and Culture in an Age of Apathy* (New York: Basic Books, 1999).

33. Dieser Abschnitt stützt sich auf das Buch: Todd McGowan, *Emancipation After Hegel. Achieving a Contradictory Revolution* (Columbia University Press, 2019).

34 Es handelt sich um die Worte des ersten ständigen Präsidenten des Europäischen Rates (2009–14), Herman von Rompoy. Zitiert in: Anton Jäger, »The Myth of ›Populism‹«, *Jacobin*, 1. März 2018. https://jacobinmag.com/2018/01/populism-douglashofstadter-donald-trump-democracy.

35 Für eine Darstellung der antidemokratischen und volksfeindlichen Verwendungen des Begriffs »Populismus«, siehe: Marco D'Eramo, »Populism and the New Oligarchy«, *New Left Review* 82, Juli-August 2013. https://newleftreview.org/issues/II82/articles/marcod-eramo-populism-and-the-new-oligarchy.

36 Alex Hochuli, »Technocracy's End-of-Life Rally«, *Damage*, 8. Mai 2020. https://damagemag.com/2020/05/08/technocracys-end-of-life-rally/.

37 Arthur Jr Schlesinger, »It's My ›Vital Center‹«, *Slate Magazine*. 10. Jänner 1997, https://slate.com/news-andpolitics/1997/01/it-s-my-vital-center.html.

38 Zitiert in: Haroon Siddique, »Tony Blair Says Tories and Labour Engaged in ›Populism Running Riot‹«, *The Guardian*, 25. November 2019, https://www.theguardian.com/politics/2019/nov/25/tony-blair-tories-labour-populismelection.

39 Mudde charakterisiert den »allgemeinen Willen« falsch – er ist besser als Voraussetzung für Pluralismus zu verstehen und nicht als dessen Gegenteil. Siehe Jean-Jacques Rousseau, *Vom Gesellschaftsvertrag oder Grundsätze des Staatsrechts* (Ditzingen: Reclam, 2020). Cas Mudde, »Populism in the Twenty-First Century: An Illiberal Democratic Response to Undemocratic Liberalism«, The Andrea Mitchell Center for the Study of Democracy, https://www.sas.upenn.edu/andrea-mitchell-center/cas-mudde-populism-twenty-first-century.

40 Cas Mudde, *Populismus. Eine sehr kurze Einführung* (Bonn: Dietz, 2019).

41 Dieser Abschnitt stützt sich auf die einzige neuere systematische Studie über Anti-Politik: Nick Clarke, *The Good Politician. Folk Theories, Political Interaction and the Rise of Anti-Politics* (Cambridge: University Press, 2018).

42 Zur Veranschaulichung der Besonderheiten der »politischen Klasse« siehe: Peter Oborne, *The Triumph of the Political Class* (London: Simon & Schuster, 2007). Für eine neuere Betrachtung der Art und Weise, wie die Mitte immer mehr »populistische« Eigenschaften angenommen hat, siehe: Joe Kennedy, *Authentocrats. Culture, Politics and the New Seriousness* (Repeater, 2018).

43 Christopher Lasch, *Die blinde Elite. Macht ohne Verantwortung* (Hamburg: Hoffmann und Campe, 1995), S. 15. Siehe auch: Christopher Lasch, *Das Zeitalter des Narzissmus* (Hamburg: Hoffmann und Campe, 1995).

44 Eliane Glaser, *Anti-Politics. On the Demonization of Ideology, Authority and the State* (London: Repeater, 2018).

45 Freddy Gray, »How Bloomberg Helps Bernie«, *The Spectator,* 24. November 2019. https://blogs.spectator.co.uk/2019/11/how-bloomberg-helps-bernie/. Rafael Behr, »Our Brexit Limbo Has Given Us Two New Parties, but the Same Old Politics«, *The Guardian*, 23. April 2019. https://www.theguardian.com/commentisfree/2019/apr/23/brexit-limbo-new-parties-politics-insurgent-outsider. Terry Eagleton, »The Government of No One by Ruth Kinna Review – the Rise of Anarchism«, *The Guardian*, 22. August 2019. https://www.theguardian.com/books/2019/aug/22/the-government-of-no-one-by-ruth-kinna-review-anarchism. Patrick Maguire, »Robert Kilroy-Silk: The Godfather of Brexit.« *The New Statesman*, September 18, 2019. https://www.newstatesman.com/politics/brexit/2019/09/robertkilroy-silk-godfather-brexit.

46 Sam Smyth, »Goofy New Millennium Meets '60s Radical Chic«, *Sunday Tribune*, 7. Mai, 2000. Rosemary Righter, »Third Time's a Charm as Berlusconi Gets His Wish«, *Irish Independent*, 16. April 2008. »Plus Ça Change«, Transcript. *BBC Radio 4*, 1. April 2007. http://www.bbc.co.uk/radio4/transcripts/plus_ca_change2.rtf

47 Zu dieser Konzeptualisierung siehe: Andreas Schedler, *The End of Politics? Explorations into Modern Antipolitics* (Basingstoke: Macmillan, 1997).

48 https://de.wikipedia.org/wiki/Mittlerorganisation, Anm. d. Ü.

49 Colin Crouch, *Postdemokratie* (Berlin: Suhrkamp, 2008).

50 Diese Lesart der Politik geht auf die Arbeiten des französischen Philosophen Jacques Rancière zurück. Siehe: Jacques Rancière, *Das Unvernehmen. Politik und Philosophie* (Frankfurt am Main: Suhrkamp-Verl., 2002). Jacques Rancière, *On the Shores of Politics* (Verso, 2021). Jacques Rancière, *Der Hass der Demokratie* (Berlin: August, 2012).

51 Slavoj Žižek, »For a leftist appropriation of the European legacy«, *Journal of Political Ideologies*, 3:1, 63–78, 1998, DOI: 10.1080/13569319808420769

52 Jacques Rancière, *On the Shores of Politics.*

53 Natürlich fand die Politik in der Dritten Welt selten innerhalb eines liberal-demokratischen Rahmens statt. Versuche von Sozialisten oder Nationalisten, das institutionelle Spiel mitzuspielen, wurden oft gewaltsam niedergeschlagen, wie in Indonesien 1965 oder in Chile 1973, und die Politik des Volkes außerhalb der Institutionen konnte nur selten eine größere Repräsentativität der nationalen Institutionen erzwingen. Selbst in der Ersten Welt gab es zahlreiche gewalttätige, verdeckte und außergesetzliche Aktivitäten, die ein freies Spiel der Politik verhinderten, wie z. B. geheime Netzwerke, die verhindern sollten, dass kommunistische Parteien jemals Wahlen gewinnen würden.

54 Crouch, *Postdemokratie.*

55 Anthony Ince/David Featherstone/Andrew Cumbers/Danny Mackinnon/Kendra Strauss, »British Jobs for British Workers? Negotiating Work, Nation, and Globalisation through the Lindsey Oil Refinery Disputes«, *Antipode 47*, no. 1 (2014): 139–57. doi:10.1111/anti.12099.

56 Becky Barrow, »British Jobs for British Workers: Brown's Big Lie as Wildcat Strikes Spread over Foreign Labour Shipped into the UK«, *Daily Mail Online*, 31. Januar 2009. https://www.dailymail.co.uk/news/article-1131708/British-jobs-British-workers-Wildcat-strikes-spread-foreign-workers-shipped-UK.html.

57 Wolfgang Streeck, »The Return of the Repressed«, *New Left Review*, März/April 2017. https://newleftreview.org/issues/II104/articles/wolfgang-streeck-the-return-of-the-repressed.

58 Victor Mallet/Roula Khalaf, »FT-Interview: Emmanuel Macron Says It Is Time to Think the Unthinkable.«, *Financial Times*, 16. April 2020. https://www.ft.com/content/3ea8d790-7fd1-11ea-8fdb-7ec06edeef84.

59 Nick Clarke, *The Good Politician*, S. 21–24

60 Für eine Zusammenfassung siehe: Ross Barkan, »Will Rachel Maddow Face a Reckoning for Her Trump-Russia Coverage?«, *The Guardian*, 28. März 2019. https://www.theguardian.com/commentisfree/2019/mar/28/trump-russia-investigation-mueller-liberal-media-rachel-maddow.

61 Beispiele gibt es viele. So lud eine Nachrichtenseite einen führenden Wirtschaftsanwalt ein, den »No-Deal-Brexit« anhand von Kinderromanen und -filmen zu erklären. William Telford, »Expert Explains No-Deal Brexit by Likening It to Harry Potter«, *Business Live*, 20. Juni 2019. https://www.business-live.co.uk/economic-development/expert-explains-no-deal-brexit-16455721.

62 Sollte NOBS als Akronym nicht nach dem Geschmack der LeserInnen sein, können wir ähnliche Formulierungen aufbieten wie »Neoliberal Undoing Terminal Syndrome« (NUTS), »Paranoia at the End of Neoliberalism Syndrome« (PENOS), »Postmodern Liberal Establishment Breakdown Syndrome« (PLEBS) und »Breakdown of Liberal Establishment Hysteria« (BLEH). Die Schwierigkeit, »NOBS« zu benennen, ist vielleicht ein Zeichen dafür, dass die alten Methoden der politischen Analyse aussterben, während die neuen gerade erst geboren werden.

63 Zum Beispiel die Art und Weise, wie er vorgibt, demokratisch zu sein, aber keine Massenbeteiligung zulässt, oder wie seine Betonung des sozialen Friedens die zu seiner Aufrechterhaltung erforderliche Gewalt verschleiert. Höre: Aufhebunga Bunga (/45/Liberalism: A Counter-Podcast), Aufhebunga Bunga (Podcast), 16. August 2018. https://aufhebungabunga.podbean.com/e/45-liberalism-a-counter-podcast/.

64 Alexander Wimmer, »Die Linke«, The Full Brexit, 13. Dezember 2019. https://www.thefullbrexit.com/die-linke.

65 Charles Krauthammer, »The Delusional Dean«, *Washington Post*, 5. Dezember 2003. https://www.washingtonpost.com/archive/opinions/2003/12/05/the-delusional-dean/cbc80426-08ee-40fd-97e5-19da55fdc821/.

66 Harriet Alexander, »George W Bush's Book of Paintings Praised by Art Critic and Tops Bestseller List«, *The Telegraph*, 12. März 2017. https://www.telegraph.co.uk/news/2017/03/12/george-w-bushs-book-paintings-praised-art-critic-tops-bestseller/.

67 Kontroverse Meinungen, provokante Kommentare, vor allem in den sozialen Medien geäußert.

68 Jede Ähnlichkeit mit den von Theodor W. Adorno diagnostizierten Symptomen der »autoritären Persönlichkeit« ist rein zufällig.

69 Mehr zum Begriff des gesunden Menschenverstands, wie er hier verwendet wird, siehe: George Hoare, *An Introduction to Antonio Gramsci. His Life, Thought and Legacy* (London: Bloomsbury Academic, 2015), Kapitel 4.

70 Ein Tweet, später gelöscht, aber für die Nachwelt gespeichert, in: Owen Jones,. »How Online Abuse Is Politically Hijacked«, *Medium*, 14. Juli 2017. https://medium.com/@OwenJones84/how-online-abuse-is-politically-hijacked-ca27cc62ddf3.

71 Hadley Freeman, »From Labour's Hard Left to Donald Trump, It's Been the Summer of the Personality Cult«, *The Guardian*, 30. Juli 2016. https://www.theguardian.com/usnews/2016/jul/30/donald-trump-labour-personality-culthadley-freeman. John Johnston, »Tony Blair Savages Jeremy

Corbyn for Turning Labour into a ›Glorified Protest Group with Cult Trimmings‹«, *Politics Home*, 25. Februar 2020. https://www.politicshome.com/news/uk/political-parties/labourparty/news/108655/tony-blair-savages-jeremy-corbynturning-labour. Heather Stewart, »Former Minister Quits Labour after 45 Years Blaming ›Corbyn Cult‹«, *The Guardian*. 14. Mai 2019. https://www.theguardian.com/politics/2019/may/14/former-labour-mp-bridget-prentice-quits-party-after-45-years-blaming-corbyn-cult.

72 Toni Morrison, »On the First Black President«, *The New Yorker*, 28. September 1998. https://www.newyorker.com/magazine/1998/10/05/comment-6543.

73 Charlotte Krol, »The Justin Trudeau Effect: Famous Faces Who Have Fallen for the Canadian Prime Minister's Charm.« *The Telegraph*, 14. Februar 2017. https://www.telegraph.co.uk/news/2017/02/17/justin-trudeau-effect-famous-faceshave-fallen-canadian-prime/.

74 Lawrence H. Summers, »How to Fix Globalization-for Detroit, Not Davos.«, *The American Interest*, 27. Mai 2020. https://www.the-american-interest.com/2020/05/22/how-to-fix-globalization-for-detroit-not-davos/.

75 Zachary Pincus-Roth, »›It's the President We All Want‹: The Melancholy World of Liberals Watching ›The West Wing‹ in 2018«, *The Washington Post*, 20. Juli 2018. https://www.washingtonpost.com/entertainment/tv/in-the-trump-era-some-find-escapism-in-the-west-wing-its-the-president-we-all-want/2018/07/19/05c40fd4-89bb-11e8-85ae-511bc1146b0b_story.html.

76 Clémence Michallon, »12 West Wing Episodes That Are Ultimate Therapy for the Trump Era«, *The Independent*, September 22, 2019. https://www.independent.co.uk/arts-entertainment/tv/features/west-wing-episodes-bestdonald-trump-cast-white-house-josiah-bartlet-a8627181.html.

77 Chuck Ross, »Susan Rice Claims Without Evidence That Russia Could Be Funding Riots«, *The Daily Caller*, 31. Mai 2020. https://dailycaller.com/2020/05/31/susan-rice-russia-riots-george-floyd-protests/.

78 Jennifer Rubin, »Trump's Subservience to Putin on Display«, *The Washington Post*, August 27, 2019. https://www.washingtonpost.com/opinions/2019/08/27/trumps-subservience-putin-display/.

79 Siehe zum Beispiel: Michael Hirsh, »Why Putin Is Smiling«, *Foreign Policy*, 10. Dezember 2019 https://foreignpolicy.com/2019/12/10/russia-putin-trump-impeachment-dysfunction-smiling/.

80 Nathan J. Robinson, »The Clinton Comedy of Errors«, *Current Affairs*, 26. April 2017. https://www.currentaffairs.org/2017/04/the-clinton-comedy-of-errors.

81 Mark Jurkowitz/Amy Mitchell/Elisa Shearer/Mason Walker, »US Media Polarization and the 2020 Election: A Nation Divided«, Pew Research Center's Journalism Project. 24. Jänner 2020. https://www.journalism.org/2020/01/24/u-s-media-polarization-and-the-2020-election-a-nation-divided/.

82 »›Post-Truth‹ Declared Word of the Year by Oxford Dictionaries«, *BBC News*, 16. November 2016. https://www.bbc.co.uk/news/uk-37995600. »Dealing with post-truth politics: ›Postfaktisch‹ is Germany's Word of the Year«, *DW*, 9. Dezember 2016. https://www.dw.com/de/dealing-with-post-truth-politics-postfaktisch-is-germanys-word-of-the-year/a-36702430.

83 David Goodhart, »3 New Books Exploring Posttruth«, *Evening Standard*, 11. Mai 2017. https://www.standard.co.uk/lifestyle/books/3-new-books-exploring-posttruth-a3536521.html. David Block, *Post-Truth and Political Discourse* (New York, NY: Palgrave Pivot, 2018).

84 Megha Mohan, »Macron Leaks: The Anatomy of a Hack«, *BBC News*, 9. Mai 2017. https://www.bbc.co.uk/news/blogs-trending-39845105.

85 Siehe zum Beispiel: Jason Brennan, *Gegen Demokratie. Warum wir die Politik nicht den Unvernünftigen überlassen dürfen* (Berlin: Ullstein, 2017).

86 Die Unabhängige Gruppe (The Independent Group for Change) war ein kurzlebiger zentristischer Ableger der drei großen Parteien in Großbritannien, der in der Überzeugung gegründet wurde, es gebe ein großes Reservoir an Pro-EU-Wählern aus der Mitte, die von keiner anderen Partei angesprochen werden. Sie scheiterte bei den Parlamentswahlen 2019 kläglich und wurde bald danach aufgelöst. »Pro-Brexit Protestors Sentenced after Abusing Anna Soubry MP«, Crown Prosecution Service, 29. Juli 2019. https://www.cps.gov.uk/london-south/news/pro-brexit-protestorssentenced-after-abusing-anna-soubry-mp.

87 Sophia Deboick. »A YEAR IN MUSIC: 2012, Britain before the Fall.« *The New European*, 13. Februar 2019. https://www.theneweuropean.co.uk/top-stories/a-year-in-music-2012-britain-before-the-fall-1-5883381.

88 Katie Couric, Twitter-Post, 29. Mai 2020, 15 Uhr, https://twitter.com/katiecouric/status/1266429206633857024.

89 Garri Kasparow, Twitter-Post, 16. Juli 2018, 13:20 Uhr, https://twitter.com/kasparov63/status/1018893198058573824.

90 Lisa O'Carroll/Jessica Elgot/Denis Campbell, »Brexit Threat to School Dinners Comes as Stockpiling Intensifies«, *The Guardian*, 31. Jänner 2019. https://www.theguardian.com/politics/2019/jan/31/progress-on-school-dinners-couldbe-rewound-after-brexit. Jane Wharton, »England's Top Medical Chief Warns of Deaths after No-deal Brexit«, *Metro*, 15. November 2019. https://metro.co.uk/2019/10/10/englands-top-medical-chiefwarns-deaths-no-deal-brexit-10895809/. »EU Withdrawal Scenarios and Monetary and Financial Stability«, Bank of England, 28. November 2018. https://www.bankofengland.co.uk/report/2018/eu-withdrawal-scenarios-and-monetary-and-financial-stability. Sarah Butler, »Greggs to Stockpile Bacon and Tuna to Avert Brexit Shortages.« *The Guardian*, 1. Oktober 2019. https://www.theguardian.com/business/2019/oct/01/greggs-tostockpile-bacon-and-tuna-to-avert-brexit-shortages. City & Finance Reporter for the Daily Mail, »Brexit Raspberry Fears: Ocado Warns of Shortages If There Is No Deal«. *This Is Money*, 17. September 2019. https://www.thisismoney.co.uk/money/markets/article-7474983/Brexit-raspberrymozzarella-fears-Ocado-bosses-warn-shortages-No-Deal.html.

91 RJ Quinn, »Politics Is Not Harry Potter«, *Jacobin*, 4. Jänner 2019. https://www.jacobinmag.com/2019/01/harry-pottermagic-liberalism-fantasy-

92 Auf Englisch poetischer: »basket of deplorables« (»Korb der Beklagenswerten«). Anm. d. Ü.

93 Laurie Penny, »I Want My Country Back.« 24. Juni 2016, https://www.newstatesman.com/politics/uk/2016/06/i-want-my-country-back. Paul Mason, Twitter Post, 12. Dezember 2019, 19:06 Uhr, https://twitter.com/paulmasonnews/status/1205247632135872516.

94 »Clinton: Half of Trump Supporters ›Basket of Deplorables‹«, *BBC News*, 10. September 2016. https://www.bbc.com/news/av/election-us-2016-37329812/clinton-half-of-trump-supporters-basket-of-deplorables.

95 Alan Kirby, *Digimodernism. How New Technologies Dismantle the Postmodern and Reconfigure Our Culture* (Continuum, 2009). Maren Thom nennt dies, mit einer Metapher aus den sozialen Medien, »das endlose Scrollen des Kinos«. (/106/ The Endless Scrolling of Cinema), Aufhebunga Bunga (Podcast), 4. Februar 2020. https://www.patreon.com/posts/106-endless-of-33718402.

96 Rudy Andeweg, »Political recruitment and party government« in: Jean Blondel/Maurizio Cotta (Hg.), *The Nature of Party Government: A Comparative European Perspective* (New York: Palgrave Macmillan, 2000).

97 Oxbridge-PPE: Fakultät für Philosophie, Politik und Ökonomie an der Universität Oxford; Énarque: Abgänger einer französischen Eliteschule; Beltway: Bezeichnung für das politische Establishment in den USA. Anm. d. Ü.

98 Amber A'Lee Frost, »The Necessity of Political Vulgarity«, *Current Affairs*, 25. August 2016. https://www.currentaffairs.org/2016/05/the-necessity-of-political-vulgarity.

99 George Hoare, »The Left Against the People?«, *Brave New Europe*, 13. Dezember 2018. https://braveneweurope.com/george-hoare-the-left-against-the-people.

100 Alex Hochuli, »Technocracy's End-of-Life Rally.« *Damage*, 8. Mai 2020. https://damagemag.com/2020/05/08/technocracys-end-of-life-rally/.

101 Keith Johnson, »2019: A Year of Global Protest«, *Foreign Policy*, 23. Dezember 2019. https://foreignpolicy.com/2019/12/23/2019-a-year-of-global-protest/.

102 »Do Today's Global Protests Have Anything in Common?«, *BBC News*, 11. November 2019. https://www.bbc.com/news/world-50123743.

103 Die frühere Lega Nord – eine populistische, fremdenfeindliche und regionalistische Partei mit Sitz im Norden Italiens – benannte sich 2018 in Lega um und gab den regionalistischen Schwerpunkt auf, um eine landesweite rechtspopulistische Partei zu werden.

104 Elizabeth Dunn, »Audit, Corruption, and the Problem of Personhood: Scenes from Postsocialist Poland«, Vortrag am Wissenschaftskolleg Berlin, 1999. Zitiert in: Ivan Krastev, *Shifting Obsessions. Three Essays on the Politics of Anticorruption* (Budapest/New York: Central European University Press, 2004).

105 Abăseacă, Raluca. »#Rezist. Citizens Are Back on the Streets in Romania«, *openDemocracy*, 15. Februar 2017. https://www.opendemocracy.net/en/can-europe-make-it/rezist-citizens-are-back-on-streets-in-romania/

106 Ana G. Adi/Darren G. Lilleker (Hg.), »#Rezist – Romania's 2017 Anti-Corruption Protests: Causes, Development and Implications«, Berlin: Quadriga University of Applied Sciences, 2017. http://www.romanianprotests.info/.

107 Tatsächlich schienen ausländische Kommentatoren verwirrt zu sein und bezeichneten die Proteste sowohl als populistisch als auch als getrieben von Forderungen für eine rationalere und effizientere Regierung. Vergleiche: Ryan Bohl, »Romania Rising: Populism by Different Means and without Ugliness«, *Salon.com*, 11. Februar 2017. https://www.salon.com/2017/02/12/romania-rising-the-european-countrys-populism-by-different-means_partner/.

108 Rob Cameron, »Slovakia's Matovic: Europe's Mr Ordinary Prepares for Power«, *BBC News*, 4. März 2020. https://www.bbc.com/news/world-europe-51718395.

109 Sa'eed Husaini (/61/ Making Plans for Naija), Aufhebunga Bunga (Podcast), 14. Februar 2019. https://aufhebungabunga.podbean.com/e/61-making-plans-for-naija-ft-saeed-husaini/.

110 Sean Jacobs (/27/ After Zuma), Aufhebunga Bunga (Podcast), 31. Januar 2018. https://aufhebungabunga.podbean.com/e/27-cyrils-south-africa-ft-sean-jacobs/.

111 Diese Aussage bezieht sich speziell auf die Dritte Französische Republik, lässt sich aber auch

allgemeiner anwenden. Antonio Gramsci, *Gefängnishefte 7. 12. bis 15. Heft* (Hamburg: Argument, 1996), S. 1610

112 Der Kürze halber werden wir diese Erzählung mit dem Ende des Jahres 2018 und der Wahl von Jair Bolsonaro zum Präsidenten abschließen.

113. Für eine Darstellung der brasilianischen Anti-Korruptionspolitik siehe: Alex Hochuli, »The Ends of Lava Jato«, *Jacobin*, 4. Dezember 2017. https://jacobinmag.com/2017/04/brazil-lava-jato-corruption-dilma-rousseff-lula-temer-mani-pulite-italy.

114 Alex Hochuli, »Brazil's Anti-Politics Election«, *Jacobin*, 9. Juli 2018. https://jacobinmag.com/2018/09/brazilelection-bolsonaro-lula-haddad-boulos-corruption.

115 Ivan Krastev, *Democracy Disrupted. The Politics of Global Protest* (Philadelphia: University of Pennsylvania Press, Inc., 2014).

116 ebd. S. 19.

117 Die Grundzüge einer solchen Sichtweise werden im Podcast »Symptomatic Redness« von Tad Tietze dargelegt. 25. Februar 2019. https://www.listennotes.com/podcasts/douglaslaincom/symptomatic-redness-tad-jqFbv8GBdol/.

118 Glaser, *Anti-Politics*, S. 84.

119 Philip Cunliffe, *Medium*, 23. März 2020. https://medium.com/@thephilippics/are-we-all-covid-communists-now-9825a2067d51.

120 Blau steht für die Demokratische Partei in den USA. Anm. d. Ü.

121 Zu den Gefahren der Verwechslung von Kulturkampf und Klassenpolarisierung siehe Kapitel 7.

122. Diese Formulierung stammt aus: Anton Jäger, »We Bet the House on Left Populism – and Lost«, *Jacobin*, 25. November 2019. https://www.jacobinmag.com/2019/11/we-bet-the-house-on-left-populism-and-lost/. Höre auch: Anton Jäger (/120/ Damaged Beyond Repair), Aufhebunga Bunga (Podcast), 9. Mai 2020. https://aufhebungabunga.podbean.com/e/unlocked-120-damaged-beyond-repair-ft-anton-jager/.

123 Paul Ginsborg, *Berlusconi. Politisches Modell der Zukunft oder italienischer Sonderweg* (Berlin: Wagenbach, 2005).

124 Michele Caccavale, zitiert in: Ginsborg, a. a. O.

125 Der sogenannte »Pakt der Sardinen«. Höre: David Broder (/100/What Was the End of History?), Aufhebunga Bunga (Podcast), 10. Dezember 2019.https://aufhebungabunga.podbean.com/e/100-what-wasthe-end-of-history-ft-many-guests/.

126 Entgelt der Untertanen für gerichtliche Handlungen, siehe: https://de.wikipedia.org/wiki/Sportel. Anm. d. Ü.

127 Max Weber, *Wirtschaft und Gesellschaft* (Jazzybee Verlag, 2012).

128 Ginsborg, a. a. O.

129 Letzteres war eine Lüge, aber das macht nichts, die Aussage blieb im Gedächtnis. Donald Trump neigte zu ähnlichen performativen Gesten, bei denen er die Unterscheidung zwischen seinen privaten Aktivitäten und seiner öffentlichen Politik verwischte.

130 »Besondere Freiheit« ist ein vom Kriminologen Steve Hall entwickeltes Konzept, das ein Gefühl kennzeichnet, »berechtigt zu sein, zu tun, was getan werden muss, das der Einzelne empfindet, wenn er sich aktiv der systemischen Logik des ›Geschäfts‹ anpasst, das ihm Wohlstand, Vergnügen und persönliche Freiheit verschafft«.« Interview mit Prof. Steve Hall über ultra-realistische

Kriminologie.« *Injustice*, 2. Jänner 2018. https://www. injustice-film.com/2018/01/02/interview-prof-steve-hall-ultra-realist-criminology/. Höre auch: Steve Hall (/65/ Bunga Gets Ultra-Real) Aufhebunga Bunga (Podcast), 7. März 2019. https://aufhebungabunga.podbean.com/e/65-bunga-gets-ultra-real-ft-steve-hall/.

131 Der Begriff stammt von dem französischen politischen Theoretiker Bernard Manin. Siehe: Bernard Manin, *The Principles of Representative Government* (Cambridge: University Press, 1997).

132 Ginsborg, a. a. O.

133 Paolo Mancini, »Between Commodification and Lifestyle Politics: Does Silvio Berlusconi Provide a New Model of Politics for the Twenty-first Century?«, Oxford: Reuters Institute for the Study of Journalism, 2011.

134 Paul Blokker/Manuel Anselmi, »Introduction«, in: Paul Blokker/Manuel Anselmi (Hg.), *Multiple Populisms. Italy as Democracy's Mirror* (Abingdon/Oxon/New York: Routledge, 2020).

135 Vincent Della Sala, »Hollowing out and Hardening the State: European Integration and the Italian Economy«, *West European Politics 20*, no. 1 (1997): 14–33. doi:10.1080/01402389708425173.

136 Gemünzt auf die demokratische Präsidentschaftskandidatin Hillary Clinton. Anm. d. Ü.

137 Für eine Diskussion der Ähnlichkeiten und Unterschiede siehe: Alex Hochuli, »The Ends of Lava Jato«, *Jacobin*, 12. April 2017. https://jacobinmag.com/2017/04/brazil-lava-jato-corruption-dilma-rousseff-lula-temer-mani-pulite-italy.

138 Frances D'Emilio, »Italy's Ex-premier Berlusconi Campaigns against Populism«, *AP News*, 12. Februar 2018. https://apnews.com/article/39475e034d844d6eb216612edfba5538.

139 »Rahmen an Ideen, die im öffentlichen Diskurs akzeptiert werden«, https://de.wikipedia.org/wiki/Overton-Fenster, Anm.d. Ü.

140 Umfassende Daten und Analysen zu diesen langfristigen Trends finden sich in: Colin Hay, *Why We Hate Politics* (Polity Press, 2007) und: Gerry Stoker, *Why Politics Matters. Making Democracy Work* (London: Palgrave, 2016).

141 Die Demokratische und die Republikanische Partei in den USA bilden insofern eine Ausnahme, als sie im Gegensatz zu ihren europäischen Pendants seit langem Kartellparteien sind. Kartellparteien zeichnen sich dadurch aus, dass sie nicht miteinander konkurrieren, sondern Absprachen treffen.

142 Peter Mair, *Ruling The Void. The Hollowing of Western Democracy* (London/New York: Verso, 2013).

143 Beppe Grillo, zitiert in: Christopher J. Bickerton/Carlo Invernizzi Accetti, »›Techno-populism‹ as a New Party Family: The Case of the Five Star Movement and Podemos.« *Contemporary Italian Politics 10*, no. 2 (May 21, 2018): 132–50. doi:10.1080/23248823.2018.1472919.

144 Paolo Gerbaudo (/60/ Party Time, Online), Aufhebunga Bunga (podcast). 31. Jänner 2019. https://aufhebungabunga.podbean.com/e/60-party-time-online-ft-paolo-gerbaudo/.

145 Paolo Gerbaudo, *The Digital Party. Political Organisation and Online Democracy* (London: Pluto Press, 2018), S. 315.

146 Chris Bickerton, »The Five Star Movement and the Rise of ›techno-populist‹ Parties.« LSE EUROPP Blog, 5. Juni 2018. https://blogs.lse.ac.uk/europpblog/2018/05/24/the-five-star-movement-and-therise-of-techno-populist-parties/.

147 Richard Seymour, »Bye Bye Labour«, *London Review of Books*, 7. November 2019. https://www.lrb.co.uk/the-paper/v37/no8/richard-seymour/bye-bye-labour.

148 Sirianne Dahlum/Carl Henrik Knutsen/Tore Wig, »Who Revolts? Empirically Revisiting the Social Origins of Democracy.« *The Journal of Politics 81*, no. 4 (30. August 2019): 1494–499. doi:10.1086/704699.

149 Marco Giugni, *Street Citizens. Protest Politics and Social Movement Activism in the Age of Globalization* (New York: Cambridge University Press, 2019).

150 Max Roser/Esteban Ortiz-Ospina, »Tertiary Education«, Our World in Data. 17. Juli 2013. https://ourworldindata.org/tertiary-education. »Digest of Education Statistics, 2018«, National Center for Education Statistics (NCES) Home Page, a Part of the US Department of Education, 2018. https://nces.ed.gov/programs/digest/d18/tables/dt18_302.60.asp. »Participation Rates in Higher Education: Academic Years 2006/2007–2017/2018«, Department for Education, UK. https://assets.publishing.service.gov.uk/government/uploads/system/uploads/attachment_data/file/843542/Publication_HEIPR1718.pdf.

151 Barbara Ehrenreich/John Ehrenreich, »The Professional-Managerial Class«, *Radical America 13*, Nr. 2 (März/April 1977): 7–32.

152 Ebd., S. 13.

153 Amber A'Lee Frost, »The Characterless Opportunism of the Managerial Class.« *American Affairs Journal*, 20. November 2019. https://americanaffairsjournal.org/2019/11/the-characterless-opportunism-of-themanagerial-class/.

154 So waren im Jahr 2016 mehr als 60 Prozent der weißen Liberalen der Meinung, dass das Leistungsgefälle zwischen Schwarzen und Weißen durch Diskriminierung verursacht wurde; 2012 waren es noch 42 Prozent. Diese Dynamik entfernt die weißen Liberalen nicht nur immer weiter von der breiten Bevölkerung, sondern sogar von den Minderheiten, für die sie zu sprechen vorgeben. Siehe: Zach Goldberg, »America's White Saviors«, *Tablet Magazine*, 6. Juni 2019. https://www.tabletmag.com/sections/news/articles/americas-white-saviors.

155 Terrell Jermaine Starr, »Barbara Smith, Who Helped Coin the Term ›Identity Politics‹, Endorses Bernie Sanders.« *The Root*, 3. Februar 2020. https://www.theroot.com/barbara-smith-who-helped-coin-theterm-identity-politi-1841419291.

156 Tragischerweise war es vielleicht Sanders‹ Versuch, auf diese unberechtigte Kritik zu reagieren, der dazu beigetragen hat, dass sein Wahlkampf 2020 unterging – ein Argument von Angela Nagle und Michael Tracey: (/126/ Mr Bunga Goes to Washington (3)), Aufhebunga Bunga (Podcast). 2. Juni 2020. https://aufhebungabunga.podbean.com/e/126-mr-bunga-goes-to-washington-3-ft-angela-nagle-michael-tracey/.

157 Joel Kotkin (/78/ CaliBunga: Tech, Drugs & Capitalist Soul, Pt. 3), Aufhebunga Bunga (Podcast), July 4, 2019. https://aufhebungabunga.podbean.com/e/78-calibunga-techdrugs-capitalist-soul-pt-3/. Siehe auch: Joel Kotkin, *The New Class Conflict* (Candor, NY: Telos Press, 2014).

158 Michael Lind, »The New Class War«, *American Affairs Journal*, 6. August 2017. https://americanaffairsjournal.org/2017/05/new-class-war/.

159 Christophe Guilluy, *Twilight of the Elites. Prosperity, the Periphery, and the Future of France* (Yale University Press, 2020).

160 Amber A'Lee Frost, »The Characterless Opportunism of the Managerial Class.« *American*

Affairs Journal, 20. November 2019. https://americanaffairsjournal.org/2019/11/the-characterless-opportunism-of-themanagerial-class/.

161 Piketty, Thomas. »Brahmin Left vs Merchant Right: Rising Inequality & the Changing Structure of Political Conflict (Evidence from France, Britain and the US, 1948–2017)«. Working paper no. 2018/7. World Inequality Database, 2018.

162 Demokraten in den USA, Labour in Großbritannien und in Frankreich die Sozialistische und die Kommunistische Partei sowie verschiedene grüne, radikale und extrem linke Parteien.

163 Und diese Polarisierung gibt es auch auf anderen Ebenen: weiblich/männlich, nicht-weiß/weiß, großstädtisch/provinziell und so weiter.

164 Andrew Hartman, »The Culture Wars Are Dead«, *The Baffler*, Mai 2018. https://thebaffler.com/outbursts/culture-wars-are-dead-hartman.

165 Angela Nagle, *Kill All Normies. Online Culture Wars from 4chan and Tumblr to Trump and the Alt-Right* (Washington: Zero Books, 2017).

166 Dieser Abschnitt stützt sich auf die Untersuchung: Morris P. Fiorina, *Unstable Majorities. Polarization, Party Sorting, and Political Stalemate* (Stanford, California: Hoover Institution Press, 2018).

167 Bewegung an der Universität von Kapstadt gegen ein Denkmal von Cecil Rhodes, einem ehemaligen Kolonialherrn. Anm. d. Ü.

168 Esther Solano/Pablo Ortellado/Márcio Moretto, »Guerras culturais e populismo antipetista nas manifestações por apoio à operação Lava Jato e contra a reforma de previdência«, Belo Horizonte: UMFG, 2017. http://opiniaopublica.ufmg.br/site/files/artigo/7.pdf

169 Richard Seymour, »Bye Bye Labour«, *London Review of Books*, 7. November 2019. https://www.lrb.co.uk/the-paper/v37/n08/richard-seymour/bye-bye-labour.

170 Aufhebunga Bunga (/83/ Now It's Syrizous), Aufhebunga Bunga (Podcast), 12. September 2019. https://aufhebungabunga.podbean.com/e/83-now-it-s-syrizous-unlocked/. »Le Corbynisme Est Mort« – Entretien Avec George Hoare.« *Le Vent Se Lève*, 3. Oktober 2019. https://lvsl.fr/corbynisme-est-mort-entretien-avec-george-hoare/.

171 Philip Cunliffe, »The Workers‹ Revolt Against Labour«, *The Full Brexit*, 18. Dezember 2019. https://www.thefullbrexit.com/workers-revolt-against-labour.

172 Siehe: Tara McCormack/Lee Jones, »COVID-19 and the Failed Post-Political State«, The Full Brexit, 17. April 2020. https://www.thefullbrexit.com/covid19-state-failure. Philip Cunliffe/George Hoare/Lee Jones/Peter Ramsey, »COVID-19: We're Not in Control«, The Full Brexit, 28. März 2020. https://www.thefullbrexit.com/not-in-control.

173 Simon Goodley/Rupert Neate, »Leading US Bosses Drop Shareholder-first Principle«, *The Guardian*, 19. August 2019. https://www.theguardian.com/business/2019/aug/19/leading-us-bosses-group-drops-principle-of-shareholderfirst.

174 »25 Ideas That Will Shape the 2020s.« *Fortune*, 15. Jänner 2020. https://fortune.com/longform/ideas-shape-2020s-tech-economy-markets-ai-health-work-society/.

175 »The New Agenda.« About the FT. https://aboutus.ft.com/en-gb/new-agenda/.

176 Zitiert in: Bagehot, »Boris Johnson Is Reinventing One-nation Conservatism.« *The Economist*, 2. Jänner 2020. https://www.economist.com/britain/2020/01/02/boris-johnson-isreinventing-one-nation-conservatism.

177 Als Beispiel für eine Argumentation, die vorschlägt, die traditionellen Klassen- und Regionalbindungen der britischen Labour-Partei zu überwinden, siehe: Andy Beckett, »Labour's Heartlands May Be Gone for Ever. It Needs to Find New Ones«, *The Guardian*, 11. Jänner 2020. https://www.theguardian.com/commentisfree/2020/jan/11/labour-heartlands-gone-away-northern-towns.

178 Julius Krein, »The Real Class War«, *American Affairs Journal*, 21. November 2019. https://americanaffairsjournal.org/2019/11/the-real-class-war/.

179 In Wahrheit eine Partei des provinziellen Kleinbürgertums mit Unterstützung der Arbeiterklasse.

180 Quinn Slobodian, »When the Green New Deal Goes Global«, *Foreign Policy*, 11. Jänner 2020. https://foreignpolicy.com/2020/01/11/green-new-deal-climate-planet-to-win-book-review/.

181 Camilla Hodgson, »Citizens‹ Assembly Set to Offer UK Government Climate Advice«, *Financial Times*, 22. Jänner 2020. https://www.ft.com/content/788cccb6-3c4f-11ea-a01a-bae547046735. Die Tatsache, dass dies von der konservativen Regierung initiiert wurde, sollte die Linke nicht daran hindern, noch mehr zu fordern. Ein erneuter Beweis für das weiter oben erwähnte Schmarotzertum.

182 Matthew Thompson, »What's so New about New Municipalism?«, Progress in Human Geography, 9. März 2020. doi:10.1177/0309132520909480.

183 Aaron Bastani (/72/ Frankly Awesome Lefty Conversation), Aufhebunga Bunga (Podcast), 30. Mai 2019. https://aufhebungabunga.podbean.com/e/72-franklyawesome-lefty-conversation-ft-aaron-bastani-unlocked/. Aufhebunga Bunga (/76/ CaliBunga: Tech, Drugs and Capitalist Soul, pt. 1), Aufhebunga Bunga (Podcast). 20. Juni 2019. https://aufhebungabunga.podbean.com/e/76-calibunga-tech-drugs-capitalist-soul-pt-i/.

184 Evgeny Morozov, *Smarte neue Welt. Digitale Technik und die Freiheit des Menschen* (München: Blessing, 2013).

185 Adam Greenfield, *Radical Technologies. The Design of Everyday Life* (London/New York: Verso, 2018).

186 Guilluy, *Twilight of the Elites*, S. 96.

187 Alex Hochuli, »Bolsonaro Rising«, *The Baffler*, 29. Oktober 2018. https://thebaffler.com/latest/bolsonaro-rising-hochuli.